Oxford University Press, Great Clarendon Street, Oxford OX2 6DP

*Oxford University Press is a department of the University of Oxford.
It furthers the University's objective of excellence in research, scholarship,
and education by publishing worldwide in*

Oxford New York

Athens Auckland Bangkok Bogotá Buenos Aires Calcutta
Cape Town Chennai Dar es Salaam Delhi Florence Hong Kong Istanbul
Karachi Kuala Lumpur Madrid Melbourne Mexico City Mumbai
Nairobi Paris São Paulo Shanghai Singapore Taipei Tokyo Toronto Warsaw

with associated companies in Berlin Ibadan

*Oxford is a registered trade mark of Oxford University Press
in the UK and in certain other countries*

*Published in the United States
by Oxford University Press Inc., New York*

Copyright Oxford University Press

First published 1915

*All rights reserved. No part of this publication may be reproduced,
stored in a retrieval system, or transmitted, in any form or by any means,
without the prior permission in writing of Oxford University Press.
Within the UK, exceptions are allowed in respect of any fair dealing for the
purpose of research or private study, or criticism or review, as permitted
under the Copyright, Designs and Patents Act, 1988, or in the case of
reprographic reproduction in accordance with the terms of the licences
issued by the Copyright Licensing Agency. Enquiries concerning
reproduction outside these terms and in other countries should be
sent to the Rights Department, Oxford University Press,
at the address above*

ISBN 0-19-814626-4

17 19 20 18 16

*Printed in Great Britain
on acid-free paper by
Antony Rowe Ltd., Chippenham*

PRAEFATIO

CARMINA Ovidi in exilio composita hoc volumine continentur: sunt vero Tristia Ibis ex Ponto Libri Halieuticon Liber, quod opus supremis suis temporibus, teste Plinio (N. H. xxxii. 152), inchoatum poetam imperfectum reliquisse satis constat. In fine denique fragmenta operum deperditorum subnexui.

In Tristibus recensendis cum supellectilem a nobis dudum congestam in editione Oxoniana anni 1889 tum fragmenta Trevirensia nuper reperta ita adhibui ut levioris notae varietatem praetermitterem insigniora sive ad veritatem eruendam sive ad depravationis historiam illustrandam depromerem. Ac summatim sciendum est Tristium codices in tres classes distribui, quarum prima duos longe optimos Laurentianum Trevirensemque complectitur:

L. Codex Laurentianus, olim Marcianus 223, Florentiae in bibliotheca Laurentiana adservatus, est membranaceus bifariam divisus, cuius pars altera antiqua saeculo undecimo, altera recentior saeculo quinto decimo in supplementum antiquioris scripta est. In parte antiqua leguntur I. v. 11–III. vii. 1: IV. i. 12–IV. vii. 5; in parte recentiore, quae ad rem criticam parvi pretii est, I. i. 1–I. v. 10: IV. vii. 6–V. xiv. 46 comprehenduntur: ceterum III. vii. 2–IV. i. 11 iniqua sorte perierunt.

Θ. Liber Trevirensis in bibliotheca urbana Augustae Trevirorum servatus, litteris minusculis saeculo decimo

PRAEFATIO

scriptus, continet duo folia codicis pervetusti, quae libri alicuius involucrum olim effecerunt, quarum reliquiarum 'utrum paucitas magis dolenda an praestantia praedicanda magis sit' vere dubitari dicit R. Ehwald, qui librum detexit ac publicavit (Symb. ii. 1892, p. 4): de quibus fragmentis deque eorum condicione pergit idem vir doctus 'exstant in foliis Trist. I. xi. 1–31 et I. xi. 33–II. 21 (huius folii versus partim paene toti detriti, partim evanidi sunt, paucae litterae vocesque distincte leguntur, plures translucent) et IV. iv. 35–65 et IV. iv. 67–v. 9.'

His accedit pretiosum antiquitatis testimonium, inscriptio C. I. L. VI. 2 n. 9632, ubi ita laudantur Tristium versus I. xi. 11–12

SEV · STVPOR · EST · HVIC · STVDIO · SIVE · EST · IN-
SANIA · NOMEN

OMNIS · AB · HAC · CVRA · CVRA · LEVATA · MEA · EST

(cf. Ehwald, Symb. i, p. 8), cuius indicio in altero versu vera Ovidi manus restituitur

omnis ab hac cura cura levata mea est,
pro eo quod codices intruserunt

omnis ab hac cura mens relevata mea est.

Classis secunda his constat codicibus:

A. Codex vetus Marcianus hodie deperditus, cuius apographon Politiani ipsius manu factum exstat in margine editionis Parmensis anni 1477, quae Oxonii in bibliotheca Bodleiana adservatur. Hanc collationem a me repertam in editione anni 1899 descripsi (cf. Prolegg. p. xii sqq.).

G. Guelferbytanus inter Gudianos 192, membranaceus saeculi decimi a me aliisque excussus.

H. Holkhamicus bibliothecae comitis de Leycestria saeculi tertii decimi a me collatus.

PRAEFATIO

P. Vaticanus, bibliothecae Palatinae 910, saeculi quinti decimi anno 1476 scriptus. Hunc codicem a Iano Gebhardo collatum mihi vir insignis, nuper demortuus, Robinson Ellis, retractavit.

V. Vaticanus 1606, membranaceus saeculi tertii decimi ab A. Monacio collatus. Hunc codicem meo rogatu denuo examinavit, qua est comitate, amicus meus D. M. Robertson, Cantabrigiensis, meque de locis haud paucis certiorem fecit, unde, siquid nostrum a prioribus testimonium discrepat huic novae notitiae acceptum referas. Exstat vero in codice distichon permirum post I. viii. 20 infarctum

> cumque fores tepidus tepidum te *dissimulares*
> me licet inuictis *conspiciens* oculis.

Insiticia vides medio aevo procusa.

Hi quinque codices (quos inter se arte conspirantes littera Γ signavi) bonitate proxime accedunt ad Laurentianum ac Treviensem, quorum depravationibus ac detrimentis ex his potissimum quaeritur remedium.

Classis tertia efficitur reliquis codicibus, qui sunt permulti, editionibusque veteribus: de quibus omnibus ea quae in editione anni 1889 disputavi nolui repetere. Fragmenta quaedam Oenipontana Antonius Zingerle evulgavit (*Neue philolog. Rundschau* 1890, p. 71).

Ad Tristia recensenda quattuor inprimis opuscula doctrina referta multum emolumenti nuper attulerunt, R. Ehwaldi, *Ad historiam carminum Ovidianorum recensionemque symbolae*, i (Gothae, 1889), ii (Gothae, 1892), Ellisi commentatio (*Hermathena* vii, p. 183 sqq.), Pauli Vogel, *Kritische und exegetische Bemerkungen zu Ovids Tristien*, Schneebergae (Festschrift) 1891;

PRAEFATIO

quorum virorum praeceptis multa inculta atque interclusa ante frondibus iam purgata sunt. Locos nonnullos caliginosos ipse nuper investigavi (*Classical Quarterly*, viii, p. 21 sqq.).

Epistularum ex Ponto codex omnium veterrimus est Guelferbytanus Aug. 13. 11, liber rescriptus papyraceus litteris uncinis saeculo sexto exaratus, iudice Chatelain, apud quem photographice depictum videre licet: huius mancae tantum reliquiae, foliorum duorum partes inferiores, continent IV. ix. 101–108; IV. ix. 127–133: IV. xii. 15–19 et 41–44.

Ceteri codices in duas classes discedunt, meliorem alteram, quae curas emendatrices minus experta est, alteram ita deteriorem ut, etsi interpolationibus persaepe illita sit, tamen nullo modo omnino spernatur. Classem primam hi codices efficiunt:

A. Hamburgensis, litteris carolingicis minusculis saeculo nono (sic testatur Chatelain) scriptus, continet Epistularum partes has, I. i. 1 usque ad III. ii. 67, praeter tertiam libri primi epistulam, quae deest. Codicis laceram condicionem levarunt duo libri, qui totum Epistularum corpus repraesentant:

B. Bavaricus Monacensis Lat. 384 saeculo duodecimo scriptus.

C. Bavaricus Monacensis Lat. 19476, olim Tegernseensis, saeculo duodecimo scriptus.

Hi tres libri ex eodem fonte quo Guelferbytanus demanarunt, sed ex apographo quodam libri archetypi hodie deperdito eos descriptos esse credibile est. Codicum ABC consensum littera α notavi. Hamburgensis ac Monacensis 384 lectiones ex editione Korni (a. 1868) plerumque sumpsi; Monacensis vero non-

PRAEFATIO

nullas ex opusculo Ehwaldi (*Kritische Beiträge*), qui codicem denuo excussit, multa omissa supplevit, perperam tradita correxit. Bavarici Tegernseensis notitia ad Kornium post confectam editionem suam sero venit; is vero in programmate *De codicibus duobus carminum Ovidianorum ex Ponto datorum Monacensibus* (Strehliae, 1874) integram huius codicis collationem edidit. De locis nonnullis cum scrupulus iniectus esset, intercedente amico meo Aluredo Gudeman, Monacensi, vir doctus ac de Ovidi carminibus amatoriis optime meritus S. Tafel meo rogatu ambos codices Bavaricos retractavit; igitur siquid aliter atque alii de his libris memoravi, id Tafeli diligentiae atque humanitati debetur.

Classis altera constat reliquis a Kornio allatis codicibus, quibus tres a meipso collatos adiunxi, qui sunt:

E. Etonensis, B. k. 6. 18, saeculi tertii decimi litteris minusculis nitidissime scriptus. Hunc codicem Tristibus recensendis olim adhibui (Trist. Prolegg. p. xxviii): eundem in bibliothecam Bodleianam humanitate bibliothecarii Collegii Etonensis, viri docti F. W. Cornish, nuper transmissum denuo contuli, nec sine proventu cum veritatem aliquotiens praebeat, cf. verbi gratia II. v. 52 *decens*, II. x. 18 *sequamur*, ibid. 22 *visa* IV. xvi. 31 *Varius*. Praeter Tristia et ex Ponto libros in hoc codice Heroides, Amores, Ars amatoria, Remedia Amoris, Nux, De somno, De pulice, De cuculo, Fasti, Metamorphoses leguntur.

H. Holkhamicus saeculi tertii decimi, qui Tristia, de quibus supra dixi, etiam continet.

O. Bodleianus Canonicianus Lat. 1, saeculo tertio

PRAEFATIO

decimo scriptus. Hunc codicem a nobis in Corpore poetarum Latinorum ad Ponticas Epistulas advocatum inque Tristibus recensendis adhibitum (Prolegg. p. xxv) denuo excussi.

In Ponticis recognoscendis praeter apparatum a Kornio congestum usus sum acutis Ottonis Schreuders *Observationibus in P. Ovidii Nasonis ex Ponto libros I–III*, sed adiumento primario erat R. Ehwaldi, doctrinae Ovidianae iudicis peritissimi, vere aureus libellus, *Kritische Beiträge zu Ovids Epistulae ex Ponto* (Gothae, 1896), in quo excussis perpensisque codicibus poetaeque locutione ad perpendiculum exacta rectam Ponticarum edendarum normam vir doctus stabilire instituit.

Ad Ibidis recognitionem ex copiis Merkeli (Berolini, 1837) Ellisique (Oxonii, 1881) septem praecipue codices adscivi quorum varietate apparatus distinguatur. Hi sunt:

F. Francofurtanus, M. S. Barth. 110, olim coenobii Sancti Bartholomaei, saeculo duodecimo exeunte, nequaquam ante annum 1150 exaratus; id quod intellexi ex litteris Ebrardi, docti bibliothecarii Francofurtani, ad quem scripseram cum, aliis alia de aetate codicis tradentibus, haesitarem.

G. Galeanus 213, nunc O. 7. 7 Collegii Sanctae Trinitatis apud Cantabrigienses, circa annum 1180 scriptus.

H. Holkhamicus saeculi tertii decimi.

P. Philippicus olim, nunc Berolinensis Lat. 210 bibliothecae regiae, saeculo tertio decimo vel quarto decimo iudice Ellisio scriptus.

T. Turonensis 879 circa annum 1200 scriptus: cf. Trist. ed. 1889, Prolegg. p. xxvi.

PRAEFATIO

V. Vindobonensis 885, saeculo duodecimo scriptus teste Chatelain, qui eum photographice depinxit.

X. Parisinus 7994 saeculi tertii decimi.

His accedit :·

B. Canonicianus Lat. 20 bibliothecae Bodleianae, saeculo quinto decimo scriptus, ab E. O. Winstedt excussus (*Classical Review*, xiii. 395), qui codex sive ex idoneo exemplari deprompta sive Italorum ingenio excogitata praeclara quaedam tradidit, velut 82 *chaos*, 254 *inermis opem*, 321 *aleuas*, 333 *hippomeneide*, 567 *acerno*.

Lectiones quasdam codicis Plantiniani D. 68, olim Moreti Heinsiani, saeculo duodecimo exarati, ab Ellisio (*Journal of Philology*, xviii. 292) Zamosciani, saeculo quinto decimo scripti, a Ricardo Foerster (*Rhein. Mus.* lv. (1900), p. 453) prolatas inieci. Hos omnes codices ex communi archetypo ortos, deflorationes ab Ellisio laudatas ex alieno plane fonte haustas, excerpta repertorii Conradi de Mure ab exemplari Galeano adfini sumpta esse iure constituas.

Ac de codicum inter se rationibus contorta res, ut fit, diiudicatuque ardua. Equidem Galeanum Turonensemque ceteris antecellere censeo, sed uter utri praeponatur difficile arbitrium : Ellisius Galeanum singularem locum vel potius speciem obtinere statuit, Maagio (*De Ibidis Ovidianae codicibus*, Bernac, 1885) aliisque Turonensem praeferendum rectius visum est, quae certe opinio nonnullis lectionibus (verbi gratia 74 *netis*, 140 *exanguis*, 364 *membraque*, 583 *oborto*) confirmatur. Sed in carmine tam lubrico tamque depravato ex omnibus membranarum armamentariis tela anquirenda sunt. Erat vero illud eximium Ellisi

PRAEFATIO

nostri meritum quod Vindobonensi de principatu deiecto fontes vetustos ac sinceros identidem consectatus est.

Halieutica sive de piscium natura libellum secundum apparatum criticum Haupti (Lipsiae, 1838) ita recensui ut Sannazarii emendationes ab H. Schenkl congestas aliaque ad bonam frugem ducentia ex editione Vollmeri (Lipsiae, 1911) compararem. Opusculum transmiserunt codices duo:

A. Vindobonensis 277 olim Sannazarii, saeculo nono exaratus.

B. Parisinus 8071 olim Thuani, saeculo nono exeunte exaratus: de hoc libro, qui inter alia Catulli carmen lxii et Pervigilium Veneris continet, vide Baehrensii editionem alteram Catulli curante K. P. Schulze editam Lipsiae, 1893, p. lxvii.

Haec sunt fundamenta textus translaticia, supellex certe pervetusta, sed etsi post insignes Traubi curas (*Berl. phil. Woch.* 1896, p. 1050), qui Parisinum ex Vindobonensi fluxisse ostendit, totam rem criticam ad Vindobonensem solum revocari constet, propter codicis Parisini vetustatem testimonium eius supprimere nolui, praesertim cum, velut 5 *scurpius*, 62 *emisso*, 96 *elops*, veritatem repraesentet.

Halieutica, quae exstant, falso Ovidio ascripta esse nonnulli post Muretum probare conati sunt, inprimis Theodorus Birt libello eruditissimo *De Halieuticis Ovidio poetae falso adscriptis* (Berolini, 1878), cuius argumenta Antonius Zingerle (*Klein. phil. Abhandlungen* ii, Oeniponte, 1877), Aemilius Baehrens (*Jenaer litt. Zeitg.* 1879, p. 252), F. Vollmer (*Rhein. Mus.* lv. 528) refellerunt. Plini (N. H. xxxii. 2 et 11) aucto-

PRAEFATIO

ris gravissimi testimonio, quod in calce apponendum curavi, fides Halieuticon satis vindicatur, neque est (N. Heinsii verbis utor) quod de auctore dubitemus. Quae de numeris inopportune cadentibus nuper exstitit quaestio (*Classical Quarterly*, i. 275 sqq.), ea in soloecismos duos prosodiacos, mori Ovidiano repugnantes, praesertim intenta est, ut scilicet littera *i* vocis ' pompile ' (v. 101) producta, syllaba ' *-as* ' in ultima vocis ' anthias ' (v. 46) correpta reprehendantur. Sed reputanti poetam commercio loquendi cum piscatoribus Ponticae regionis imbutum vulgaris sermonis licentiam sibi ultro sumere facile potuisse, neutrubi mihi persuasit ista subtilitas ut libellum a Plinio affatim comprobatum Ovidio abiudicarem. Naso enim exsulans se 'Threicio Scythicoque fere ore circumsonari' (Trist. III. xiv. 47) testatus est ; itaque consuetam, opinor, scrupulositatem neglexit cum ad nomina trivialia vel intractabilia ventum est, eadem audacia, qua ipse aliique poetae iustam numerorum modulationem pro re nata variari passi sunt ; de qua re alibi fusius nuper disputavi (*Classical Quarterly*, viii, 1914, p. 27). Ac vero in carmine piscatorio aegre praeteriri poterat anthias, cuius piscis apud Oppianum, Halieut. iii. 205, 215, 324, frequens mentio fit.

Scribebam Oxonii
Mense Ianuario MCMXIV

ADDENDVM

Post impressas has curas de *Ibide Ponticis Halieuticis* subtiliter alibi disserui (*Classical Quarterly*, viii. 254 sqq.)

CORRIGENDVM

Ex Ponto IV. iv. 33 *in app. crit. lege* hos *Parisinus 7993 Ehwald*.

TRISTIA

SIGLA

Θ = fragmenta Trevirensia, saec. x
L = Laurentianus, olim Marcianus 223, saec. xi
A = Marcianus Politiani hodie deperditus, saec. fortasse xi
G = Guelferbytanus Gud. 192, saec. xiii
H = Holkhamicus, saec. xiii
P = Palatinus (Vaticanus), saec. xv
V = Vaticanus 1606, saec. xiii
Γ = codicum *AGHPV* consensus
ω = reliqui codices praeter ΘLΓ aut omnes aut permulti
ϛ = reliquorum codicum praeter ΘLΓ nonnulli

TRISTIVM LIBER PRIMVS

I

PARVE (nec invideo) sine me, liber, ibis in urbem:
  ei mihi, quod domino non licet ire tuo!
vade, sed incultus, qualem decet exulis esse:
  infelix habitum temporis huius habe.
nec te purpureo velent vaccinia fuco: 5
  non est conveniens luctibus ille color:
nec titulus minio, nec cedro charta notetur,
  candida nec nigra cornua fronte geras.
felices ornent haec instrumenta libellos:
  fortunae memorem te decet esse meae. 10
nec fragili geminae poliantur pumice frontes,
  hirsutus sparsis ut videare comis.
neve liturarum pudeat. qui viderit illas,
  de lacrimis factas sentiat esse meis.
vade, liber, verbisque meis loca grata saluta: 15
  contingam certe quo licet illa pede.
siquis, ut in populo, nostri non inmemor illi,
  siquis, qui, quid agam, forte requirat, erit:
vivere me dices, salvum tamen esse negabis:
  id quoque, quod vivam, munus habere dei. 20
atque ita tu tacitus (quaerenti plura legendum)
  ne, quae non opus est, forte loquare, cave.
protinus admonitus repetet mea crimina lector,
  et peragar populi publicus ore reus.

I 2 quo *Bobiensia apographa Fortunatiani Gramm. Lat.* vi. 291,
17 *Keil*; *cf. Ehwald, Symb.* i. 1   12 passis *AG(corr. G²)PVϚ*
14 sentiet Ϛ   17 illi *GVϚ*: illo *AHPϚ*: extat Ϛ   18 requiret Γ
21-22 tu... cave Γω: te... dabis Ϛ   22 ne ω: et Γ   quae ΓϚ
quod Ϛ

OVIDI NASONIS

tu cave defendas, quamvis mordebere dictis: 25
  causa patrocinio non bona maior erit.
invenies aliquem, qui me suspiret ademptum,
  carmina nec siccis perlegat ista genis,
et tacitus secum, ne quis malus audiat, optet,
  sit mea lenito Caesare poena levis: 30
nos quoque, quisquis erit, ne sit miser ille, precamur,
  placatos miseris qui volet esse deos;
quaeque volet, rata sint, ablataque principis ira
  sedibus in patriis det mihi posse mori.
ut peragas mandata, liber, culpabere forsan 35
  ingeniique minor laude ferere mei.
iudicis officium est ut res, ita tempora rerum
  quaerere. quaesito tempore tutus eris.
carmina proveniunt animo deducta sereno:
  nubila sunt subitis tempora nostra malis. 40
carmina secessum scribentis et otia quaerunt:
  me mare, me venti, me fera iactat hiems.
carminibus metus omnis obest: ego perditus ensem
  haesurum iugulo iam puto iamque meo.
haec quoque quod facio, iudex mirabitur aequus, 45
  scriptaque cum venia qualiacumque leget.
da mihi Maeoniden et tot circumspice casus,
  ingenium tantis excidet omne malis.
denique securus famae, liber, ire memento,
  nec tibi sit lecto displicuisse pudor. 50
non ita se nobis praebet Fortuna secundam
  ut tibi sit ratio laudis habenda tuae.
donec eram sospes, tituli tangebar amore,
  quaerendique mihi nominis ardor erat.
carmina nunc si non studiumque, quod obfuit, odi, 55
  sit satis. ingenio sic fuga parta meo.

26 peior ς   31 ipse ς   32 misero ς   43 obest *Francius*:
abest *codd.*   45 quae ς   47 circumice *Heinsius*

TRISTIVM LIBER I

tu tamen i pro me, tu, cui licet, aspice Romam:
   di facerent, possem nunc meus esse liber.
nec te, quod venias magnam peregrinus in urbem,
   ignotum populo posse venire puta.   60
ut titulo careas, ipso noscere colore:
   dissimulare velis, te liquet esse meum.
clam tamen intrato, ne te mea carmina laedant:
   non sunt ut quondam plena favoris erant.
siquis erit, qui te, quia sis meus, esse legendum   65
   non putet, e gremio reiciatque suo,
'inspice' dic 'titulum. non sum praeceptor amoris;
   quas meruit, poenas iam dedit illud opus.'
forsitan expectes, an in alta Palatia missum
   scandere te iubeam Caesareamque domum.   70
ignoscant augusta mihi loca dique locorum.
   venit in hoc illa fulmen ab arce caput.
esse quidem memini mitissima sedibus illis
   numina; sed timeo qui nocuere deos.
terretur minimo pennae stridore columba,   75
   unguibus, accipiter, saucia facta tuis.
nec procul a stabulis audet discedere, siqua
   excussa est avidi dentibus agna lupi.
vitaret caelum Phaethon, si viveret, et quos
   optarat stulte, tangere nollet equos.   80
me quoque, quae sensi, fateor Iovis arma timere:
   me reor infesto, cum tonat, igne peti.
quicumque Argolica de classe Caphherea fugit,
   semper ab Euboicis vela retorquet aquis.
et mea cumba semel vasta percussa procella   85
   illum, quo laesa est, horret adire locum.
ergo cave, liber, et timida circumspice mente,
   ut satis a media sit tibi plebe legi.

   57 tu tamen i Γ: i tamen et ω   88 ut] et ς: an ς

OVIDI NASONIS

dum petit infirmis nimium sublimia pennis
   Icarus, aequoreis nomina fecit aquis.   90
difficile est tamen hinc, remis utaris an aura,
   dicere. consilium resque locusque dabunt.
si poteris vacuo tradi, si cuncta videbis
   mitia, si vires fregerit ira suas:
siquis erit, qui te dubitantem et adire timentem   95
   tradat, et ante tamen pauca loquatur, adi.
luce bona dominoque tuo felicior ipso
   pervenias illuc et mala nostra leves.
namque ea vel nemo, vel qui mihi vulnera fecit
   solus Achilleo tollere more potest.   100
tantum ne noceas, dum vis prodesse, videto.
   nam spes est animi nostra timore minor:
quaeque quiescebat, ne mota resaeviat ira,
   et poenae tu sis altera causa, cave.
cum tamen in nostrum fueris penetrale receptus,   105
   contigerisque tuam, scrinia curva, domum,
aspicies illic positos ex ordine fratres,
   quos studium cunctos evigilavit idem.
cetera turba palam titulos ostendet apertos,
   et sua detecta nomina fronte geret;   110
tres procul obscura latitantes parte videbis:
   hi quia, quod nemo nescit, amare docent,
hos tu vel fugias, vel, si satis oris habebis,
   Oedipodas facito Telegonosque voces.
deque tribus, moneo, si qua est tibi cura parentis,   115
   ne quemquam, quamvis ipse docebit, ames.
sunt quoque mutatae, ter quinque volumina, formae,
   nuper ab exequiis carmina rapta meis.

90 aequoreis nomina f aquis ς; *cf. Auson. Ep. xix* 'audax Icario qui fecit nomina ponto' : aequoreas nomine fecit equas Γ : Icarias nomine fecit aquas ω   112 hi quia *Vogel* : hi qui *GV* : hi quoque *AHPω Bentley, Madvig*

TRISTIVM LIBER I

his mando dicas, inter mutata referri
   fortunae vultum corpora posse meae.   120
namque ea dissimilis subito est effecta priori,
   flendaque nunc, aliquo tempore laeta fuit.
plura quidem mandare tibi, si quaeris, habebam:
   sed vereor tardae causa fuisse viae.
et si quae subeunt, tecum, liber, omnia ferres,   125
   sarcina laturo magna futurus eras.
longa via est, propera: nobis habitabitur orbis
   ultimus, a terra terra remota mea.

II

Di maris et caeli (quid enim nisi vota supersunt?)
   solvere quassatae parcite membra ratis,
neve, precor, magni subscribite Caesaris irae:
   saepe premente deo fert deus alter opem.
Mulciber in Troiam, pro Troia stabat Apollo: 5
   aequa Venus Teucris, Pallas iniqua fuit.
oderat Aenean propior Saturnia Turno.
   ille tamen Veneris numine tutus erat.
saepe ferox cautum petiit Neptunus Vlixem:
   eripuit patruo saepe Minerva suo.   10
et nobis aliquod, quamvis distamus ab illis,
   quis vetat irato numen adesse deo?
verba miser frustra non proficientia perdo.
   ipsa graves spargunt ora loquentis aquae,
terribilisque Notus iactat mea dicta, precesque   15
   ad quos mittuntur, non sinit ire deos.
ergo idem venti, ne causa laedar in una,
   velaque nescioquo votaque nostra ferunt.
me miserum, quanti montes volvuntur aquarum!
   iam iam tacturos sidera summa putes.   20

124 uiae *AGV*: morae *HP*ω
II 15 uerba ς

OVIDI NASONIS

quantae diducto subsidunt aequore valles!·
    iam iam tacturas Tartara nigra putes.
quocumque aspicio, nihil est, nisi pontus et aer,
    fluctibus hic tumidus, nubibus ille minax.
inter utrumque fremunt inmani murmure venti.   25
    nescit, cui domino pareat, unda maris.
nam modo purpureo vires capit Eurus ab ortu,
    nunc Zephyrus sero vespere missus adest,
nunc sicca gelidus Boreas bacchatur ab Arcto,
    nunc Notus adversa proelia fronte gerit.   30
rector in incerto est nec quid fugiatve petatve
    invenit: ambiguis ars stupet ipsa malis.
scilicet occidimus, nec spes est ulla salutis,
    dumque loquor, vultus obruit unda meos.
opprimet hanc animam fluctus, frustraque precanti   35
    ore necaturas accipiemus aquas
at pia nil aliud quam me dolet exule coniunx:
    hoc unum nostri scitque gemitque mali.
nescit in inmenso iactari corpora ponto,
    nescit agi ventis, nescit adesse necem.   40
o bene, quod non sum mecum conscendere passus,
    ne mihi mors misero bis patienda foret!
at nunc ut peream, quoniam caret illa periclo,
    dimidia certe parte superstes ero.
ei mihi, quam celeri micuerunt nubila flamma!   45
    quantus ab aetherio personat axe fragor!
nec levius tabulae laterum feriuntur ab undis,
    quam grave balistae moenia pulsat onus.
qui venit hic fluctus, fluctus supereminet omnes:
    posterior nono est undecimoque prior.   50
nec letum timeo: genus est miserabile leti.
    demite naufragium, mors mihi munus erit.

    25 turbine ς   29 gelidus sicca ς   41 o ω: di Γ; *cf. Mart.*
xi. 53. 5; *Stat. Theb.* ii. 170

TRISTIVM LIBER 1

est aliquid, fatove suo ferrove cadentem
    in solida moriens ponere corpus humo,
et mandare suis aliqua, et sperare sepulcrum,   55
    et non aequoreis piscibus esse cibum.
fingite me dignum tali nece, non ego solus
    hic vehor. inmeritos cur mea poena trahit?
pro superi viridesque dei, quibus aequora curae,
    utraque iam vestras sistite turba minas: 60
quamque dedit vitam mitissima Caesaris ira,
    hanc sinite infelix in loca iussa feram.
si quoque, quam merui, poena me perdere vultis,
    culpa mea est ipso iudice morte minor.
mittere me Stygias si iam voluisset in undas   65
    Caesar, in hoc vestra non eguisset ope.
est illi nostri non invidiosa cruoris
    copia; quodque dedit, cum volet, ipse feret.
vos modo, quos certe nullo, puto, crimine laesi,
    contenti nostris iam, precor, este malis.   70
nec tamen, ut cuncti miserum servare velitis,
    quod periit, salvum iam caput esse potest.
ut mare considat ventisque ferentibus utar,
    ut mihi parcatis, non minus exul ero.
non ego divitias avidus sine fine parandi   75
    latum mutandis mercibus aequor aro:
nec peto, quas quondam petii studiosus, Athenas,
    oppida non Asiae, non loca visa prius,
non ut Alexandri claram delatus ad urbem
    delicias videam, Nile iocose, tuas.   80
quod faciles opto ventos (quis credere possit?)
    Sarmatis est tellus, quam mea vela petunt.

---

53 fatove... ferrove *Heinsius*: fatoque... ferroque *codd.*   cadentem ς : cadendum Γω   54 solida ς : solita Γω   55 aliqua et ς : aliquid (*om.* et) ς : aliquid et Γω   63 quoque quam *AGHP*: quoque quia *V*: quoniam ω : quantam *Rappold*   poenam... pendere ς   65 in Γω; *cf. Met.* iii. 272 : ad ς   77-78 *post* 80 *posuit Ehwald*   78 loca Γ : mihi ω   81 faciles *Heinsius* : facile est *codd.*   possit *V*ς : posset *GHP*ς

OVIDI NASONIS

obligor, ut tangam Laevi fera litora Ponti;
   quodque sit a patria tam fuga tarda, queror.
nescioquo videam positos ut in orbe Tomitas,   85
   exilem facio per mea vota viam.
seu me diligitis, tantos conpescite fluctus,
   pronaque sint nostrae numina vestra rati;
seu magis odistis, iussae me advertite terrae:
   supplicii pars est in regione mei.   90
ferte (quid hic facio?) rapidi mea carbasa venti:
   Ausonios fines cur mea vela volunt?
noluit hoc Caesar. quid, quem fugat ille, tenetis?
   aspiciat vultus Pontica terra meos.
et iubet et merui; nec, quae damnaverit ille,   95
   crimina defendi fasque piumque puto.
si tamen acta deos numquam mortalia fallunt,
   a culpa facinus scitis abesse mea.
immo ita, si scitis, si me meus abstulit error,
   stultaque, non nobis mens scelerata fuit,   100
quod licet et minimis, domui si favimus illi,
   si satis Augusti publica iussa mihi,
hoc duce si dixi felicia saecula, proque
   Caesare tura piis Caesaribusque dedi,
si fuit hic animus nobis, ita parcite divi: 105
   si minus, alta cadens obruat unda caput.
fallor, an incipiunt gravidae vanescere nubes,
   victaque mutati frangitur unda maris?
non casu, vos sed sub condicione vocati,
   fallere quos non est, hanc mihi fertis opem.   110

83 Laeui . . . Ponti *uerbum sollenne* (ὁ Εὐώνυμος Πόντος); *cf. Ehwald, Kr. B. p.* 60   84 tam ς: iam Γω   86 exul iens *censor in The Athenaeum,* 1890, *p.* 183   90 mei *Canonicianus Lat.* 1: mori Γω   92 uident ς   96 fasue piumue ς   99 *post* ita *distinguitur; cf. v.* 3. 53   100 mens nobis non ω   101 quod licet et Gς: quod licet e *AHPV*ω: quamlibet e ς   104 piis Γς: pius ς   109 sed uos ς

TRISTIVM LIBER I

III

Cvm subit illius tristissima noctis imago,
    qua mihi supremum tempus in urbe fuit,
cum repeto noctem, qua tot mihi cara reliqui,
    labitur ex oculis nunc quoque gutta meis.
iam prope lux aderat, qua me discedere Caesar   5
    finibus extremae iusserat Ausoniae.
nec spatium nec mens fuerat satis apta parandi:
    torpuerant longa pectora nostra mora.
non mihi servorum, comites non cura legendi,
    non aptae profugo vestis opisve fuit.   10
non aliter stupui, quam qui Iovis ignibus ictus
    vivit et est vitae nescius ipse suae.
ut tamen hanc animi nubem dolor ipse removit,
    et tandem sensus convaluere mei,
alloquor extremum maestos abiturus amicos,   15
    qui modo de multis unus et alter erat.
uxor amans flentem flens acrius ipsa tenebat,
    imbre per indignas usque cadente genas.
nata procul Libycis aberat diversa sub oris,
    nec poterat fati certior esse mei.   20
quocumque aspiceres, luctus gemitusque sonabant,
    formaque non taciti funeris intus erat.
femina virque meo, pueri quoque funere maerent,
    inque domo lacrimas angulus omnis habet.
si licet exemplis in parvis grandibus uti,   25
    haec facies Troiae, cum caperetur, erat.
iamque quiescebant voces hominumque canumque,
    Lunaque nocturnos alta regebat equos.
hanc ego suspiciens et ad hanc Capitolia cernens,
    quae nostro frustra iuncta fuere Lari,   30

III 4 nunc *V*ς : tunc *AGHP*ω   5 qua ω : cum *AGHV* ; cf. Enn. *Ann.* 383 *Vahlen*   7 fuerat nec mens ς   9 comitis ς   16 erant ω   25 paruo *A*ς   29 ad hanc Γ : ab hac ω

OVIDI NASONIS

'numina vicinis habitantia sedibus,' inquam,
   'iamque oculis numquam templa videnda meis,
dique relinquendi, quos urbs habet alta Quirini,
   este salutati tempus in omne mihi.
et quamquam sero clipeum post vulnera sumo,   35
   attamen hanc odiis exonerate fugam,
caelestique viro, quis me deceperit error,
   dicite, pro culpa ne scelus esse putet.
ut quod vos scitis, poenae quoque sentiat auctor,
   placato possum non miser esse deo.'   40
hac prece adoravi superos ego: pluribus uxor,
   singultu medios impediente sonos.
illa etiam ante Lares passis adstrata capillis
   contigit extinctos ore tremente focos,
multaque in adversos effudit verba Penates   45
   pro deplorato non valitura viro.
iamque morae spatium nox praecipitata negabat,
   versaque ab axe suo Parrhasis Arctos erat.
quid facerem? blando patriae retinebar amore:
   ultima sed iussae nox erat illa fugae.   50
a! quotiens aliquo dixi properante 'quid urges?
   vel quo festinas ire, vel unde, vide.'
a! quotiens certam me sum mentitus habere
   horam, propositae quae foret apta viae.
ter limen tetigi, ter sum revocatus, et ipse   55
   indulgens animo pes mihi tardus erat.
saepe 'vale' dicto rursus sum multa locutus,
   et quasi discedens oscula summa dedi.
saepe eadem mandata dedi meque ipse fefelli,
   respiciens oculis pignora cara meis.   60
denique 'quid propero? Scythia est, quo mittimur,' inquam,
   'Roma relinquenda est. utraque iusta mora est.

43 lares *AHPω*: aras *GVϚ*   sparsis ω   adstrata *GϚ* : attracta *HPϚ* : attacta *V*: prostrata ω   44 aeternos *GHPV*   52 festines *Ϛ* ; *sed uide Ehwald ad Met.* x. 637

TRISTIVM LIBER I

uxor in aeternum vivo mihi viva negatur,
et domus et fidae dulcia membra domus,
quosque ego dilexi fraterno more sodales, 65
o mihi Thesea pectora iuncta fide!
dum licet, amplectar: numquam fortasse licebit
amplius. in lucro est quae datur hora mihi.'
nec mora, sermonis verba inperfecta relinquo,
conplectens animo proxima quaeque meo. 70
dum loquor et flemus, caelo nitidissimus alto,
stella gravis nobis, Lucifer ortus erat.
dividor haud aliter, quam si mea membra relinquam,
et pars abrumpi corpore visa suo est.
sic doluit Mettus tunc cum in contraria versos 75
ultores habuit proditionis equos.
tum vero exoritur clamor gemitusque meorum,
et feriunt maestae pectora nuda manus.
tum vero coniunx umeris abeuntis inhaerens
miscuit haec lacrimis tristia verba meis: 80
'non potes avelli. simul hinc, simul ibimus:' inquit,
'te sequar et coniunx exulis exul ero.
et mihi facta via est, et me capit ultima tellus:
accedam profugae sarcina parva rati.
te iubet e patria discedere Caesaris ira, 85
me pietas. pietas haec mihi Caesar erit.'
talia temptabat, sicut temptaverat ante,
vixque dedit victas utilitate manus.
egredior, sive illud erat sine funere ferri,
squalidus inmissis hirta per ora comis. 90
illa dolore amens tenebris narratur obortis
semianimis media procubuisse domo:
utque resurrexit foedatis pulvere turpi
crinibus et gelida membra levavit humo,

75 Mettus *Salmasius*: metius *codd. duo*: Priamus Γω, *quod tuetur Ellis, Mélanges Boissier, p.* 185 80 dicta ς: suis ς 85 a ω

OVIDI NASONIS

se modo, desertos modo complorasse Penates, 95
  nomen et erepti saepe vocasse viri,
nec gemuisse minus, quam si nataeque virique
  vidisset structos corpus habere rogos,
et voluisse mori, moriendo ponere sensus,
  respectuque tamen non periisse mei. 100
vivat, et absentem, quoniam sic fata tulerunt.
vivat ut auxilio sublevet usque suo.

IV

Tingitur oceano custos Erymanthidos ursae,
  aequoreasque suo sidere turbat aquas.
nos tamen Ionium non nostra findimus aequor
  sponte, sed audaces cogimur esse metu.
me miserum! quantis increscunt aequora ventis, 5
  erutaque ex imis fervet harena fretis.
monte nec inferior prorae puppique recurvae
  insilit et pictos verberat unda deos.
pinea texta sonant pulsu, stridore rudentes,
  ingemit et nostris ipsa carina malis. 10
navita confessus gelidum pallore timorem,
  iam sequitur victus, non regit arte ratem.
utque parum validus non proficientia rector
  cervicis rigidae frena remittit equo,
sic non quo voluit, sed quo rapit impetus undae, 15
  aurigam video vela dedisse rati.
quod nisi mutatas emiserit Aeolus auras,
  in loca iam nobis non adeunda ferar.

97 virique *GHV* : meumque *A⛋* : natacue meumue *⛋* 102 ut *Salmasius* : et *codd.*
IV 5 increscunt *A²GHPV* : me crescunt *A* : nigrescunt ω 6 fretis *AG(?)HP* : uadis *V*ω 7 puppiue *GH* : puppisue *V* 9 pulsu *Rothmaler* : pulsi *codd.* ; cf. *Ehwald. Krit. Beiträge, p. 67* 10 adgemit ω

TRISTIVM LIBER I

nam procul Illyriis laeva de parte relictis
 interdicta mihi cernitur Italia. 20
desinat in vetitas quaeso contendere terras,
 et mecum magno pareat aura deo.
dum loquor, et timeo pariter cupioque repelli,
 increpuit quantis viribus unda latus!
parcite caerulei, vos parcite numina ponti, 25
 infestumque mihi sit satis esse Iovem.
vos animam saevae fessam subducite morti,
 si modo, qui periit, non periisse potest.

V

O MIHI post ullos numquam memorande sodales,
 et cui praecipue sors mea visa sua est;
attonitum qui me, memini, carissime, primus
 ausus es alloquio sustinuisse tuo,
qui mihi consilium vivendi mite dedisti, 5
 cum foret in misero pectore mortis amor.
scis bene, cui dicam, positis pro nomine signis,
 officium nec te fallit, amice, tuum.
haec mihi semper erunt imis infixa medullis,
 perpetuusque animae debitor huius ero: 10
spiritus et vacuas prius hic tenuandus in auras
 ibit, et in tepido deseret ossa rogo,
quam subeant animo meritorum oblivia nostro,
 et longa pietas excidat ista die.
di tibi sint faciles, et opis nullius egentem 15
 fortunam praestent dissimilemque meae.

23 sic GHς: timeo cupio nimiumque V: cupio pariter timeoque APω   25 parcite numina Γ: saltem n. ω
V 1 nullos umquam P Madvig, Ehwald, Symb. i, p. 9; sed cf. v. 1. 67; Tibull. iii. 12. 9   2 et Γ: o ω   11 et GL: in HL²V hic Aω: hic tenuandus Γς: hic euandus L: extenuandus ς   15 et opis Γω   sisui L unde tibi di Ehwald

OVIDI NASONIS

si tamen haec navis vento ferretur amico,
  ignoraretur forsitan ista fides.
Thesea Pirithous non tam sensisset amicum,
  si non infernas vivus adisset aquas. 20
ut foret exemplum veri Phoceus amoris,
  fecerunt furiae, tristis Oresta, tuae.
si non Euryalus Rutulos cecidisset in hostes,
  Hyrtacidae Nisi gloria nulla foret.
scilicet ut flavum spectatur in ignibus aurum, 25
  tempore sic duro est inspicienda fides.
dum iuvat et vultu ridet Fortuna sereno,
  indelibatas cuncta secuntur opes:
at simul intonuit, fugiunt, nec noscitur ulli,
  agminibus comitum qui modo cinctus erat. 30
atque haec, exemplis quondam collecta priorum,
  nunc mihi sunt propriis cognita vera malis.
vix duo tresve mihi de tot superestis amici:
  cetera Fortunae, non mea turba fuit.
quo magis, o pauci, rebus succurrite laesis, 35
  et date naufragio litora tuta meo;
neve metu falso nimium trepidate, timentes
  hac offendatur ne pietate deus.
saepe fidem adversis etiam laudavit in armis,
  inque suis amat hanc Caesar, in hoste probat. 40
causa mea est melior, qui non contraria fovi
  arma, sed hanc merui simplicitate fugam.
invigiles igitur nostris pro casibus, oro
  deminui siqua numinis ira potest.
scire meos casus siquis desiderat omnes, 45
  plus, quam quod fieri res sinit, ille petit.
tot mala sum passus, quot in aethere sidera lucent
  parvaque quot siccus corpora pulvis habet:

---

25 flauum *scripsi*: saluum *L*: fuluum Γω   **44** siqua Γω:
////q//// nunc *L*

TRISTIVM LIBER I

multaque credibili tulimus maiora ratamque,
　quamvis acciderint, non habitura fidem.　　　　50
pars etiam quaedam mecum moriatur oportet,
　meque velim possit dissimulante tegi.
si vox infragilis, pectus mihi firmius aere,
　pluraque cum linguis pluribus ora forent:
non tamen idcirco complecterer omnia verbis,　　55
　materia vires exsuperante meas.
pro duce Neritio docti mala nostra poetae
　scribite: Neritio nam mala plura tuli.
ille brevi spatio multis erravit in annis
　inter Dulichias Iliacasque domos:　　　　　　60
nos freta sideribus totis distantia mensos
　sors tulit in Geticos Sarmaticosque sinus.
ille habuit fidamque manum sociosque fideles:
　me profugum comites deseruere mei.
ille suam laetus patriam victorque petebat:　　65
　a patria fugi victus et exul ego.
nec mihi Dulichium domus est Ithaceve Samosve,
　poena quibus non est grandis abesse locis:
sed quae de septem totum circumspicit orbem
　montibus, inperii Roma deumque locus.　　　70
illi corpus erat durum patiensque laborum:
　invalidae vires ingenuaeque mihi.
ille erat assidue saevis agitatus in armis:
　adsuetus studiis mollibus ipse fui.
me deus oppressit, nullo mala nostra levante:　　75
　bellatrix illi diva ferebat opem.
cumque minor Iove sit tumidis qui regnat in undis,
　illum Neptuni, me Iovis ira premit.
adde, quod illius pars maxima ficta laborum
　ponitur in nostris fabula nulla malis　　　　80

　53 aere ϛ : heret *L* : esset Γω　　62 sors tulit ϛ : detulit Γ*L*ϛ
Sarmaticosque *L*ω : Sarmatis ora Γ　　detulit in Geticos sors lacri-
mosa s. *Vogel*　66 fugi *L*ϛ : fugio Γω　　74 at suetus *L*

OVIDI NASONIS

denique quaesitos tetigit tamen ille Penates,
  quaeque diu petiit, contigit arva tamen:
at mihi perpetuo patria tellure carendum est,
  ni fuerit laesi mollior ira dei.

VI

Nec tantum Clario est Lyde dilecta poetae,
  nec tantum Coo Bittis amata suo est,
pectoribus quantum tu nostris, uxor, inhaeres,
  digna minus misero, non meliore viro.
te mea subposita veluti trabe fulta ruina est: 5
  siquid adhuc ego sum, muneris omne tui est.
tu facis, ut spolium non sim, nec nuder ab illis,
  naufragii tabulas qui petiere mei.
utque rapax stimulante fame cupidusque cruoris
  incustoditum captat ovile lupus,   10
aut ut edax vultur corpus circumspicit ecquod
  sub nulla positum cernere possit humo,
sic mea nescioquis, rebus male fidus acerbis
  in bona venturus, si paterere, fuit.
hunc tua per fortis virtus summovit amicos,   15
  nulla quibus reddi gratia digna potest.
ergo quam misero, tam vero teste probaris,
  hic aliquod pondus si modo testis habet.
nec probitate tua prior est aut Hectoris uxor,
  aut comes extincto Laudamia viro.   20
tu si Maeonium vatem sortita fuisses,
  Penelopes esset fama secunda tuae:
sive tibi hoc debes, nullo pia facta magistro,
  cumque nova mores sunt tibi luce dati,

83 est om. *L*ς
VI 1 est Lyde ς : est idem *L* : Lyde (*om.* est) Γω   2 clario Γ*L*
Bittis *Merkel* : battis *codd.*   amica *L*   6 êê (*i. e.* esse) tui *L*
(omne tui est *corr. L*²), *unde* ecce tui *conieci*   23 nullo Γ*L*²ς : nulli
L : nulla ... magistra ς ; *uide* Ehwald, *Symb.* i, *p.* 9

TRISTIVM LIBER I

femina seu princeps omnes tibi culta per annos 25
   te docet exemplum coniugis esse bonae,
adsimilemque sui longa adsuetudine fecit,
   grandia si parvis adsimulare licet.
ei mihi, non magnas quod habent mea carmina vires,
   nostraque sunt meritis ora minora tuis, 30
siquid et in nobis vivi fuit ante vigoris,
   extinctum longis occidit omne malis!
prima locum sanctas heroidas inter haberes,
   prima bonis animi conspicerere tui.
quantumcumque tamen praeconia nostra valebunt, 35
   carminibus vives tempus in omne meis.

VII

'Siqvis habes nostris similes in imagine vultus,
   deme meis hederas, Bacchica serta, comis.
ista decent laetos felicia signa poetas:
   temporibus non est apta corona meis.'
hoc tibi dissimula, senti tamen, optime, dici, 5
   in digito qui me fersque refersque tuo,
effigiemque meam fulvo complexus in auro
   cara relegati, quae potes, ora vides.
quae quotiens spectas, subeat tibi dicere forsan
   'quam procul a nobis Naso sodalis abest!' 10
grata tua est pietas: sed carmina maior· imago
   sunt mea, quae mando qualiacumque legas,
carmina mutatas hominum dicentia formas,
   infelix domini quod fuga rupit opus.
haec ego discedens, sicut bene multa meorum, 15
   ipse mea posui maestus in igne manu.

33. 34 *post 22 transposuerunt Maehly, Ehwald*   34 *om. L*
VII 2 bahcia *L* (-chica *L*²): bachia *AϚ*; *uide Ehwald, Symb.* i, *p.* 9
11 cauta *L* (*corr. L*²)   14-20 *hoc ordine ponit L* 14, 17, 18, 19, 16.
15, 20

OVIDI NASONIS

utque cremasse suum fertur sub stipite natum
   Thestias et melior matre fuisse soror,
sic ego non meritos mecum peritura libellos
   imposui rapidis viscera nostra rogis: 10
vel quod eram Musas, ut crimina nostra, perosus,
   vel quod adhuc crescens et rude carmen erat.
quae quoniam non sunt penitus sublata, sed extant
   (pluribus exemplis scripta fuisse reor),
nunc precor ut vivant et non ignava legentem   25
   otia delectent admoneantque mei.
nec tamen illa legi poterunt patienter ab ullo,
   nesciet his summam siquis abesse manum.
ablatum mediis opus est incudibus illud,
   defuit et scriptis ultima lima meis.   30
et veniam pro laude peto, laudatus abunde,
   non fastiditus si tibi, lector, ero
hos quoque sex versus, in prima fronte libelli
   si praeponendos esse putabis, habe:
'orba parente suo quicumque volumina tangis,   35
   his saltem vestra detur in urbe locus.
quoque magis faveas, haec non sunt edita ab ipso,
   sed quasi de domini funere rapta sui.
quicquid in his igitur vitii rude carmen habebit,
   emendaturus, si licuisset, eram.'   40

VIII

In caput alta suum labentur ab aequore retro
   flumina, conversis Solque recurret equis:
terra feret stellas, caelum findetur aratro,
   unda dabit flammas, et dabit ignis aquas:
omnia naturae praepostera legibus ibunt,   5
   parsque suum mundi nulla tenebit iter:

---

28 nesciat *AHPVΣ*   33 primi *Heinsius*; *sed uide Schulze, Wochenschrift f. kl. Phil.* 1890, *p.* 577; *cf.* ii. 545   37 non haec sunt Γω

TRISTIVM LIBER I

omnia iam fient, fieri quae posse negabant,
  et nihil est, de quo non sit habenda fides.
haec ego vaticinor, quia sum deceptus ab illo,
  laturum misero quem mihi rebar opem.   10
tantane te, fallax, cepere oblivia nostri,
  adflictumque fuit tantus adire timor,
ut neque respiceres, nec solarere iacentem,
  dure, neque exequias prosequerere meas?
illud amicitiae sanctum et venerabile nomen   15
  re tibi pro vili est sub pedibusque iacet?
quid fuit, ingenti prostratum mole sodalem
  visere et alloquio parte levare tuo,
inque meos si non lacrimam demittere casus,
  pauca tamen ficto verba dolore pati,   20
idque, quod ignoti faciunt, vel dicere saltem,
  et vocem populi publicaque ora sequi?
denique lugubres vultus numquamque videndos
  cernere supremo dum licuitque die,
dicendumque semel toto non amplius aevo   25
  accipere, et parili reddere voce 'vale'?
at fecere alii nullo mihi foedere iuncti,
  et lacrimas animi signa dedere sui.
quid, nisi convictu causisque valentibus essem
  temporis et longi vinctus amore tibi?   30
quid, nisi tot lusus et tot mea seria nosses,
  tot nossem lusus seriaque ipse tua?
quid, si dumtaxat Romae mihi cognitus esses,
  adscitus totiens in genus omne loci?

VIII 7 fiant *L*   negabant *cod. Musei Britannici* 18384, *quod dudum coniceram*: negabat *L*: negabit *L*²: negabam Γω: negaui *Riese*   16 est *add. Riese*   18 alloquio ... tuo *Leidensis* 177: alloquii ... sui *L*: alloquii ... tui Γω: adloquiis ... tuis *Ehwald*   19 dimittere Γω   20 pati (*sscr.* loqui) *L*: loqui Γω   21 uel dicere *Merkel.*: aale dicere *codd.*   25 simul *L*   30 uinctus ς: iunctus Γω   33 *om. L*   tibi cognitus essem ς   34 ioci *GV*ς

OVIDI NASONIS

cunctane in aequoreos abierunt irrita ventos? 35
   cunctane Lethaeis mersa feruntur aquis?
non ego te genitum placida reor urbe Quirini,
   urbe, meo quae iam non adeunda pede est,
sed scopulis, Ponti quos haec habet ora Sinistri,
   inque feris Scythiae Sarmaticisque iugis: 40
et tua sunt silicis circum praecordia venae,
   et rigidum ferri semina pectus habet:
quaeque tibi quondam tenero ducenda palato
   plena dedit nutrix ubera, tigris erat:
aut mala nostra minus quam nunc aliena putares, 45
   duritiaeque mihi non agerere reus.
sed quoniam accedit fatalibus hoc quoque damnis,
   ut careant numeris tempora prima suis,
effice, peccati ne sim memor huius, et illo
   officium laudem, quo queror, ore tuum. 50

IX

DETVR inoffenso vitae tibi tangere metam,
   qui legis hoc nobis non inimicus opus:
atque utinam pro te possint mea vota valere,
   quae pro me duros non tetigere deos!
donec eris sospes, multos numerabis amicos: 5
   tempora si fuerint nubila, solus eris.
aspicis, ut veniant ad candida tecta columbae,
   accipiat nullas sordida turris aves.
horrea formicae tendunt ad inania numquam:
   nullus ad amissas ibit amicus opes. 10
utque comes radios per solis euntibus umbra est,
   cum latet hic pressus nubibus, illa fugit.

---

35 aerios *Riese*   38 p. e.] mihi (*corr.* pede est) *L, unde* urbe mea, quae iam non adeunda mihi *Ehwald*   41 silices... neue *L*: silices ... nati Γ   45 aut *GHPV*: haut *Lω* : at *A*   nunc *LV*: non *AGHPω*   putasses ΓϚ   48 prima malis *L*
IX 1 inoffenso *L*: inoffensae Γω   5 sospes *L*: felix Γω

TRISTIVM LIBER I

mobile sic sequitur Fortunae lumina vulgus:
  quae simul inducta nocte teguntur, abit.
haec precor ut semper possint tibi falsa videri: 15
  sunt tamen eventu vera fatenda meo.
dum stetimus, turbae quantum satis esset, habebat
  nota quidem sed non ambitiosa domus.
at simul inpulsa est, omnes timuere ruinam,
  cautaque communi terga dedere fugae.   20
saeva neque admiror metuunt si fulmina, quorum
  ignibus adflari proxima quaeque solent.
sed tamen in duris remanentem rebus amicum
  quamlibet inviso Caesar in hoste probat,
nec solet irasci (neque enim moderatior alter)   25
  cum quis in adversis, siquid amavit, amat.
de comite Argolici postquam cognovit Orestae
  narratur Pyladen ipse probasse Thoas.
quae fuit Actoridae cum magno semper Achille,
  laudari solita est Hectoris ore fides.   30
quod pius ad Manes Theseus comes iret amico,
  Tartareum dicunt indoluisse deum.
Euryali Nisique fide tibi, Turne, relata
  credibile est lacrimis inmaduisse genas.
est etiam miseris pietas, et in hoste probatur.   35
  ei mihi, quam paucos haec mea dicta movent!
is status, haec rerum nunc est fortuna mearum,
  debeat ut lacrimis nullus adesse modus.
at mea sunt, proprio quamvis maestissima casu,
  pectora processu facta serena tuo.   40
hoc eventurum iam tunc, carissime, vidi,
  ferret adhuc ista cum minus aura ratem.

13 sequitur] quetr (sscr. ri) *L*   14 nocte Γ*L*(*supra lineam*)ς:
nube ς   20 cunctaque *L*ς   24 quamlibet ς: qualibet *L*: quolibet Γω
27 Argolici *Heinsius*: argolico *codd.*   Orestis *Parisinus* 8465:
orestes *L*   35 in miseris ς   37 haec *om. L, add.* *L*²   40 processu *L*: pro sensu Γω   42 ista *L*: istam Γω   cum minus Γς:
comminus *L*: cum minor ς

sive aliquod morum seu vitae labe carentis
   est pretium, nemo pluris emendus erat:
sive per ingenuas aliquis caput extulit artes, 45
   quaelibet eloquio fit bona causa tuo.
his ego commotus dixi tibi protinus ipsi
   'scaena manet dotes grandis, amice, tuas.'
haec mihi non ovium fibrae tonitrusve sinistri,
   linguave servatae pennave dixit avis: 50
augurium ratio est et coniectura futuri:
   hac divinavi notitiamque tuli.
quae quoniam vera est, tota tibi mente mihique
   gratulor, ingenium non latuisse tuum.
at nostrum tenebris utinam latuisset in imis! 55
   expediit studio lumen abesse meo.
utque tibi prosunt artes, facunde, severae,
   dissimiles illis sic nocuere mihi.
vita tamen tibi nota mea est. scis artibus illis
   auctoris mores abstinuisse sui: 60
scis vetus hoc iuveni lusum mihi carmen, et istos,
   ut non laudandos, sic tamen esse iocos.
ergo ut defendi nullo mea posse colore,
   sic excusari crimina posse puto.
qua potes, excusa, nec amici desere causam: 65
   qua bene coepisti, sic bene semper eas.

X

Est mihi sitque, precor, flavae tutela Minervae,
   navis et a picta casside nomen habet.
sive opus est velis, minimam bene currit ad auram
   sive opus est remo, remige carpit iter.
nec comites volucri contenta est vincere cursu, 5
   occupat egressas quamlibet ante rates,

50 pinnaue *L*   53 uera est *L*ω : rata sunt (*om.* sunt *AGHP*) Γ
61 lusos m. carminis istos *L*   66 qua *L ut uidetur*; *cf. Ehwald, Symb.*
i, *p.* 18 : quo *L*²Γω   bene ... pede ϛ : pede ... bene ϛ
X 6 quamlibet ante ϛ : qualibet arte Γ*L*ω

TRISTIVM LIBER I

et pariter fluctus ferit atque silientia longe
    aequora, nec saevis victa madescit aquis.
illa, Corinthiacis primum mihi cognita Cenchreis,
    fida manet trepidae duxque comesque fugae,   10
perque tot eventus et iniquis concita ventis
    aequora Palladio numine tuta fuit.
nunc quoque tuta, precor, vasti secet ostia Ponti,
    quasque petit, Getici litoris intret aquas.
quae simul Aeoliae mare me deduxit in Helles,   15
    et longum tenui limite fecit iter,
fleximus in laevum cursus, et ab Hectoris urbe
    venimus ad portus, Imbria terra, tuos.
inde, levi vento Zerynthia litora nacta,
    Threiciam tetigit fessa carina Samon.   20
saltus ab hac contra brevis est Tempyra petenti:
    hac dominum tenus est illa secuta suum.
nam mihi Bistonios placuit pede carpere campos:
    Hellespontiacas illa relegit aquas,
Dardaniamque petit, auctoris nomen habentem,   25
    et te ruricola, Lampsace, tuta deo,
quodque per angustas vectae male virginis undas
    Seston Abydena separat urbe fretum,
inque Propontiacis haerentem Cyzicon oris,
    Cyzicon, Haemoniae nobile gentis opus,   30
quaeque tenent Ponti Byzantia litora fauces:
    hic locus est gemini ianua vasta maris.
haec, precor, evincat, propulsaque fortibus Austris
    transeat instabilis strenua Cyaneas

---

    7 pariatur *L* : patitur *ς*   ferit *AHPV* : fler ///it *L* : fert *G* : fertque ω atque silentia *AG*(?)*LV* : atque assilientia *H* : assilientia *P*ω   pariter f. fert atque silentia *Ehwald* : pariter f. fert ac salientia *Vogel*   8 uita (*sscr.* c) *L*   icta fatiscit *ς* ; *cf. Val. Flacc.* iv. 48   9 concita *L*   11 *om. L, add. L*¹   17 Actoris *Aς*   21 contra *LΓς* : terra ω   24 relegit *Bodleianus B. N. Rawl.* 107 : reliquit *LΓ*ω : reuisit *Ehwald*   27 quodque *ς* : quidque *L* : quaque *Γ*ω   29 hincque *Hς*   33 flatibus austri *Gς*

OVIDI NASONIS

Thyniacosque sinus, et ab his per Apollinis urbem 35
　arta sub Anchiali moenia tendat iter.
inde Mesembriacos portus et Odeson et arces
　praetereat dictas nomine, Bacche, tuo,
et quos Alcathoi memorant e moenibus ortos
　sedibus his profugos constituisse Larem. 40
a quibus adveniat Miletida sospes ad urbem,
　offensi quo me detulit ira dei.
naec si contigerint, meritae cadet agna Minervae:
　non facit ad nostras hostia maior opes.
vos quoque, Tyndaridae, quos haec colit insula, fratres, 45
　mite precor duplici numen adesse viae.
altera namque parat Symplegadas ire per artas,
　scindere Bistonias altera puppis aquas.
vos facite ut ventos, loca cum diversa petamus,
　illa suos habeat, nec minus illa suos. 50

XI

LITTERA quaecumque est toto tibi lecta libello,
　est mihi sollicito tempore facta viae.
aut haec me, gelido tremerem cum mense Decembri,
　scribentem mediis Hadria vidit aquis:
aut, postquam bimarem cursu superavimus Isthmon, 5
　alteraque est nostrae sumpta carina fugae,
quod facerem versus inter fera murmura ponti,
　Cycladas Aegaeas obstipuisse puto.
ipse ego nunc miror tantis animique marisque
　fluctibus ingenium non cecidisse meum. 10

35 Thyniacosque *Merula*: thynantiosque *L*: thynatiosque *A*: trimachiosque *V*: trinachiosque *G*: eniochiosque *H*: einochiosque *P*: similia ω   36 arta *Gothanus*: apta *L*ς: alta *G*ω: uecta *AHPV* findat ς   37 Odeson et *Merula*: opeson es *L*: Opeson et, opesonis, *similia cett. codd.*   39 e *L*: a Γω   41 a Γω: in *L*   42 detulit *L*: pertulit *H*: contulit *AGPV*ω: compulit ς   46 adesse *ALV*: adeste *cett.*

XI 3 hanc ς   9 ego nunc ΓLω: etenim Θς; *cf. Ehwald, Symb.* ii, *p.* 7

TRISTIVM LIBER I

seu stupor huic studio sive est insania nomen,
  omnis ab hac cura cura levata mea est.
saepe ego nimbosis dubius iactabar ab Haedis,
  saepe minax Steropes sidere pontus erat,
fuscabatque diem custos Atlantidos Vrsae, 15
  aut Hyadas seris hauserat Auster aquis:
saepe maris pars intus erat; tamen ipse trementi
  carmina ducebam qualiacumque manu.
nunc quoque contenti stridunt Aquilone rudentes,
  inque modum tumuli concava surgit aqua. 20
ipse gubernator tollens ad sidera palmas
  exposcit votis, inmemor artis, opem.
quocumque aspexi, nihil est nisi mortis imago,
  quam dubia timeo mente timensque precor.
attigero portum, portu terrebor ab ipso: 25
  plus habet infesta terra timoris aqua.
nam simul insidiis hominum pelagique laboro,
  et faciunt geminos ensis et unda metus.
ille meo vereor ne speret sanguine praedam,
  haec titulum nostrae mortis habere velit. 30
barbara pars laeva est avidaeque adsueta rapinae,
  quam cruor et caedes bellaque semper habent.
cumque sit hibernis agitatum fluctibus aequor,
  pectora sunt ipso turbidiora mari.
quo magis his debes ignoscere, candide lector, 35
  si spe sunt, ut sunt, inferiora tua.
non haec in nostris, ut quondam, scripsimus hortis,
  nec, consuete, meum, lectule, corpus habes.

12 cura levata *inscriptio Gruteri* 637. 5, *C. I. L.* vi. 2. 9632; cf. *Rem.*
170. 484, *Am.* i. 8. 80   mens relevata *codd.*   14 steropis sidera
p. habent *L*   15 Atlantidos ς: adlantidos ΘL: arimantidos *GHV*:
erymanthidos *AP*ω   31 auidaeque ς: auidae *L*Γω (*in* Θ *deest*)
adsueta rapinae *Haupt*: ad ethera penne *L*: substrata r. Θ (*man.* 2, *in
quo totus uersus abscissus*) *GP*ς: substracta r. *H*: substructa r. *A*ς:
subtracta r *V*   37 scribimus Θς

TRISTIVM LIBER I

iactor in indomito brumali luce profundo
　ipsaque caeruleis charta feritur aquis.
improba pugnat hiems indignaturque quod ausim
　scribere se rigidas incutiente minas.
vincat hiems hominem; sed eodem tempore, quaeso,
　ipse modum statuam carminis, illa sui.

LIBER SECVNDVS

Qvid mihi vobiscum est, infelix cura, libelli,
   ingenio perii qui miser ipse meo?
cur modo damnatas repeto, mea crimina, Musas?
   an semel est poenam commeruisse parum?
carmina fecerunt, ut me cognoscere vellet   5
   omine non fausto femina virque meo:
carmina fecerunt, ut me moresque notaret
   iam demi iussa Caesar ab Arte meos.
deme mihi studium, vitae quoque crimina demes;
   acceptum refero versibus esse nocens.   10
hoc pretium curae vigilatorumque laborum
   cepimus: ingenio est poena reperta meo.
si saperem, doctas odissem iure sorores,
   numina cultori perniciosa suo.
at nunc (tanta meo comes est insania morbo)   15
   saxa malum refero rursus ad ista pedem:
scilicet ut victus repetit gladiator harenam,
   et redit in tumidas naufraga puppis aquas.
forsitan ut quondam Teuthrantia regna tenenti,
   sic mihi res eadem vulnus opemque feret,   20
Musaque, quam movit, motam quoque leniet iram:
   exorant magnos carmina saepe deos.

1–3 om. L, suppleuit L³   3 carmina ΘHϚ   M.] causa Θ
5 uellent Ϛ   7 notarent Θ(?)L   8 demi iussa ΘL, i. e. ipsius
Caesaris iussu e bibliothecis summota (Ehwald, Symb. ii. 10): demum
uisa Γ: pridem uisa aut inuisa ω   9 uitam quoque carmine ΘL:
uitium quoque carmine Baehrens, probante Ehwald, Symb. ii. 10
11 curae ΘL (ut uidetur) Ϛ: uitae L³ (in ras.) Γω   12 est om.
AGHV   16 ista Parisinus 7993 (Ehwald, Symb. i. 18): dita L:
icta ΘL³Γω   20 ferat L Bentley   21 quae Ϛ   leniat Ϛ Bentley

OVIDI NASONIS

ipse quoque Ausonias Caesar matresque nurusque
  carmina turrigerae dicere iussit Opi:
iusserat et Phoebo dici, quo tempore ludos 25
  fecit, quos aetas aspicit una semel.
his precor exemplis tua nunc, mitissime Caesar,
  fiat ab ingenio mollior ira meo.
illa quidem iusta est, nec me meruisse negabo:
  non adeo nostro fugit ab ore pudor. 30
sed nisi peccassem, quid tu concedere posses?
  materiam veniae sors tibi nostra dedit.
si, quotiens peccant homines, sua fulmina mittat
  Iuppiter, exiguo tempore inermis erit;
nunc ubi detonuit strepituque exterruit orbem, 35
  purum discussis aera reddit aquis.
iure igitur genitorque deum rectorque vocatur,
  iure capax mundus nil Iove maius habet.
tu quoque, cum patriae rector dicare paterque,
  utere more dei nomen habentis idem. 40
idque facis, nec te quisquam moderatius umquam
  inperii potuit frena tenere sui.
tu veniam parti superatae saepe dedisti,
  non concessurus quam tibi victor erat.
divitiis etiam multos et honoribus auctos 45
  vidi, qui tulerant in caput arma tuum;
quaeque dies bellum, belli tibi sustulit iram,
  parsque simul templis utraque dona tulit;
utque tuus gaudet miles, quod vicerit hostem,
  sic victum cur se gaudeat, hostis habet. 50
causa mea est melior, qui nec contraria dicor
  arma nec hostiles esse secutus opes.
per mare, per terras, per tertia numina iuro,
  per te praesentem conspicuumque deum,

35 nunc] hic ς   40 numen ς   49 qui *HPV*ς

TRISTIVM LIBER II

hunc animum favisse tibi, vir maxime, meque, 55
    qua sola potui, mente fuisse tuum.
optavi, peteres caelestia sidera tarde,
    parsque fui turbae parva precantis idem,
et pia tura dedi pro te, cumque omnibus unus
    ipse quoque adiuvi publica vota meis. 60
quid referam libros, illos quoque, crimina nostra,
    mille locis plenos nominis esse tui?
inspice maius opus, quod adhuc sine fine tenetur,
    in non credendos corpora versa modos:
invenies vestri praeconia nominis illic, 65
    invenies animi pignora multa mei.
non tua carminibus maior fit gloria, nec quo,
    ut maior fiat, crescere possit, habet.
fama Iovi superest: tamen hunc sua facta referri
    et se materiam carminis esse iuvat, 70
cumque Gigantei memorantur proelia belli,
    credibile est laetum laudibus esse suis.
te celebrant alii, quanto decet ore, tuasque
    ingenio laudes uberiore canunt:
sed tamen, ut fuso taurorum sanguine centum, 75
    sic capitur minimo turis honore deus.
a, ferus et nobis crudelior omnibus hostis,
    delicias legit qui tibi cumque meas,
carmina ne nostris quae te venerantia libris
    iudicio possint candidiore legi. 80
esse sed irato quis te mihi posset amicus?
    vix tunc ipse mihi non inimicus eram.
cum coepit quassata domus subsidere, partes
    in proclinatas omne recumbit onus,

---

55 hunc animam *L* : hanc animam ς   63 tenetur *L* : reliqui Γω
69 super est *HL* ; *sed cf.* iii. 9. 17 ; *Iuuenal* xiii. 109   77 nimium
crudelior *G*ω : nimium crudeliter *AHP*   79 ne ... quae te *L*(*in quo
te erasum suppleuit L*³)Γω : nunc *aut* nam ... quae te ς: de ...
cum te *Merkel* : nam ... quot te *Ehwald* : ne ... te deuenerantia *Ellis*
80 iudicio *G*ς : indicio *LHPV*ς

OVIDI NASONIS

cunctaque fortuna rimam faciente dehiscunt, 85
ipsa suoque eadem pondere tracta ruunt.
ergo hominum quaesitum odium mihi carmine, quosque
debuit, est vultus turba secuta tuos.
at, memini, vitamque meam moresque probabas
illo, quem dederas, praetereuntis equo: 90
quod si non prodest et honesti gloria nulla
redditur, at nullum crimen adeptus eram.
nec male commissa est nobis fortuna reorum
lisque decem deciens inspicienda viris.
res quoque privatas statui sine crimine iudex, 95
deque mea fassa est pars quoque victa fide.
me miserum! potui, si non extrema nocerent,
iudicio tutus non semel esse tuo.
ultima me perdunt, imoque sub aequore mergit
incolumem totiens una procella ratem. 100
nec mihi pars nocuit de gurgite parva, sed omnes
pressere hoc fluctus oceanusque caput.
cur aliquid vidi? cur noxia lumina feci?
cur imprudenti cognita culpa mihi?
inscius Actaeon vidit sine veste Dianam: 105
praeda fuit canibus non minus ille suis.
scilicet in superis etiam fortuna luenda est,
nec veniam laeso numine casus habet.
illa nostra die, qua me malus abstulit error,
parva quidem periit, sed sine labe domus: 110
sic quoque parva tamen, patrio dicatur ut aevo
clara nec ullius nobilitate minor,

85–86 *del. Rouer et Heinsius* 85 cumq; *L*: cumtaque *G* 86 ipse *L* suoque eadem *scripsi, Class. Quarterly* viii. 23: suo quodam *LΓϚ*: suo quondam *aut* quaedam *Ϛ* 87 quosque *Canonicianus Lat.* 1: quaque *LΓω* 91–92 *Heinsio suspectos del. Bentley Ehwald, defendit Vogel* 91 non quasi prodesset honesti g. n. *L* et honos et *conieci* 92 redditus est *L*: redditur et *L*³ erit *L* 94 lisque *Heinsius*: usque *LΓω* 109 namque *L*³*Ϛ* 111–112 *post* 114 *transposui in editione a.* 1889, *ordinem uulgatum recte defendit Vogel*

TRISTIVM LIBER II

et neque divitiis nec paupertate notanda,
  unde sit in neutrum conspiciendus eques.
sit quoque nostra domus vel censu parva vel ortu,   115
  ingenio certe non latet illa meo:
quo videar quamvis nimium iuvenaliter usus,
  grande tamen toto nomen ab orbe fero;
turbaque doctorum Nasonem novit, et audet
  non fastiditis adnumerare viris.   120
corruit haec igitur Musis accepta, sub uno
  sed non exiguo crimine lapsa domus:
atque ea sic lapsa est, ut surgere, si modo laesi
  ematuruerit Caesaris ira, queat.
cuius in eventu poenae clementia tanta est,   125
  venerit ut nostro lenior illa metu.
vita data est, citraque necem tua constitit ira,
  o princeps parce viribus use tuis!
insuper accedunt, te non adimente, paternae,
  tamquam vita parum muneris esset, opes.   130
nec mea decreto damnasti facta senatus,
  nec mea selecto iudice iussa fuga est.
tristibus invectus verbis (ita principe dignum)
  ultus es offensas, ut decet, ipse tuas.
adde quod edictum, quamvis immite minaxque,   135
  attamen in poenae nomine lene fuit:
quippe relegatus, non exul, dicor in illo,
  privaque fortunae sunt ibi verba meae.
nulla quidem sano gravior mentisque potenti
  poena est, quam tanto displicuisse viro: 140
sed solet interdum fieri placabile numen:
  nube solet pulsa candidus ire dies.

113 et *AGL³PV*ω: ut *LH*   115 sit ω *Vogel*: si *LV*: sic *AGIIP*
astu *L*   118 ab | in ς   122 non | tamen *GP*ς   126 uenerit ut *L
Leidensis* 177: ut fuerit Γω   138 priuaque *L*: paruaque *GHV*: par-
caque *AP*ω   ibi ς: tibi *L*Γω

OVIDI NASONIS

vidi ego pampineis oneratam vitibus ulmum,
　quae fuerat saevi fulmine tacta Iovis.
ipse licet sperare vetes, sperabimus usque;　　　　145
　hoc unum fieri te prohibente potest.
spes mihi magna subit, cum te, mitissime princeps,
　spes mihi, respicio cum mea facta, cadit.
ac veluti ventis agitantibus aera non est
　aequalis rabies continuusque furor,　　　　150
sed modo subsidunt intermissique silescunt,
　vimque putes illos deposuisse suam:
sic abeunt redeuntque mei variantque timores,
　et spem placandi dantque negantque tui.
per superos igitur, qui dant tibi longa dabuntque　　　155
　tempora, Romanum si modo nomen amant;
per patriam, quae te tuta et secura parente est,
　cuius, ut in populo, pars ego nuper eram;
sic tibi, quem semper factis animoque mereris,
　reddatur gratae debitus urbis amor;　　　　160
Livia sic tecum sociales compleat annos,
　quae, nisi te, nullo coniuge digna fuit,
quae si non esset, caelebs te vita deceret,
　nullaque, cui posses esse maritus, erat;
sospite sit tecum natus quoque sospes, et olim　　　165
　inperium regat hoc cum seniore senex;
ut faciuntque tui, sidus iuvenale, nepotes,
　per tua perque sui facta parentis eant;
sic adsueta tuis semper Victoria castris
　nunc quoque se praestet notaque signa petat,　　　170
Ausoniumque ducem solitis circumvolet alis,
　ponat et in nitida laurea serta coma,
per quem bella geris, cuius nunc corpore pugnas,
　auspicium cui das grande deosque tuos,

---

144 saeuo ς   145 sperauimus *L*   usque *Heinsius*: utque *L*:
atque *L*³Γω   149 aere *L*: aequora ς   160 honor *P*ς   161 im-
pleat ς   165 sit tecum *Leidensis* 191: si (sic *L*³) tecum *L*: sic te sit
Γω   167 faciantque ς   iuuenale *HL*: iuuenile *cett.*

TRISTIVM LIBER Ii

dimidioque tui praesens es et aspicis urbem,   175
  dimidio procul es saevaque bella geris;
hic tibi sic redeat superato victor ab hoste,
  inque coronatis fulgeat altus equis:
parce, precor, fulmenque tuum, fera tela, reconde,
  heu nimium misero cognita tela mihi!   180
parce, pater patriae, nec nominis inmemor huius
  olim placandi spem mihi tolle tui.
non precor ut redeam, quamvis maiora petitis
  credibile est magnos saepe dedisse deos:
mitius exilium si das propiusque roganti,   185
  pars erit ex poena magna levata mea.
ultima perpetior medios eiectus in hostes,
  nec quisquam patria longius exul abest.
solus ad egressus missus septemplicis Histri
  Parrhasiae gelido virginis axe premor.   190
Ciziges et Colchi Tereteaque turba Getaeque
  Danuvii mediis vix prohibentur aquis;
cumque alii causa tibi sint graviore fugati,
  ulterior nulli, quam mihi, terra data est.
longius hac nihil est, nisi tantum frigus et hostes,   195
  et maris adstricto quae coit unda gelu.
hactenus Euxini pars est Romana Sinistri:
  proxima Bastarnae Sauromataeque tenent.
haec est Ausonio sub iure novissima, vixque
  haeret in inperii margine terra tui.   200
unde precor supplex ut nos in tuta releges,
  ne sit cum patria pax quoque adempta mihi,

---

175 es et aspicis ς : et respicis *AHL*ω: es respicis *GPV*   186 parua *L*   187 proiectus ς   191-192 *scite defendit Vogel*: *damnarant Schrader, Merkel, Ehwald. post* 200 *Riese, post* 196 *C. Schenkl, post* 198 *ego posueram*   191 Ciziges *L*; *cf. Plin. N. H.* vi. 19 'Tanain amnem incolunt . . . Cizici': Latiges *G*: Zizices *HP*: Zaziges *V*: Iazyges ω Tereteaque *Ellis, Hermath* xvi. 193 ; *cf. Plin. N. H.* vi. 17 : metereaque *codd*. : Tibarenaque *conieceram*   198 Bastarnae ς : bis ternas *L* · basternae Γω   200 haesit ς

OVIDI NASONIS

ne timeam gentes, quas non bene summovet Hister,
   neve tuus possim civis ab hoste capi.
fas prohibet Latio quemquam de sanguine natum   205
   Caesaribus salvis barbara vincla pati.
perdiderint cum me duo crimina, carmen et error,
   alterius facti culpa silenda mihi:
nam non sum tanti, renovem ut tua vulnera, Caesar,
   quem nimio plus est indoluisse semel.   210
altera pars superest, qua turpi carmine factus
   arguor obsceni doctor adulterii.
fas ergo est aliqua caelestia pectora falli,
   et sunt notitia multa minora tua;
utque deos caelumque simul sublime tuenti   215
   non vacat exiguis rebus adesse Iovi,
de te pendentem sic dum circumspicis orbem,
   effugiunt curas inferiora tuas.
scilicet inperii princeps statione relicta
   inparibus legeres carmina facta modis?   220
non ea te moles Romani nominis urget,
   inque tuis umeris tam leve fertur onus,
lusibus ut possis advertere numen ineptis,
   excutiasque oculis otia nostra tuis.
nunc tibi Pannonia est, nunc Illyris ora domanda,   225
   Raetica nunc praebent Thraciaque arma metum,
nunc petit Armenius pacem, nunc porrigit arcus
   Parthus eques timida captaque signa manu,
nunc te prole tua iuvenem Germania sentit,
   bellaque pro magno Caesare Caesar obit.   230
denique, ut in tanto, quantum non extitit umquam,
   corpore pars nulla est, quae labet, inperii,
urbs quoque te et legum lassat tutela tuarum
   et morum, similes quos cupis esse tuis.

211 crimine laesus ς   217 de *GHPVς*: a *Aς*: sic *L* (sic *quod sequitur praesumpto*): ex ς   223 lumen ς   230 obit *HLPV*: habet *AGω*: agit ς   232 labat *L*

TRISTIVM LIBER II

non tibi contingunt, quae gentibus otia praestas,   235
  bellaque cum multis inrequieta geris.
mirer in hoc igitur tantarum pondere rerum
  te numquam nostros evoluisse iocos?
at si, quod mallem, vacuum tibi forte fuisset,
  nullum legisses crimen in Arte mea.   240
illa quidem fateor frontis non esse severae
  scripta, nec a tanto principe digna legi :
non tamen idcirco legum contraria iussis
  sunt ea Romanas erudiuntque nurus.
neve, quibus scribam, possis dubitare, libellos,   245
  quattuor hos versus e tribus unus habet :
'este procul, vittae tenues, insigne pudoris,
  quaeque tegis medios instita longa pedes!
nil nisi legitimum concessaque furta canemus,
  inque meo nullum carmine crimen erit.'   250
ecquid ab hac omnes rigide summovimus Arte,
  quas stola contingi vittaque sumpta vetat?
'at matrona potest alienis artibus uti,
  quoque trahat, quamvis non doceatur, habet.'
nil igitur matrona legat, quia carmine ab omni   255
  ad delinquendum doctior esse potest.
quodcumque attigerit siqua est studiosa sinistri,
  ad vitium mores instruet inde suos.
sumpserit Annales (nihil est hirsutius illis)
  facta sit unde parens Ilia, nempe leget.   260
sumpserit 'Aeneadum genetrix' ubi prima, requiret,
  Aeneadum genetrix unde sit alma Venus.
persequar inferius, modo si licet ordine ferri,
  posse nocere animis carminis omne genus.

235 non *HLϛ* : nec *AGHPω*   237 miror *ALϛ*   239 uacuum fortasse fuisset *Lϛ* : uacuus fortasse fuisses *ϛ*   245 libellus *Aϛ*   249 nil nisi legitimum] nos uenerem tutam *Vϛ* ; *cf. A. A.* i. 33   251 rigida *L*   254 quodque *G³ϛ* ; *hoc probauit Ehwald, Symb.* ii. 19

OVIDI NASONIS

non tamen idcirco crimen liber omnis habebit: 265
  nil prodest, quod non laedere possit idem.
igne quid utilius? siquis tamen urere tecta
  comparat, audaces instruit igne manus.
eripit interdum, modo dat medicina salutem,
  quaeque iuvet, monstrat, quaeque sit herba nocens. 270
et latro et cautus praecingitur ense viator·
  ille sed insidias, hic sibi portat opem.
discitur innocuas ut agat facundia causas:
  protegit haec sontes, inmeritosque premit.
sic igitur carmen, recta si mente legatur, 275
  constabit nulli posse nocere meum.
'at quasdam vitio.' quicumque hoc concipit, errat,
  et nimium scriptis arrogat ille meis.
ut tamen hoc fatear, ludi quoque semina praebent
  nequitiae: tolli tota theatra iube: 280
peccandi causam multis quam saepe dederunt,
  Martia cum durum sternit harena solum.
tollatur Circus; non tuta licentia Circi est:
  hic sedet ignoto iuncta puella viro.
cum quaedam spatientur in hoc, ut amator eodem 285
  conveniat, quare porticus ulla patet?
quis locus est templis augustior? haec quoque vitet,
  in culpam siqua est ingeniosa suam.
cum steterit Iovis aede, Iovis succurret in aede
  quam multas matres fecerit ille deus. 290
proxima adoranti Iunonis templa subibit,
  paelicibus multis hanc doluisse deam.
Pallade conspecta, natum de crimine virgo
  sustulerit quare, quaeret, Erichthonium.

277 quasdam uicio *L*: quaedam uitia *AGϚ*: quasdam uitiat *HV*: quisdam *aut* quaedam uitiat *P*   278 abrogat ω   281 multis quam *Riese*: multi quam *L*: quam multis *Γω*: mimi quam *Ehwald*   285 hac ω   eadem *PϚ*

TRISTIVM LIBER II

venerit in magni templum, tua munera, Martis, 295
stat Venus Vltori iuncta, vir ante fores.
Isidis aede sedens, cur hanc Saturnia, quaeret,
egerit Ionio Bosporioque mari?
in Venerem Anchises, in Lunam Latmius heros,
in Cererem Iasion, qui referatur, erit. 300
omnia perversas possunt corrumpere mentes:
stant tamen illa suis omnia tuta locis.
et procul a scripta solis meretricibus Arte
summovet ingenuas pagina prima manus.
quaecumque erupit, qua non sinit ire sacerdos, 305
protinus huic dempti criminis ipsa rea est.
nec tamen est facinus versus evolvere mollis,
multa licet castae non facienda legant.
saepe supercilii nudas matrona severi
et Veneris stantis ad genus omne videt. 310
corpora Vestales oculi meretricia cernunt,
nec domino poenae res ea causa fuit.
at cur in nostra nimia est lascivia Musa,
curve meus cuiquam suadet amare liber?
nil nisi peccatum manifestaque culpa fatenda est: 315
paenitet ingenii iudiciique mei.
cur non Argolicis potius quae concidit armis
vexata est iterum carmine Troia meo?
cur tacui Thebas et vulnera mutua fratrum,
et septem portas, sub duce quamque suo? 320
nec mihi materiam bellatrix Roma negabat,
et pius est patriae facta referre labor.
denique cum meritis inpleveris omnia, Caesar,
pars mihi de multis una canenda fuit,

296 uir *L*: uiro *L*³Γω   300 Iasion ς: iason ΓLω: iasius ς   303 ab *GHV*: ad *L*   304 nurus ς   305 irrumpit ς   quo ς   306 huic *Rothmaler*: hinc ς: haec ΓLω   uetiti... acta r. e. ς   315 fatendum est *GHPVς*   319 mutua uulnera Γω; *cf. Manil.* iv. 83

OVIDI NASONIS

utque trahunt oculos radiantia lumina solis, 325
 traxissent animum sic tua facta meum.
arguor inmerito. tenuis mihi campus aratur:
 illud erat magnae fertilitatis opus.
non ideo debet pelago se credere, siqua
 audet in exiguo ludere cumba lacu. 330
forsan (et hoc dubitem) numeris levioribus aptus
 sim satis, in parvos sufficiamque modos:
at si me iubeas domitos Iovis igne Gigantas
 dicere, conantem debilitabit onus.
divitis ingenii est inmania Caesaris acta 335
 condere, materia ne superetur opus.
et tamen ausus eram. sed detractare videbar,
 quodque nefas, damno viribus esse tuis.
ad leve rursus opus, iuvenalia carmina, veni,
 et falso movi pectus amore meum. 340
non equidem vellem: sed me mea fata trahebant,
 inque meas poenas ingeniosus eram.
ei mihi, quod didici! cur me docuere parentes,
 litteraque est oculos ulla morata meos?
haec tibi me invisum lascivia fecit, ob Artes, 345
 quis ratus es vetitos sollicitare toros.
sed neque me nuptae didicerunt furta magistro,
 quodque parum novit, nemo docere potest.
sic ego delicias et mollia carmina feci,
 strinxerit ut nomen fabula nulla meum. 350
nec quisquam est adeo media de plebe maritus,
 ut dubius vitio sit pater ille meo.
crede mihi, distant mores a carmine nostro
 (vita verecunda est, Musa iocosa mea)
magnaque pars mendax operum est et ficta meorum: 355
 plus sibi permisit compositore suo.

333 gigantes *codd*.   343 quod] quid *GLPV*: cur ⲋ   346 quis *L*:
quas *L²Γ*(qua *G*)ω   sollicitasse ⲋ   354 iocata *L* (*corr. L³*)

TRISTIVM LIBER II

nec liber indicium est animi, sed honesta voluntas:
  plurima mulcendis auribus apta feres.
Accius esset atrox, conviva Terentius esset,
  essent pugnaces qui fera bella canunt. 360
denique composui teneros non solus amores:
  composito poenas solus amore dedi.
quid, nisi cum multo Venerem confundere vino,
  praecepit lyrici Teia Musa senis?
Lesbia quid docuit Sappho, nisi amare, puellas? 365
  tuta tamen Sappho, tutus et ille fuit.
nec tibi, Battiade, nocuit, quod saepe legenti
  delicias versu fassus es ipse tuas.
fabula iucundi nulla est sine amore Menandri,
  et solet hic pueris virginibusque legi. 370
Ilias ipsa quid est aliud, nisi adultera, de qua
  inter amatorem pugna virumque fuit?
quid prius est illi flamma Briseidos, utque
  fecerit iratos rapta puella duces?
aut quid Odyssea est, nisi femina propter amorem, 375
  dum vir abest, multis una petita procis?
quis, nisi Maeonides, Venerem Martemque ligatos
  narrat in obsceno corpora prensa toro?
unde nisi indicio magni sciremus Homeri
  hospitis igne duas incaluisse deas? 380
omne genus scripti gravitate tragoedia vincit:
  haec quoque materiam semper amoris habet.
numquid in Hippolyto, nisi caecae flamma novercae?
  nobilis est Canace fratris amore sui.
quid? non Tantalides agitante Cupidine currus 385
  Pisaeam Phrygiis vexit eburnus equis?

357 uoluptas *V*ς animi. sit honesta uoluntas *Postgate, disputat*
de hoc loco Class. Review ii. 181   358 fores *P*: feret *AG*: ferens ς:
refert ς   373 illic ς   chryseidos ς   aut quae ω   378
pressa *L*ς   383 namquid Γω   est *add. post* Hippolyto *GL*³*V*ς
post caecae *AHP*

OVIDI NASONIS

tingeret ut ferrum natorum sanguine mater,
  concitus a laeso fecit amore dolor.
fecit amor subitas volucres cum paelice regem,
  quaeque suum luget nunc quoque mater Ityn. 390
si non Aeropen frater sceleratus amasset,
  aversos Solis non legeremus equos.
inpia nec tragicos tetigisset Scylla coturnos,
  ni patrium crinem desecuisset amor.
qui legis Electran et egentem mentis Oresten, 395
  Aegisthi crimen Tyndaridosque legis.
nam quid de tetrico referam domitore Chimaerae,
  quem leto fallax hospita paene dedit?
quid loquar Hermionen, quid te, Schoeneia virgo,
  teque, Mycenaeo Phoebas amata duci? 400
quid Danaen Danaesque nurum matremque Lyaei
  Haemonaque et noctes cui coiere duae?
quid Peliae generum, quid Thesea, quive Pelasgum
  Iliacam tetigit de rate primus humum?
huc Iole Pyrrhique parens, huc Herculis uxor, 405
  huc accedat Hylas Iliacusque puer.
tempore deficiar, tragicos si persequar ignes,
  vixque meus capiet nomina nuda liber.
est et in obscenos commixta tragoedia risus,
  multaque praeteriti verba pudoris habet. 410
nec nocet auctori, mollem qui fecit Achillem,
  infregisse suis fortia facta modis.
iunxit Aristides Milesia crimina secum,
  pulsus Aristides nec tamen urbe sua est.
nec qui descripsit corrumpi semina matrum, 415
  Eubius, inpurae conditor historiae,

395 orestem ΓLϚ   397 num *Riese*   401 nurus Ϛ   402 cui
... duae *Rouer*: quae (qui *L*) ... duas ΓLω   403 Peliae (peli *L*)
generum *L*Ϛ: generum peliae (pelagi *GV*) Γω   quiue *Genoueuensis*:
quisue *L*: quidue Γω: quique *Ehwald*   404 de rate Γ: darete *L*:
qui rate ω   406 Iliadesue *A*: iliadesque Ϛ   408 capiat Ϛ
Heinsius   409 commixta *GHP*; cf. *Plaut. Amph.* 59: commista *L*ˢ
(*in ras.*) *V*: deflexa *A*ω   413 sextum *Ellis*: sexum *Merkel*

TRISTIVM LIBER II

nec qui composuit nuper Sybaritica, fugit,
  nec qui concubitus non tacuere suos.
suntque ea doctorum monumentis mixta virorum,
  muneribusque ducum publica facta patent. 420
neve peregrinis tantum defendar ab armis,
  et Romanus habet multa iocosa liber.
utque suo Martem cecinit gravis Ennius ore,
  Ennius ingenio maximus, arte rudis:
explicat ut causas rapidi Lucretius ignis, 425
  casurumque triplex vaticinatur opus:
sic sua lascivo cantata est saepe Catullo
  femina, cui falsum Lesbia nomen erat;
nec contentus ea, multos vulgavit amores,
  in quibus ipse suum fassus adulterium est. 430
par fuit exigui similisque licentia Calvi,
  detexit variis qui sua furta modis.
Cinna quoque his comes est, Cinnaque procacior Anser, 435
  et leve Cornufici parque Catonis opus. 436
quid referam Ticidae, quid Memmi carmen, apud quos 433
  rebus adest nomen nominibusque pudor, 434
et quorum libris modo dissimulata Perilla est,
  nomine nunc legitur dicta, Metelle, tuo?
is quoque, Phasiacas Argon qui duxit in undas,
  non potuit Veneris furta tacere suae. 440
nec minus Hortensi, nec sunt minus improba Servi
  carmina. quis dubitet nomina tanta sequi?
vertit Aristiden Sisenna, nec offuit illi,
  historiae turpis inseruisse iocos.
non fuit opprobrio celebrasse Lycorida Gallo, 445
  sed linguam nimio non tenuisse mero.

417 sybaritida ς   418 quae ς   19 mixta A(?)ω *Vogel*: saxa *L*: texta *GHPV*: salua *Ehwald*   426 casurumque ς: causarumque ΓLω   432 furta ς: facta ΓLω   433–434 *post* 436 *posuit Riese*   434 *abest Rottendorf*   436 Cornufici *Ehwald, Philol.* lxv. 459: cornifici *codd.*   437–438 *deleuit Ehwald, Philol.* lxv. 459, *defendit Vogel; cf. Ellis. Hermath.* vii. 19   437 Perilla est *scripsi*: per illos *codd.*: Perillae *Itali*

OVIDI NASONIS

credere iuranti durum putat esse Tibullus,
 sic etiam de se quod neget illa viro:
fallere custodes idem docuisse fatetur,
 seque sua miserum nunc ait arte premi. 450
saepe, velut gemmam dominae signumve probaret,
 per causam meminit se tetigisse manum,
utque refert, digitis saepe est nutuque locutus,
 et tacitam mensae duxit in orbe notam;
et quibus e sucis abeat de corpore livor, 455
 inpresso fieri qui solet ore, docet:
denique ab incauto nimium petit ille marito,
 se quoque uti servet, peccet ut illa minus.
scit, cui latretur, cum solus obambulet, ipsas
 cui totiens clausas excreet ante fores, 460
multaque dat furti talis praecepta docetque
 qua nuptae possint fallere ab arte viros.
non fuit hoc illi fraudi, legiturque Tibullus
 et placet, et iam te principe notus erat.
invenies eadem blandi praecepta Properti: 465
 destrictus minima nec tamen ille nota est.
his ego successi, quoniam praestantia candor
 nomina vivorum dissimulare iubet.
non timui, fateor, ne, qua tot iere carinae,
 naufraga servatis omnibus una foret. 470
sunt aliis scriptae, quibus alea luditur, artes
 (hoc est ad nostros non leve crimen avos),
quid valeant tali, quo possis plurima iactu
 figere, damnosos effugiasve canes,

449 custodes idem *Francius*; *cf. Tibull.* i. 2. 15; 6. 10: custoden ||||||| *L*: custodem tandem *GHPL³V*: custodem demum ω: c. dominam *I. F. Gronouius* 451 signumque *HS* 459 ipsas *scripsi*; *cf. Tibull.* i. 5. 74: ipsa *Bodleianus Auct. F.* 1. 17: ipse ΓLω 460 cui] qui *AS*: cur *S* 466 destructus *L*: districtus ω 472 haec *G* 474 fingere *AGHPω* effugiasque *AHPS*

TRISTIVM LIBER II

tessera quos habeat numeros, distante vocato 475
  mittere quo deceat, quo dare missa modo,
discolor ut recto grassetur limite miles,
  cum medius gemino calculus hoste perit,
ut bellare sequens sciat et revocare priorem,
  nec tuto fugiens incomitatus eat; 480
parva sit ut ternis instructa tabella lapillis,
  in qua vicisse est continuasse suos;
quique alii lusus (neque enim nunc persequar omnes)
  perdere, rem caram, tempora nostra solent.
ecce canit formas alius iactusque pilarum, 485
  hic artem nandi praecipit, ille trochi,
composita est aliis fucandi cura coloris;
  hic epulis leges hospitioque dedit;
alter humum, de qua fingantur pocula, monstrat,
  quaeque, docet, liquido testa sit apta mero. 490
talia luduntur fumoso mense Decembri,
  quae damno nulli composuisse fuit.
his ego deceptus non tristia carmina feci,
  sed tristis nostros poena secuta iocos.
denique nec video tot de scribentibus unum, 495
  quem sua perdiderit Musa, repertus ego.
quid, si scripsissem mimos obscena iocantes,
  qui semper vetiti crimen amoris habent:
in quibus assidue cultus procedit adulter,
  verbaque dat stulto callida nupta viro? 500
nubilis hos virgo matronaque virque puerque
  spectat, et ex magna parte senatus adest.

475 quot numeros habeat ς   479 bellare *Vogel*; *cf. A. A.* iii. 359: mare uelle *L*: male uelle *GV*: mage uelle *AHPω*: uallare *censor quidam, The Athenaeum*, 1890, *p.* 183   sequi ω: par uelle sequi *Ellis*: ut Martemue sequens cieat reuocetue p. *Ehwald*   481 sit ut ternis *Ehwald*: sed uternis *L*: sed (set *V*) internis *GHLςV*: sed interius *P*.: sedet ternis ω   487 fucandi *GV*: fuscandi *LAHPω*   495 non ς de tot ω   unus *L* (*corr. L³*)   deque, nec inuideo, tot idem scribentibus unus *Housman*   498 uetiti ς: uicti *GHLPV*: iunctum *A*: ficti ς: iuncti ς   501 hoc *GHLV*: hic *A*

OVIDI NASONIS

nec satis incestis temerari vocibus aures;
   adsuescunt oculi multa pudenda pati:
cumque fefellit amans aliqua novitate maritum   505
   plauditur et magno palma favore datur;
quoque minus prodest, scaena est lucrosa poetae,
   tantaque non parvo crimina praetor emit.
inspice ludorum sumptus, Auguste, tuorum:
   empta tibi magno talia multa leges.   510
haec tu spectasti spectandaque saepe dedisti
   (maiestas adeo comis ubique tua est)
luminibusque tuis, totus quibus utitur orbis,
   scaenica vidisti lentus adulteria.
scribere si fas est imitantes turpia mimos,   515
   materiae minor est debita poena meae.
an genus hoc scripti faciunt sua pulpita tutum,
   quodque licet, mimis scaena licere dedit?
et mea sunt populo saltata poemata saepe,
   saepe oculos etiam detinuere tuos.   520
scilicet in domibus nostris ut prisca virorum
   artificis fulgent corpora picta manu,
sic quae concubitus varios Venerisque figuras
   exprimat, est aliquo parva tabella loco:
utque sedet vultu fassus Telamonius iram,   525
   inque oculis facinus barbara mater habet,
sic madidos siccat digitis Venus uda capillos,
   et modo maternis tecta videtur aquis.
bella sonant alii telis instructa cruentis,
   parsque tui generis, pars tua facta canunt.   530
invida me spatio natura coercuit arto,
   ingenio vires exiguasque dedit

507 quoque *L* : quodque Γω   scaena *Heumann*   poena *codd.*
quaeque mihi poenae est, res est l. p. *Vogel*   513 utimur ς   514
laetus ς   518 libet ς   521 nostris ς : uestris ΓLω
522 artifici *AGHP*ς   530 canit *GPV*ς

TRISTIVM LIBER II

et tamen ille tuae felix Aeneidos auctor
  contulit in Tyrios arma virumque toros,
nec legitur pars ulla magis de corpore toto,   535
  quam non legitimo foedere iunctus amor.
Phyllidis hic idem teneraeque Amaryllidis ignes
  bucolicis iuvenis luserat ante modis.
nos quoque iam pridem scripto peccavimus isto:
  supplicium patitur non nova culpa novum;   540
carminaque edideram, cum te delicta notantem
  praeteriit totiens inreprehensus eques.
ergo quae iuvenis mihi non nocitura putavi
  scripta parum prudens, nunc nocuere seni.
sera redundavit veteris vindicta libelli,   545
  distat et a meriti tempore poena sui.
ne tamen omne meum credas opus esse remissum,
  saepe dedi nostrae grandia vela rati.
sex ego Fastorum scripsi totidemque libellos,
  cumque suo finem mense volumen habet,   550
idque tuo nuper scriptum sub nomine, Caesar,
  et tibi sacratum sors mea rupit opus;
et dedimus tragicis scriptum regale coturnis,
  quaeque gravis debet verba coturnus habet;
dictaque sunt nobis, quamvis manus ultima coeptis   555
  defuit, in facies corpora versa novas.
atque utinam revoces animum paulisper ab ira,
  et vacuo iubeas hinc tibi pauca legi,
pauca, quibus prima surgens ab origine mundi
  in tua deduxi tempora, Caesar, opus: 560
aspicies, quantum dederis mihi pectoris ipse,
  quoque favore animi teque tuosque canam.
non ego mordaci destrinxi carmine quemquam,
  nec meus ullius crimina versus habet.

542 inreprehensus *H² Guelf.rb. Extr.* 76, 3: inrequietus ΓL∞: inreuocatus *Bentley*   543 iuuenis *AL⚡*: iuueni *cett.*   550 uolumen] libellus ⚡   555 coeptis *HP*: coepti *L*: coepto *AGV*ω

TRISTIVM LIBER II

candidus a salibus suffusis felle refugi: 565
 nulla venenato littera mixta ioco est.
inter tot populi, tot scriptis, milia nostri,
 quem mea Calliope laeserit, unus ero.
non igitur nostris ullum gaudere Quiritem
 auguror, at multos indoluisse malis; 570
nec mihi credibile est, quemquam insultasse iacenti,
 gratia candori si qua relata meo est.
his, precor, atque aliis possint tua numina flecti,
 o pater, o patriae cura salusque tuae!
non ut in Ausoniam redeam, nisi forsitan olim, 575
 cum longo poenae tempore victus eris,
tutius exilium pauloque quietius oro,
 ut par delicto sit mea poena suo.

567 scripti Γω

LIBER TERTIVS

I

'Missvs in hanc venio timide liber exulis urbem:
 da placidam fesso, lector amice, manum;
neve reformida, ne sim tibi forte pudori:
 nullus in hac charta versus amare docet.
haec domini fortuna mei est, ut debeat illam 5
 infelix nullis dissimulare iocis.
id quoque, quod viridi quondam male lusit in aevo,
 heu nimium sero damnat et odit opus.
inspice quid portem: nihil hic nisi triste videbis,
 carmine temporibus conveniente suis. 10
clauda quod alterno subsidunt carmina versu,
 vel pedis hoc ratio, vel via longa facit;
quod neque sum cedro flavus nec pumice levis,
 erubui domino cultior esse meo;
littera suffusas quod habet maculosa lituras, 15
 laesit opus lacrimis ipse poeta suum.
siqua videbuntur casu non dicta Latine,
 in qua scribebat, barbara terra fuit.
dicite, lectores, si non grave, qua sit eundum,
 quasque petam sedes hospes in urbe liber.' 20
haec ubi sum furtim lingua titubante locutus,
 qui mihi monstraret, vix fuit unus, iter.
'di tibi dent, nostro quod non tribuere poetae,
 molliter in patria vivere posse tua.
duc age, namque sequar, quamvis terraque marique 25
 longinquo referam lassus ab orbe pedem.'

I 13 fluus *L* : fuluus *GHL³PV*

OVIDI NASONIS

paruit, et ducens 'haec sunt fora Caesaris,' inquit,
  'haec est a sacris quae via nomen habet,
hic locus est Vestae, qui Pallada servat et ignem,
  haec fuit antiqui regia parva Numae.' 30
inde petens dextram 'porta est' ait 'ista Palati,
  hic Stator, hoc primum condita Roma loco est.'
singula dum miror, video fulgentibus armis
  conspicuos postes tectaque digna deo.
'et Iovis haec' dixi 'domus est?' quod ut esse putarem,
  augurium menti querna corona dabat. 36
cuius ut accepi dominum, 'non fallimur,' inquam,
  'et magni verum est hanc Iovis esse domum.
cur tamen opposita velatur ianua lauro,
  cingit et augustas arbor opaca comas? 40
num quia perpetuos meruit domus ista triumphos,
  an quia Leucadio semper amata deo est?
ipsane quod festa est, an quod facit omnia festa?
  quam tribuit terris, pacis an ista nota est?
utque viret semper laurus nec fronde caduca 45
  carpitur, aeternum sic habet illa decus?
causa superpositae scripto est testata coronae:
  servatos civis indicat huius ope.
adice servatis unum, pater optime, civem,
  qui procul extremo pulsus in orbe latet, 50
in quo poenarum, quas se meruisse fatetur,
  non facinus causam, sed suus error habet.
me miserum! vereorque locum vereorque potentem,
  et quatitur trepido littera nostra metu.
aspicis exsangui chartam pallere colore? 55
  aspicis alternos intremuisse pedes?

30 hic *GS*   32 Stator *S* : sator *ΓLω*   39 apposita *GHPVS*
47 super positas *L* : super posito *V*   est *H, om. cett. codd. : post
coronae suo Marte est addidit Ehwald, krit. Beiträge, p. 73*   testata
ΓS : testante *Lω*   48 ciuis *ex inscriptionibus reduxit Ehwald* : ciues
codd.   54 rapido *ΓL*

TRISTIVM LIBER III

quandocumque, precor, nostro placere parenti
   isdem et sub dominis aspiciare domus!'
inde tenore pari gradibus sublimia celsis
   ducor ad intonsi candida templa dei,   60
signa peregrinis ubi sunt alterna columnis,
   Belides et stricto barbarus ense pater,
quaeque viri docto veteres cepere novique
   pectore, lecturis inspicienda patent.
quaerebam fratres, exceptis scilicet illis,   65
   quos suus optaret non genuisse pater.
quaerentem frustra custos e sedibus illis
   praepositus sancto iussit abire loco.
altera templa peto, vicino iuncta theatro:
   haec quoque erant pedibus non adeunda meis.   70
nec me, quae doctis patuerunt prima libellis,
   atria Libertas tangere passa sua est.
in genus auctoris miseri fortuna redundat,
   et patimur nati, quam tulit ipse, fugam.
forsitan et nobis olim minus asper et illi   75
   evictus longo tempore Caesar erit.
di, precor, atque adeo (neque enim mihi turba roganda est)
   Caesar, ades voto, maxime dive, meo.
interea, quoniam statio mihi publica clausa est,
   privato liceat delituisse loco.   80
vos quoque, si fas est, confusa pudore repulsae
   sumite plebeiae carmina nostra manus.

II

ERGO erat in fatis Scythiam quoque visere nostris,
   quaeque Lycaonio terra sub axe iacet:
nec vos, Pierides, nec stirps Letoia, vestro
   docta sacerdoti turba tulistis opem.

57 placare *AG*ς : placata ς   58 et *add. Ehwald, om. codd.*
63 coepere *G* : cecinere *Dresdensis* : peperere *Ellis*   66 parens ς
76 et uictus *L*
II 3 letoia *HL* : latonia *AGPV*ω

OVIDI NASONIS

nec mihi, quod lusi vero sine crimine, prodest, 5
    quodque magis vita Musa iocata mea est:
plurima sed pelago terraque pericula passum
    ustus ab assiduo frigore Pontus habet.
quique, fugax rerum securaque in otia natus,
    mollis et inpatiens ante laboris eram, 10
ultima nunc patior, nec me mare portubus orbum
    perdere, diversae nec potuere viae;
sufficit atque malis animus; nam corpus ab illo
    accepit vires, vixque ferenda tulit.
dum tamen et terris dubius iactabar et undis, 15
    fallebat curas aegraque corda labor:
ut via finita est et opus requievit eundi,
    et poenae tellus est mihi tacta meae,
nil nisi flere libet, nec nostro parcior imber
    lumine, de verna quam nive manat aqua. 20
Roma domusque subit desideriumque locorum,
    quicquid et amissa restat in urbe mei.
ei mihi, quo totiens nostri pulsata sepulcri
    ianua, sed nullo tempore aperta fuit?
cur ego tot gladios fugi totiensque minata 25
    obruit infelix nulla procella caput?
di, quos experior nimium constanter iniquos,
    participes irae quos deus unus habet,
exstimulate, precor, cessantia fata meique
    interitus clausas esse vetate fores! 30

III

Haec mea si casu miraris epistula quare
    alterius digitis scripta sit, aeger eram.
aeger in extremis ignoti partibus orbis,
    incertusque meae paene salutis eram.

---

5 nec mihi si quid lusi *L, unde* nec siquid lusi *conieceram* ůro *L*: uestro *Ellis*   6 iocosa *AH*ω; *cf.* ii. 354   13 sufficit atque *L Leidensis* 177: suffecitque Γω   15 terris] uentis ς   23 quo *L*: quod Γω   24 sub Γ*L*

TRISTIVM LIBER III

quem mihi nunc animum dira regione iacenti 5
 inter Sauromatas esse Getasque putes?
nec caelum patior, nec aquis adsuevimus istis,
 terraque nescioquo non placet ipsa modo.
non domus apta satis, non hic cibus utilis aegro,
 nullus, Apollinea qui levet arte malum, 10
non qui soletur, non qui labentia tarde
 tempora narrando fallat, amicus adest.
lassus in extremis iaceo populisque locisque,
 et subit adfecto nunc mihi, quicquid abest.
omnia cum subeant, vincis tamen omnia, coniunx, 15
 et plus in nostro pectore parte tenes.
te loquor absentem, te vox mea nominat unam;
 nulla venit sine te nox mihi, nulla dies.
quin etiam sic me dicunt aliena locutum,
 ut foret amenti nomen in ore tuum. 20
si iam deficiam, subpressaque lingua palato
 vix instillato restituenda mero,
nuntiet huc aliquis dominam venisse, resurgam,
 spesque tui nobis causa vigoris erit.
ergo ego sum dubius vitae, tu forsitan istic 25
 iucundum nostri nescia tempus agis?
non agis, adfirmo. liquet hoc, carissima, nobis,
 tempus agi sine me non nisi triste tibi.
si tamen inplevit mea sors, quos debuit, annos,
 et mihi vivendi tam cito finis adest, 30
quantum erat, o magni, morituro parcere, divi,
 ut saltem patria contumularer humo?
vel poena in tempus mortis dilata fuisset,
 vel praecepisset mors properata fugam.
integer hanc potui nuper bene reddere lucem; 35
 exul ut occiderem, nunc mihi vita data est.

III 13 externis *AH* 25 illic Γ ϛ 35 lucem] uitam ω

OVIDI NASONIS

tam procul ignotis igitur moriemur in oris,
   et fient ipso tristia fata loco;
nec mea consueto languescent corpora lecto,
   depositum nec me qui fleat, ullus erit;   40
nec dominae lacrimis in nostra cadentibus ora
   accedent animae tempora parva meae;
nec mandata dabo, nec cum clamore supremo
   labentes oculos condet amica manus;
sed sine funeribus caput hoc, sine honore sepulcri   45
   indeploratum barbara terra teget.
ecquid, ubi audieris, tota turbabere mente,
   et feries pavida pectora fida manu?
ecquid, in has frustra tendens tua brachia partes,
   clamabis miseri nomen inane viri?   50
parce tamen lacerare genas, nec scinde capillos:
   non tibi nunc primum, lux mea, raptus ero.
cum patriam amisi, tunc me periisse putato:
   et prior et gravior mors fuit illa mihi.
nunc, si forte potes (sed non potes, optima coniunx)   55
   finitis gaude tot mihi morte malis.
quod potes, extenua forti mala corde ferendo,
   ad quae iampridem non rude pectus habes.
atque utinam pereant animae cum corpore nostrae,
   effugiatque avidos pars mihi nulla rogos.   60
nam si morte carens vacua volat altus in aura
   spiritus, et Samii sunt rata dicta senis,
inter Sarmaticas Romana vagabitur umbras,
   perque feros Manes hospita semper erit.
ossa tamen facito parva referantur in urna: 65
   sic ego non etiam mortuus exul ero.
non vetat hoc quisquam: fratrem Thebana peremptum
   supposuit tumulo rege vetante soror.

---

39 languescunt *AGHLS*   60 mihi *L Leid.* 177: mea Γω
61 uacuam ... auram *AS* : uacuas ... auras *S*   63 umbra *GVS*

atque ea cum foliis et amomi pulvere misce,
  inque suburbano condita pone solo;   70
quosque legat versus oculo properante viator,
  grandibus in tituli marmore caede notis:
HIC · EGO · QVI · IACEO · TENERORVM · LVSOR · AMORVM
  INGENIO · PERII · NASO · POETA · MEO
AT · TIBI · QVI · TRANSIS · NE · SIT · GRAVE · QVISQVIS · AMASTI
  DICERE · NASONIS · MOLLITER · OSSA · CVBENT   76
hoc satis in titulo est. etenim maiora libelli
  et diuturna magis sunt monimenta mihi,
quos ego confido, quamvis nocuere, daturos
  nomen et auctori tempora longa suo.   80
tu tamen extincto feralia munera semper
  deque tuis lacrimis umida serta dato.
quamvis in cineres corpus mutaverit ignis
  sentiet officium maesta favilla pium.
scribere plura libet: sed vox mihi fessa loquendo   85
  dictandi vires siccaque lingua negat.
accipe supremo dictum mihi forsitan ore,
  quod, tibi qui mittit, non habet ipse, 'vale?'

IV

O MIHI care quidem semper, sed tempore duro
  cognite, res postquam procubuere meae:
usibus edocto si quicquam credis amico,
  vive tibi et longe nomina magna fuge.
vive tibi, quantumque potes praelustria vita: 5
  saevum praelustri fulmen ab arce venit.
nam quamquam soli possunt prodesse potentes,
  non prosit potius, siquis obesse potest.

   72 tituli *L*Ϛ: tumuli Γω   77 tumulo *GV*Ϛ   81 semper
*AHLP*Ϛ: ferro *V*: ferto *G*Ϛ
   IV 7-8 *deleuit Heinsius, defendit Vogel*   8 non potius prodest *HP*
si quis obesse potest *AG²HL³P*Ϛ: plurimum obesse potest *L*: pluri-
mum obesse solent *GV*Ϛ

OVIDI NASONIS

effugit hibernas demissa antemna procellas,
   lataque plus parvis vela timoris habent.   10
aspicis, ut summa cortex levis innatet unda,
   cum grave nexa simul retia mergat onus.
haec ego si monitor monitus prius ipse fuissem,
   in qua debebam forsitan urbe forem.
dum tecum vixi, dum me levis aura ferebat,   15
   haec mea per placidas cumba cucurrit aquas.
qui cadit in plano (vix hoc tamen evenit ipsum)
   sic cadit, ut tacta surgere possit humo.
at miser Elpenor tecto delapsus ab alto
   occurrit regi debilis umbra suo.   20
quid fuit, ut tutas agitaret Daedalus alas,
   Icarus inmensas nomine signet aquas?
nempe quod hic alte, demissius ille volabat:
   nam pennas ambo non habuere suas.
crede mihi, bene qui latuit bene vixit, et intra   25
   fortunam debet quisque manere suam.
non foret Eumedes orbus, si filius eius
   stultus Achilleos non adamasset equos:
nec natum in flamma vidisset, in arbore natas,
   cepisset genitor si Phaethonta Merops.   30
tu quoque formida nimium sublimia semper,
   propositique, precor, contrahe vela tui.
nam pede inoffenso spatium decurrere vitae
   dignus es et fato candidiore frui.
quae pro te ut voveam, miti pietate mereris   35
   haesuraque fide tempus in omne mihi.
vidi ego te tali vultu mea fata gementem,
   qualem credibile est ore fuisse meo.
nostra tuas vidi lacrimas super ora cadentes,
   tempore quas uno fidaque verba bibi.   40

   20 flebilis ς   21 agitarit *Heinsius*   22 icareas ς   27 Eumedes
ς : eumenides ΓLς   36 fide ... mihi *L* : mihi ... fide Γω

nunc quoque summotum studio defendis amicum,
  et mala vix ulla parte levanda levas.
vive sine invidia, mollesque inglorius annos
  exige, amicitias et tibi iunge pares,
Nasonisque tui, quod adhuc non exulat unum,   45
  nomen ama: Scythicus cetera Pontus habet.

IV B

Proxima sideribus tellus Erymanthidos Vrsae
  me tenet, adstricto terra perusta gelu.
Bosporos et Tanais superant Scythiaeque paludes
  vix satis et noti nomina pauca loci.   50
ulterius nihil est nisi non habitabile frigus.
  heu quam vicina est ultima terra mihi!
at longe patria est, longe carissima coniunx,
  quicquid et haec nobis post duo dulce fuit.
sic tamen haec adsunt, ut quae contingere non est   55
  corpore: sunt animo cuncta videnda meo.
ante oculos errant domus, urbsque et forma locorum,
  acceduntque suis singula facta locis.
coniugis ante oculos, sicut praesentis, imago est.
  illa meos casus ingravat, illa levat: 60
ingravat hoc, quod abest; levat hoc, quod praestat amorem
  inpositumque sibi firma tuetur onus.
vos quoque pectoribus nostris haeretis, amici,
  dicere quos cupio nomine quemque suo.
sed timor officium cautus compescit, et ipsos   65
  in nostro poni carmine nolle puto.
ante volebatis, gratique erat instar honoris,
  versibus in nostris nomina vestra legi.

  IV B *priori adiungunt* LΓω   50 uix satis et *H*: u. satis est
ALP: uixque satis *GV*ω   55 adsunt *L*: absunt Γω   56 sint ς
57 errant *L*ς: errat Γω   urbsque et *Berolinensis*: urbs et *L*Γω: urbs
fora *Rothmaler*; *sed cf. Ehwald, krit. Beiträge, p.* 67   58 acceduntque
*LP*ς: succeduntque *AGHV*ς   59 est *om.* ΓLς   67 amoris Γω

OVIDI NASONIS

quod quoniam est anceps, intra mea pectora quemque
    alloquar, et nulli causa timoris ero.   70
nec meus indicio latitantes versus amicos
    protrahit. occulte siquis amabat, amet.
scite tamen, quamvis longe regione remotus
    absim, vos animo semper adesse meo.
et qua quisque potest, aliqua mala nostra levate,   75
    fidam proiecto neve negate manum.
prospera sic maneat vobis fortuna, nec umquam
    contacti simili sorte rogetis idem.

V

Vsvs amicitiae tecum mihi parvus, ut illam
    non aegre posses dissimulare, fuit,
nec me complexus vinclis propioribus esses
    nave mea vento, forsan, eunte suo.
ut cecidi cunctique metu fugere ruinam,   5
    versaque amicitiae terga dedere meae,
ausus es igne Iovis percussum tangere corpus
    et deploratae limen adire domus:
idque recens praestas nec longo cognitus usu,
    quod veterum misero vix duo tresve mihi.   10
vidi ego confusos vultus visosque notavi,
    osque madens fletu pallidiusque meo:
et lacrimas cernens in singula verba cadentes
    ore meo lacrimas, auribus illa bibi;
brachiaque accepi presso pendentia collo,   15
    et singultatis oscula mixta sonis.
sum quoque, care, tuis defensus viribus absens
    (scis carum veri nominis esse loco),

---

72 protrahet *HV*ς   amabat *L*ς: amauit Γς   73 longe *defloratio Parisina* 8069: longa *codd.*
V 3 nec *Laurentiani* 36. 33 *man. sec., Bentley*: ni Γ*L*ω   15 presso *P*ς: presto *L*: maesto *AGHV*ω   16 singultantis Γ*L*.

TRISTIVM LIBER III

multaque praeterea manifestaque signa favoris
  pectoribus teneo non abitura meis.
di tibi posse tuos tribuant defendere semper,
  quos in materia prosperiore iuves.
si tamen interea, quid in his ego perditus oris
  (quod te credibile est quaerere) quaeris, agam:
spe trahor exigua, quam tu mihi demere noli,
  tristia leniri numina posse dei.
seu temere expecto, sive id contingere fas est,
  tu mihi, quod cupio, fas, precor, esse proba,
quaeque tibi linguae est facundia, confer in illud,
  ut doceas votum posse valere meum.
quo quisque est maior, magis est placabilis irae,
  et faciles motus mens generosa capit.
corpora magnanimo satis est prostrasse leoni,
  pugna suum finem, cum iacet hostis, habet:
at lupus et turpes instant morientibus ursi
  et quaecumque minor nobilitate fera.
maius apud Troiam forti quid habemus Achille?
  Dardanii lacrimas non tulit ille senis.
quae ducis Emathii fuerit clementia, Porus
  Dareique docent funeris exequiae.
neve hominum referam flexas ad mitius iras,
  Iunonis gener est qui prius hostis erat.
denique non possum nullam sperare salutem,
  cum poenae non sit causa cruenta meae.
non mihi quaerenti pessumdare cuncta petitum
  Caesareum caput est, quod caput orbis erat:
non aliquid dixive, elatave lingua loquendo est,
  lapsaque sunt nimio verba profana mero:

19 manifestaque *Hauniensis*: manifesta *L*: manifesti *Γω*   31 quisque est *AG³L³ω*: quisquis *L*: q|||||| *G*: quis est *HPV*: quisquam *Bodleianus Rawl.* 101; *cf. Ellis, Hermath.* vii. 198   39 faros *GHV*: pharos *Aω*   40 Dareique *L*: praeclarique *Γω*   47 dixiue, elataue *Ellis, Hermath.* vii. 199: dixi uelataque *L*: d. uiolataque *Γϛ*: d. uiolentaque *ω*   locuta est *ϛ*: loquenda *L* (*fort. ex* loquendo *in* loquendi *immutato*): loquenti *Heinsius*

OVIDI NASONIS

inscia quod crimen viderunt lumina, plector,
   peccatumque oculos est habuisse meum.   50
non equidem totam possum defendere culpam:
   sed partem nostri criminis error habet.
spes igitur superest facturum ut molliat ipse
   mutati poenam condicione loci.
hos utinam nitidi Solis praenuntius ortus   55
   afferat admisso Lucifer albus equo!

VI

FOEDVS amicitiae nec vis, carissime, nostrae,
   nec, si forte velis, dissimulare potes.
donec enim licuit, nec te mihi carior alter,
   nec tibi me tota iunctior urbe fuit;
isque erat usque adeo populo testatus, ut esset   5
   paene magis quam tu quamque ego notus, amor:
quique est in caris animi tibi candor amicis—
   cognita sunt ipsi, quem colis, ista viro.
nil ita celabas, ut non ego conscius essem,
   pectoribusque dabas multa tegenda meis: 10
cuique ego narrabam secreti quicquid habebam,
   excepto quod me perdidit, unus eras.
id quoque si scisses, salvo fruerere sodali,
   consilioque forem sospes, amice, tuo.
sed mea me in poenam nimirum fata trahebant.   15
   omne bonae claudent utilitatis iter?
sive malum potui tamen hoc vitare cavendo,
   seu ratio fatum vincere nulla valet,
tu tamen, o nobis usu iunctissime longo,
   pars desiderii maxima paene mei,   20

50 meum *PS*: meos *AGHLV*ω   55 hos *Riese*: hoc *codd.*   hunc ... ortum *Heinsius*
VI 8 sic *L, sententiam expediit Vogel, p.* 33   cognitus est ipsi q. c. iste (ipse *S*) uiro *Γ*ω   16 bonae claudent *S Ellis, qui ita distinxit*: bonae claudens *L*: bonae claudunt *AHPV*ω: bonum claudunt *GS*

TRISTIVM LIBER III

sis memor, et siquas fecit tibi gratia vires,
   illas pro nobis experiare, rogo,
numinis ut laesi fiat mansuetior ira,
   mutatoque minor sit mea poena loco.
idque ita, si nullum scelus est in pectore nostro,   25
   principiumque mei criminis error habet.
nec breve nec tutum, quo sint mea, dicere, casu
   lumina funesti conscia facta mali:
mensque reformidat, veluti sua vulnera, tempus
   illud, et admonitu fit novus ipse pudor: 30
sed quaecumque adeo possunt afferre pudorem,
   illa tegi caeca condita nocte decet.
nil igitur referam nisi me peccasse, sed illo
   praemia peccato nulla petita mihi,
stultitiamque meum crimen debere vocari,   35
   nomina si facto reddere vera velis.
quae si non ita sunt, alium, quo longius absim,
   quaere, suburbana est hic mihi terra locus.

VII

VADE salutatum, subito perarata, Perillam,
   littera, sermonis fida ministra mei.
aut illam invenies dulci cum matre sedentem,
   aut inter libros Pieridasque suas.
quicquid aget, cum te scierit venisse, relinquet,   5
   nec mora, quid venias quidve, requiret, agam.
vivere me dices, sed sic, ut vivere nolim,
   nec mala tam longa nostra levata mora:
et tamen ad Musas, quamvis nocuere, reverti,
   aptaque in alternos cogere verba pedes.   10
'tu quoque' dic 'studiis communibus ecquid inhaeres,
   doctaque non patrio carmina more canis?

   26 principiumuc ΓLT   30 dolor *A*ω   31 sed *scripsi*: et *codd.*
38 haec ... locum Γ
   VII 12 nunc *H*: num ς

OVIDI NASONIS

nam tibi cum fatis mores natura pudicos
  et raras dotes ingeniumque dedit.
hoc ego Pegasidas deduxi primus ad undas, 15
  ne male fecundae vena periret aquae;
primus id aspexi teneris in virginis annis,
  utque pater natae duxque comesque fui.
ergo si remanent ignes tibi pectoris idem,
  sola tuum vates Lesbia vincet opus. 20
sed vereor, ne te mea nunc fortuna retardet,
  postque meos casus sit tibi pectus iners.
dum licuit, tua saepe mihi, tibi nostra legebam;
  saepe tui iudex, saepe magister eram:
aut ego praebebam factis modo versibus aures, 25
  aut, ubi cessares, causa ruboris eram.
forsitan exemplo, quia me laesere libelli,
  tu quoque sis poenae fata secuta meae.
pone, Perilla, metum. tantummodo femina nulla
  neve vir a scriptis discat amare tuis. 30
ergo desidiae remove, doctissima, causas,
  inque bonas artes et tua sacra redi.
ista decens facies longis vitiabitur annis,
  rugaque in antiqua fronte senilis erit,
inicietque manum formae damnosa senectus, 35
  quae strepitus passu non faciente venit.
cumque aliquis dicet "fuit haec formosa" dolebis,
  et speculum mendax esse querere tuum.
sunt tibi opes modicae, cum sis dignissima magnis:
  finge sed inmensis censibus esse pares, 40
nempe dat id quodcumque libet fortuna rapitque,
  Irus et est subito, qui modo Croesus erat.

18 natae] uenae ς: nemo A   26 cessaras ς   28 fata ς: facta Γω secuta Γ: ruina ω   facta ... remissa *Muretus*: facta ... retusa *Ellis et Zingerle*: facta ... seuera *auctor elect. Eton.*   30 neue uir a GHPVς: deuia ne a Aς: deuia nec ς   36 strepitus Γς; *cf. Met.* xi. 650: strepitum ς   41 id ς: et Γω   nam tribuit quodcumque *Mussati Cento*; *cf. Ehwald, Symb.* i. 20

TRISTIVM LIBER III

singula ne referam, nil non mortale tenemus
  pectoris exceptis ingeniique bonis.
en ego, cum caream patria vobisque domoque,   45
  raptaque sint, adimi quae potuere mihi,
ingenio tamen ipse meo comitorque fruorque:
  Caesar in hoc potuit iuris habere nihil.
quilibet hanc saevo vitam mihi finiat ense,
  me tamen extincto fama superstes erit,   50
dumque suis victrix omnem de montibus orbem
  prospiciet domitum Martia Roma, legar.
tu quoque, quam studii maneat felicior usus,
  effuge venturos, qua potes, usque rogos!'

VIII

Nvnc ego Triptolemi cuperem consistere curru,
  misit in ignotam qui rude semen humum;
nunc ego Medeae vellem frenare dracones,
  quos habuit fugiens arce, Corinthe, tua;
nunc ego iactandas optarem sumere pennas,   5
  sive tuas, Perseu, Daedale, sive tuas:
ut tenera nostris cedente volatibus aura
  aspicerem patriae dulce repente solum,
desertaeque domus vultus, memoresque sodales,
  caraque praecipue coniugis ora meae.   10
stulte, quid haec frustra votis puerilibus optas,
  quae non ulla tibi fertque feretque dies?
si semel optandum est, Augusti numen adora,
  et, quem sensisti, rite precare deum.
ille tibi pennasque potest currusque volucres   15
  tradere. det reditum, protinus ales eris.

43 ne ΓϚ: quid Ϛ   51 omnem *AGPV*: septem *H*ω
VIII 1 conscendere currus ω   3 mallem *GPV*: malle *H*:
malem *P*   12 tibi *A*(?)ω: tulit *GHPV*

OVIDI NASONIS

si precer hoc (neque enim possum maiora rogare)
  ne mea sint, timeo, vota modesta parum.
forsitan hoc olim, cum iam satiaverit iram,
  tum quoque sollicita mente rogandus erit.   20
quod minus interea est, instar mihi muneris ampli,
  ex his me iubeat quolibet ire locis.
nec caelum nec aquae faciunt nec terra nec aurae;
  ei mihi, perpetuus corpora languor habet!
seu vitiant artus aegrae contagia mentis,   25
  sive mei causa est in regione mali,
ut tetigi Pontum, vexant insomnia, vixque
  ossa tegit macies nec iuvat ora cibus;
quique per autumnum percussis frigore primo
  est color in foliis, quae nova laesit hiems,   30
is mea membra tenet, nec viribus allevor ullis,
  et numquam queruli causa doloris abest.
nec melius valeo, quam corpore, mente, sed aegra est
  utraque pars aeque binaque damna fero.
haeret et ante oculos veluti spectabile corpus   35
  astat fortunae forma legenda meae:
cumque locum moresque hominum cultusque sonumque
  cernimus, et, qui sim qui fuerimque, subit,
tantus amor necis est, querar ut cum Caesaris ira,
  quod non offensas vindicet ense suas.   40
at, quoniam semel est odio civiliter usus,
  mutato levior sit fuga nostra loco.

IX

Hic quoque sunt igitur Graiae (quis crederet?) urbes
  inter inhumanae nomina barbariae?
huc quoque Mileto missi venere coloni,
  inque Getis Graias constituere domos?

17 precari ς   24 et *HPV*   36 querenda *Vogel*   38 quid...quid ς   41 aut Γς

TRISTIVM LIBER III

sed vetus huic nomen, positaque antiquius urbe, 5
    constat ab Absyrti caede fuisse loco.
nam rate, quae cura pugnacis facta Minervae
    per non temptatas prima cucurrit aquas,
impia desertum fugiens Medea parentem
    dicitur his remos applicuisse vadis. 10
quem procul ut vidit tumulo speculator ab alto,
    'hospes,' ait 'nosco, Colchide, vela, venit.'
dum trepidant Minyae, dum solvitur aggere funis,
    dum sequitur celeres ancora tracta manus,
conscia percussit meritorum pectora Colchis 15
    ausa atque ausura multa nefanda manu;
et, quamquam superest ingens audacia menti,
    pallor in attonitae virginis ore fuit.
ergo ubi prospexit venientia vela 'tenemur,
    et pater est aliqua fraude morandus' ait. 20
dum quid agat quaerit, dum versat in omnia vultus,
    ad fratrem casu lumina flexa tulit.
cuius ut oblata est praesentia, 'vicimus' inquit:
    'hic mihi morte sua causa salutis erit.'
protinus ignari nec quicquam tale timentis 25
    innocuum rigido perforat ense latus,
atque ita divellit divulsaque membra per agros
    dissipat in multis invenienda locis.
neu pater ignoret, scopulo proponit in alto
    pallentesque manus sanguineumque caput, 30
ut genitor luctuque novo tardetur et, artus
    dum legit extinctos, triste moretur iter.
inde Tomis dictus locus hic, quia fertur in illo
    membra soror fratris consecuisse sui.

IX. 5 positumque ω   11 quam *AHPV*   12 uenit] dari ς
32 moretur *AHPV*; *cf. Her.* xix. 20 : retardet *G*ω   33 Tomis
AG : tomus *HV*ς : thomus *P* : tomos ω

OVIDI NASONIS

X

Siqvis adhuc istic meminit Nasonis adempti,
    et superest sine me nomen in urbe meum,
suppositum stellis numquam tangentibus aequor
    me sciat in media vivere barbaria.
Sauromatae cingunt, fera gens, Bessique Getaeque,   5
    quam non ingenio nomina digna meo!
dum tamen aura tepet, medio defendimur Histro:
    ille suis liquidis bella repellit aquis.
at cum tristis hiems squalentia protulit ora,
    terraque marmoreo est candida facta gelu,   10
dum prohibet Boreas et nix habitare sub Arcto,
    tum patet has gentes axe tremente premi.
nix iacet, et iactam ne sol pluviaeque resolvant,
    indurat Boreas perpetuamque facit.
ergo ubi deliquit nondum prior, altera venit,   15
    et solet in multis bima manere locis;
tantaque commoti vis est Aquilonis, ut altas
    aequet humo turres tectaque rapta ferat.
pellibus et sutis arcent mala frigora bracis,
    oraque de toto corpore sola patent.   20
saepe sonant moti glacie pendente capilli,
    et nitet inducto candida barba gelu;
nudaque consistunt, formam servantia testae,
    vina, nec hausta meri, sed data frusta bibunt.
quid loquar, ut vincti concrescant frigore rivi,   25
    deque lacu fragiles effodiantur aquae?
ipse, papyrifero qui non angustior amne
    miscetur vasto multa per ora freto,
caeruleos ventis latices durantibus, Hister
    congelat et tectis in mare serpit aquis;   30

X 8 liquidus *G*ς   11 prohibet *scripsi*: patet et *codd.*: parat et *ego ed. Oxon.* 1889: petit et *Ellis*   habitare Γς: iniecta ς   dum uolat et B. e n. agitata s. A. *Vogel*   12 patet] liquet ς   13 ne *G*: nec *AHPV*ω   resoluant *Ehwald*: resolu//nt *G*: resoluunt *cett. codd*   25 uincti *G*ς: cuncti *AHPV*ω

TRISTIVM LIBER III

quaque rates ierant, pedibus nunc itur, et undas
   frigore concretas ungula pulsat equi;
perque novos pontes, subter labentibus undis,
   ducunt Sarmatici barbara plaustra boves.
vix equidem credar, sed, cum sint praemia falsi   35
   nulla, ratam debet testis habere fidem.
vidimus ingentem glacie consistere pontum,
   lubricaque inmotas testa premebat aquas.
nec vidisse sat est. durum calcavimus aequor,
   undaque non udo sub pede summa fuit.   40
si tibi tale fretum quondam, Leandre, fuisset,
   non foret angustae mors tua crimen aquae.
tum neque se pandi possunt delphines in auras
   tollere; conantes dura coercet hiems;
et quamvis Boreas iactatis insonet alis,   45
   fluctus in obsesso gurgite nullus erit;
inclusaeque gelu stabunt in marmore puppes,
   nec poterit rigidas findere remus aquas.
vidimus in glacie pisces haerere ligatos,
   sed pars ex illis tum quoque viva fuit.   50
sive igitur nimii Boreae vis saeva marinas,
   sive redundatas flumine cogit aquas,
protinus aequato siccis Aquilonibus Histro
   invehitur celeri barbarus hostis equo;
hostis equo pollens longeque volante sagitta   55
   vicinam late depopulatur humum.
diffugiunt alii, nullisque tuentibus agros
   incustoditae diripiuntur opes,
ruris opes parvae, pecus et stridentia plaustra,
   et quas divitias incola pauper habet.   60
pars agitur vinctis post tergum capta lacertis,
   respiciens frustra rura Laremque suum:

    47 in] ut *ς*   margine *Vς*   50 tunc *Gς*

OVIDI NASONIS

pars cadit hamatis misere confixa sagittis:
   nam volucri ferro tinctile virus inest.
quae nequeunt secum ferre aut abducere, perdunt,   65
   et cremat insontes hostica flamma casas.
tunc quoque, cum pax est, trepidant formidine belli,
   nec quisquam presso vomere sulcat humum.
aut videt aut metuit locus hic, quem non videt, hostem;
   cessat iners rigido terra relicta situ.   70
non hic pampinea dulcis latet uva sub umbra,
   nec cumulant altos fervida musta lacus.
poma negat regio, nec haberet Acontius, in quo
   scriberet hic dominae verba legenda suae.
aspiceres nudos sine fronde, sine arbore, campos: 75
   heu loca felici non adeunda viro!
ergo tam late pateat cum maximus orbis,
   haec est in poenam terra reperta meam.

XI

SI quis es, insultes qui casibus, inprobe, nostris,
   meque reum dempto fine cruentus agas,
natus es e scopulis et pastus lacte ferino,
   et dicam silices pectus habere tuum.
quis gradus ulterior, quo se tua porrigat ira,   5
   restat? quidve meis cernis abesse malis?
barbara me tellus et inhospita litora Ponti
   cumque suo Borea Maenalis Vrsa videt.
nulla mihi cum gente fera commercia linguae:
   omnia solliciti sunt loca plena metus.   10
utque fugax avidis cervus deprensus ab ursis,
   cinctave montanis ut pavet agna lupis,
sic ego belligeris a gentibus undique saeptus
   terreor, hoste meum paene premente latus.

75 aspiceret *V*   78 poenas... meas *HP*: poena... mea *AV*
XI 3 et pastus *AHPV*; cf. *H.* ix. 68, *M.* viii. 170: educatus *G*:
eductus *ς*: nutritus *ς*   5 quo se tua (sua *G*, *om. H*) *GHPς*: aut
quo se *cett.*   12 cinctaque ω: cincta (*om.* ue) *G*

utque sit exiguum poenae, quod coniuge cara, 15
  quod patria careo pignoribusque meis:
ut mala nulla feram nisi nudam Caesaris iram,
  nuda parum est nobis Caesaris ira mali?
et tamen est aliquis, qui vulnera cruda retractet,
  solvat et in mores ora diserta meos. 20
in causa facili cuivis licet esse diserto,
  et minimae vires frangere quassa valent.
subruere est arces et stantia moenia virtus:
  quamlibet ignavi praecipitata premunt.
non sum ego quod fueram. quid inanem proteris umbram?
  quid cinerem saxis bustaque nostra petis? 26
Hector erat tunc cum bello certabat; at idem
  vinctus ad Haemonios non erat Hector equos.
me quoque, quem noras olim, non esse memento:
  ex illo superant haec simulacra viro. 30
quid simulacra, ferox, dictis incessis amaris?
  parce, precor, Manes sollicitare meos.
omnia vera puta mea crimina, nil sit in illis,
  quod magis errorem quam scelus esse putes,
pendimus en profugi (satia tua pectora) poenas 35
  exilioque graves exiliique loco.
carnifici fortuna potest mea flenda videri:
  et tamen est uno iudice mersa parum.
saevior es tristi Busiride, saevior illo,
  qui falsum lento torruit igne bovem, 40
quique bovem Siculo fertur donasse tyranno,
  et dictis artes conciliasse suas:
'munere in hoc, rex, est usus, sed imagine maior,
  nec sola est operis forma probanda mei.

18 parum est ... mali *HV*: parum ... mali est *AGP*ω   21
disertum *G*ω   24 quilibet *GHPV*϶   25 sum ego qui *F*; *cf. Prop.*
i. 12. 11: sum qui ϶: sum quod ϶, *Ehwald, Symb.* i. 8 *affert C. I. L.*
vi. 2. 13528, 15 'quod fueram, non sum'   27 certaret *GHP*   et ω
28 uictus ab Haemonio ... equo *P*   uectus *aut* tractus ab Haemonio
... equo ω   34 *distinxit Sandford, Class. Rev.* v. 279   quod] qui *V*

OVIDI NASONIS

aspicis a dextra latus hoc adapertile tauri? 45
   hac tibi, quem perdes, coniciendus erit.
protinus inclusum lentis carbonibus ure:
   mugiet, et veri vox erit illa bovis.
pro quibus inventis, ut munus munere penses,
   da, precor, ingenio praemia digna meo.' 50
dixerat. at Phalaris 'poenae mirande repertor,
   ipse tuum praesens imbue' dixit 'opus'.
nec mora, monstratis crudeliter ignibus ustus
   exhibuit geminos ore gemente sonos.
quid mihi cum Siculis inter Scythiamque Getasque? 55
   ad te, quisquis is es, nostra querela redit.
utque sitim nostro possis explere cruore,
   quantaque vis, avido gaudia corde feras,
tot mala sum fugiens tellure, tot aequore passus,
   te quoque ut auditis posse dolere putem. 60
crede mihi, si sit nobis collatus Vlixes,
   Neptunine minor quam Iovis ira fuit?
ergo quicumque es, rescindere crimina noli,
   deque gravi duras vulnere tolle manus;
utque meae famam tenuent oblivia culpae, 65
   facta cicatricem ducere nostra sine;
humanaeque memor sortis, quae tollit eosdem
   et premit, incertas ipse verere vices.
et quoniam, fieri quod numquam posse putavi,
   est tibi de rebus maxima cura meis, 70
non est quod timeas: fortuna miserrima nostra est,
   omne trahit secum Caesaris ira malum.
quod magis ut liqueat, neve hoc ego fingere credar,
   ipse velim poenas experiare meas.

46 hinc *AV*: hic *HPϚ* : huc *Ϛ*   perdis *ΓϚ*   52 princeps *Heinsius*   54 tremente *HϚ* : fremente *A*   62 Neptunine *scripsi*; *cf. Vogel, p.* 35: Neptunique *ΓϚ*: Neptuni minor est q. I. i. f. *Ϛ* : Neptuni leuior *Ellis*

XII

Frigora iam Zephyri minuunt, annoque peracto
  longior antiquis visa Maeotis hiems,
inpositamque sibi qui non bene pertulit Hellen,
  tempora nocturnis aequa diurna facit.
iam violam puerique legunt hilaresque puellae,   5
  rustica quae nullo nata serente venit;
prataque pubescunt variorum flore colorum,
  indocilique loquax gutture vernat avis;
utque malae matris crimen deponat hirundo
  sub trabibus cunas tectaque parva facit;   10
herbaque, quae latuit Cerealibus obruta sulcis,
  exit et expandit molle cacumen humo;
quoque loco est vitis, de palmite gemma movetur:
  nam procul a Getico litore vitis abest;
quoque loco est arbor, turgescit in arbore ramus: 15
  nam procul a Geticis finibus arbor abest.
otia nunc istic, iunctisque ex ordine ludis
  cedunt verbosi garrula bella fori.
usus equi nunc est, levibus nunc luditur armis,
  nunc pila, nunc celeri volvitur orbe trochus;   20
nunc ubi perfusa est oleo labente iuventus,
  defessos artus Virgine tingit aqua.
scaena viget studiisque favor distantibus ardet,
  proque tribus resonant terna theatra foris.
o quantum et quotiens non est numerare, beatum,   25
  non interdicta cui licet urbe frui!

XII 2 antiquis uisa Maeotis Γω; *uide Eur. Herc.* 409 *ubi* Μαιῶτις *correpta diphthongo legitur; dixi de hoc loco Classical Quarterly* viii. 27 intepuit u. Tomitis *Lachmann*: antiquis uim moderatur *Vogel*: abscedit uix Tanaitis *ego in ed.* 1889   5 uiolas ω   6 quas n. terra s. uehit ς
9 crimen matris ς   12 exit et expandit *GHPV*: exerit e tepida *A*(?)ω   18 uerboso . . . foro *AHP*ς   19 lusus *AHPV*ς   equis *A*(?)ς   20 uertitur *GHPV*ς   25 quantum et *AHV*ς, *tuentur codd. Grattii Cyneg.* 320, *Rutilii Nam.* i 5: quantum o *P*: quater et *G*ς

OVIDI NASONIS

at mihi sentitur nix verno sole soluta,
  quaeque lacu durae non fodiantur aquae:
nec mare concrescit glacie, nec, ut ante, per Histrum
  stridula Sauromates plaustra bubulcus agit. 30
incipient aliquae tamen huc adnare carinae,
  hospitaque in Ponti litore puppis erit.
sedulus occurram nautae, dictaque salute,
  quid veniat, quaeram, quisve quibusve locis.
ille quidem mirum ni de regione propinqua 35
  non nisi vicinas tutus ararit aquas.
rarus ab Italia tantum mare navita transit,
  litora rarus in haec portubus orba venit.
sive tamen Graeca scierit, sive ille Latina
  voce loqui (certe gratior huius erit; 40
fas quoque ab ore freti longaeque Propontidos undis
  huc aliquem certo vela dedisse Noto),
quisquis is est, memori rumorem voce referre
  et fieri famae parsque gradusque potest.
is, precor, auditos possit narrare triumphos 45
  Caesaris et Latio reddita vota Iovi,
teque, rebellatrix, tandem, Germania, magni
  triste caput pedibus supposuisse ducis.
haec mihi qui referet, quae non vidisse dolebo,
  ille meae domui protinus hospes erit. 50
ei mihi, iamne domus Scythico Nasonis in orbe est?
  iamque suum mihi dat pro Lare poena locum?
di facite ut Caesar non hic penetrale domumque,
  hospitium poenae sed velit esse meae.

XIII

Ecce supervacuus (quid enim fuit utile gigni?)
  ad sua natalis tempora noster adest.

28 quodque *AH*   duro ω   fodiuntur ς   31 incipiunt *AHPVς*
34 quibusque *AHV*   36 ararit *Heinsius*: arabit *Laurentianus*
36, 33: araret Γω   47 te quoque bellatrix Γς
XIII 1 gigni *GHPς*: nobis *AV*: nasci ς

TRISTIVM LIBER III

dure, quid ad miseros veniebas exulis annos?
  debueras illis inposuisse modum.
si tibi cura mei, vel si pudor ullus inesset,
  non ultra patriam me sequerere meam,
quoque loco primum tibi sum male cognitus infans,
  illo temptasses ultimus esse mihi,
inque relinquendo, quod idem fecere sodales,
  tu quoque dixisses tristis in urbe 'vale'.
quid tibi cum Ponto? num te quoque Caesaris ira
  extremam gelidi misit in orbis humum?
scilicet expectas soliti tibi moris honorem,
  pendeat ex umeris vestis ut alba meis,
fumida cingatur florentibus ara coronis,
  micaque sollemni turis in igne sonet,
libaque dem proprie genitale notantia tempus,
  concipiamque bonas ore favente preces.
non ita sum positus, nec sunt ea tempora nobis,
  adventu possim laetus ut esse tuo.
funeris ara mihi, ferali cincta cupresso,
  convenit et structis flamma parata rogis.
nec dare tura libet nil exorantia divos,
  in tantis subeunt nec bona verba malis.
si tamen est aliquid nobis hac luce petendum,
  in loca ne redeas amplius ista, precor,
dum me terrarum pars paene novissima, Pontus,
  Euxinus falso nomine dictus, habet.

XIV

CVLTOR et antistes doctorum sancte virorum,
  quid facis ingenio semper amice meo?
ecquid, ut incolumem quondam celebrare solebas,
  nunc quoque ne videar totus abesse, caves?

3 miseri *GS*   5 adesset *S*   9 relinquendum *A*
XIV 2 qui *AS*

OVIDI NASONIS

conficis exceptis ecquid mea carmina solis 5
  Artibus, artifici quae nocuere suo?
immo ita fac, quaeso, vatum studiose novorum,
  quaque potes, retine corpus in urbe meum.
est fuga dicta mihi, non est fuga dicta libellis,
  qui domini poenam non meruere sui. 10
saepe per externas profugus pater exulat oras,
  urbe tamen natis exulis esse licet.
Palladis exemplo de me sine matre creata
  carmina sunt; stirps haec progeniesque mea est.
hanc tibi commendo, quae quo magis orba parente est,
  hoc tibi tutori sarcina maior erit. 16
tres mihi sunt nati contagia nostra secuti:
  cetera fac curae sit tibi turba palam.
sunt quoque mutatae, ter quinque volumina, formae,
  carmina de domini funere rapta sui. 20
illud opus potuit, si non prius ipse perissem,
  certius a summa nomen habere manu:
nunc incorrectum populi pervenit in ora,
  in populi quicquam si tamen ore mei est.
hoc quoque nescioquid nostris appone libellis, 25
  diverso missum quod tibi ab orbe venit.
quod quicumque leget (si quis leget) aestimet ante,
  compositum quo sit tempore quoque loco.
aequus erit scriptis, quorum cognoverit esse
  exilium tempus barbariamque locum: 30
inque tot adversis carmen mirabitur ullum
  ducere me tristi sustinuisse manu.
ingenium fregere meum mala, cuius et ante
  fons infecundus parvaque vena fuit.
sed quaecumque fuit, nullo exercente refugit, 35
  et longo periit arida facta situ.

5 colligis ς: suscipis ς   11 extremas Gς   15 est *om.* ς
23 in *GP*ς: ad *AHV*ς   24 meum Γς

TRISTIVM LIBER III

non hic librorum, per quos inviter alarque,
 copia: pro libris arcus et arma sonant.
nullus in hac terra, recitem si carmina, cuius
 intellecturis auribus utar, adest. 40
non quo secedam locus est. custodia muri
 summovet infestos clausaque porta Getas.
saepe aliquod quaero verbum nomenque locumque,
 nec quisquam est a quo certior esse queam.
dicere saepe aliquid conanti (turpe fateri) 45
 verba mihi desunt dedidicique loqui.
Threicio Scythicoque fere circumsonor ore,
 et videor Geticis scribere posse modis.
crede mihi, timeo ne sint inmixta Latinis
 inque meis scriptis Pontica verba legas. 50
qualemcumque igitur venia dignare libellum.
 sortis et excusa condicione meae.

39 r. cui *G(ex* cuius)*P*ς   41 nec ω   47 fero *IIV*ς   51 igitur
P: legas ω

LIBER QVARTVS

I

Siqva meis fuerint, ut erunt, vitiosa libellis,
  excusata suo tempore, lector, habe.
exul eram, requiesque mihi, non fama petita est,
  mens intenta suis ne foret usque malis.
hoc est cur cantet vinctus quoque compede fossor, 5
  indocili numero cum grave mollit opus.
cantat et innitens limosae pronus harenae,
  adverso tardam qui trahit amne ratem ;
quique refert pariter lentos ad pectora remos,
  in numerum pulsa brachia pulsat aqua. 10
fessus ubi incubuit baculo saxove resedit
  pastor, harundineo carmine mulcet oves.
cantantis pariter, pariter data pensa trahentis,
  fallitur ancillae decipiturque labor.
fertur et abducta Lyrneside tristis Achilles 15
  Haemonia curas attenuasse lyra.
cum traheret silvas Orpheus et dura canendo
  saxa, bis amissa coniuge maestus erat.
me quoque Musa levat Ponti loca iussa petentem :
  sola comes nostrae perstitit illa fugae ; 20
sola nec insidias, Sinti nec militis ensem,
  nec mare nec ventos barbariamque timet.
scit quoque, cum perii, quis me deceperit error,
  et culpam in facto, non scelus, esse meo,

I 7 cantet *APS*   10 pulsat ΓS *Vogel*; *cf. Verg. Geor.* iv. 313 : uersat S : iactat S : lassat S   11 ut VS   19 tenentem *Lachmann*   21 Sinti nec *Ehwald* : inter nec ΓLω   militis ensem ΓLS : thracia tela S

OVIDI NASONIS

scilicet hoc ipso nunc aequa, quod obfuit ante, 25
   cum mecum iuncti criminis acta rea est.
non equidem vellem, quoniam nocitura fuerunt,
   Pieridum sacris inposuisse manum.
sed nunc quid faciam? vis me tenet ipsa sacrorum,
   et carmen demens carmine laesus amo. 30
sic nova Dulichio lotos gustata palato
   illo, quo nocuit, grata sapore fuit.
sentit amans sua damna fere, tamen haeret in illis,
   materiam culpae persequiturque suae.
nos quoque delectant, quamvis nocuere, libelli, 35
   quodque mihi telum vulnera fecit, amo.
forsitan hoc studium possit furor esse videri,
   sed quiddam furor hic utilitatis habet.
semper in obtutu mentem vetat esse malorum,
   praesentis casus inmemoremque facit. 40
utque suum Bacche non sentit saucia vulnus,
   dum stupet Idaeis exululata modis,
sic ubi mota calent viridi mea pectora thyrso,
   altior humano spiritus ille malo est.
ille nec exilium, Scythici nec litora ponti, 45
   ille nec iratos sentit habere deos.
utque soporiferae biberem si pocula Lethes,
   temporis adversi sic mihi sensus abest.
iure deas igitur veneror mala nostra levantes,
   sollicitae comites ex Helicone fugae, 50
et partim pelago partim vestigia terra
   vel rate dignatas vel pede nostra sequi.
sint, precor, haec saltem faciles mihi! namque deorum
   cetera cum magno Caesare turba facit,
meque tot adversis cumulant, quot litus harenas, 55
   quotque fretum pisces, ovaque piscis habet.

26 adiuncti $AV\varsigma$ 29 sororum ς 31 lotus L 41 bachis V
42 iugis $G\varsigma$ 50 sollicitae *Ios. Scaliger* : sollicitas *codd.*   53 hae
$AV\varsigma$ 55 cumulat $AGPV\varsigma$

TRISTIVM LIBER IV

vere prius flores, aestu numerabis aristas,
　poma per autumnum frigoribusque nives,
quam mala, quae toto patior iactatus in orbe,
　dum miser Euxini litora laeva peto.　　　　　　　　　60
nec tamen, ut veni, levior fortuna malorum est:
　huc quoque sunt nostras fata secuta vias.
hic quoque cognosco natalis stamina nostri,
　stamina de nigro vellere facta mihi.
utque neque insidias capitisque pericula narrem,　　　65
　vera quidem, veri sed graviora fide:
vivere quam miserum est inter Bessosque Getasque
　illum, qui populi semper in ore fuit!
quam miserum est, porta vitam muroque tueri,
　vixque sui tutum viribus esse loci!　　　　　　　　　70
aspera militiae iuvenis certamina fugi,
　nec nisi lusura movimus arma manu;
nunc senior gladioque latus scutoque sinistram,
　canitiem galeae subicioque meam.
nam dedit e specula custos ubi signa tumultus,　　　75
　induimus trepida protinus arma manu.
hostis, habens arcus inbutaque tela venenis,
　saevus anhelanti moenia lustrat equo;
utque rapax pecudem, quae se non texit ovili,
　per sata per silvas fertque trahitque lupus:　　　　　80
sic, siquem nondum portarum saepe receptum
　barbarus in campis repperit hostis, habet:
aut sequitur captus coniectaque vincula collo
　accipit, aut telo virus habente perit.
hic ego sollicitae lateo novus incola sedis:　　　　　　85
　heu nimium fati tempora longa mei!
et tamen ad numeros antiquaque sacra reverti
　sustinet in tantis hospita Musa malis.

59 lacua *cod. Buslidianus*: sacua ΓLω　　66 ueri *Francius*; *cf.
F.* iii. 662: uera L5: uidi Γω　　77 ueneno *AHPV*ω　　81 sede
ΓLω　　82 agit 5　　85 lateo *L*: iacco Γω　　86 lenta *AL²5*

OVIDI NASONIS

sed neque cui recitem quisquam est mea carmina, nec qui
  auribus accipiat verba Latina suis. 90
ipse mihi (quid enim faciam?) scriboque legoque,
  tutaque iudicio littera nostra suo est.
saepe tamen dixi 'cui nunc haec cura laborat?
  an mea Sauromatae scripta Getaeque legent?'
saepe etiam lacrimae me sunt scribente profusae, 95
  umidaque est fletu littera facta meo,
corque vetusta meum, tamquam nova, vulnera novit,
  inque sinum maestae labitur imber aquae.
cum vice mutata, qui sim fuerimque, recordor,
  et, tulerit quo me casus et unde, subit, 100
saepe manus demens, studiis irata sibique,
  misit in arsuros carmina nostra focos.
atque, ea de multis quoniam non multa supersunt,
  cum venia facito, quisquis es, ista legas.
tu quoque non melius, quam sunt mea tempora, carmen,
  interdicta mihi, consule, Roma, boni. 106

II

IAM fera Caesaribus Germania, totus ut orbis,
  victa potest flexo succubuisse genu,
altaque velentur fortasse Palatia sertis,
  turaque in igne sonent inficiantque diem,
candidaque adducta collum percussa securi 5
  victima purpureo sanguine pulset humum,
donaque amicorum templis promissa deorum
  reddere victores Caesar uterque parent,
et qui Caesareo iuvenes sub nomine crescunt,
  perpetuo terras ut domus illa regat. 10

95 sunt me ς   97 norit *ALVς* : sentit ς   99 dum Γς   103 ea
ΓLω : ita ς
II 4 turaue *AHL³ς* : tureue *L*   6 pulset] tinguat *V*

TRISTIVM LIBER IV

cumque bonis nuribus pro sospite Livia nato
   munera det meritis, saepe datura, deis,
et pariter matres et quae sine crimine castos
   perpetua servant virginitate focos;
plebs pia cumque pia laetetur plebe senatus,   15
   parvaque cuius eram pars ego nuper eques.
nos procul expulsos communia gaudia fallunt,
   famaque tam longe non nisi parva venit.
ergo omnis populus poterit spectare triumphos,
   cumque ducum titulis oppida capta leget,   20
vinclaque captiva reges cervice gerentes
   ante coronatos ire videbit equos,
et cernet vultus aliis pro tempore versos,
   terribiles aliis inmemoresque sui.
quorum pars causas et res et nomina quaeret,   25
   pars referet, quamvis noverit illa parum.
'hic, qui Sidonio fulget sublimis in ostro,
   dux fuerat belli, proximus ille duci.
hic, qui nunc in humo lumen miserabile fixit,
   non isto vultu, cum tulit arma, fuit.   30
ille ferox et adhuc oculis hostilibus ardens
   hortator pugnae consiliumque fuit.
perfidus hic nostros inclusit fraude locorum,
   squalida promissis qui tegit ora comis.
illo, qui sequitur, dicunt mactata ministro   35
   saepe recusanti corpora capta deo.
hic lacus, hi montes, haec tot castella, tot amnes
   plena ferae caedis, plena cruoris erant.
Drusus in his meruit quondam cognomina terris,
   quae bona progenies, digna parente, fuit.   40
cornibus hic fractis viridi male tectus ab ulva
   decolor ipse suo sanguine Rhenus erat.

    15 laetatur ϛ   29 figit ϛ   34 prolixis *AGH*ϛ: demissis ϛ

OVIDI NASONIS

crinibus en etiam fertur Germania passis,
  et ducis invicti sub pede maesta sedet,
collaque Romanae praebens animosa securi   45
  vincula fert illa, qua tulit arma, manu.'
hos super in curru, Caesar, victore veheris
  purpureus populi rite per ora tui,
quaque ibis, manibus circumplaudere tuorum,
  undique iactato flore tegente vias.   50
tempora Phoebea lauro cingetur 'io' que
  miles 'io' magna voce 'triumphe' canet.
ipse sono plausuque simul fremituque canente
  quadriiugos cernes saepe resistere equos.
inde petes arcem et delubra faventia votis,   55
  et dabitur merito laurea vota Iovi.
haec ego summotus qua possum mente videbo:
  erepti nobis ius habet illa loci:
illa per inmensas spatiatur libera terras,
  in caelum celeri pervenit illa fuga;   60
illa meos oculos mediam deducit in urbem,
  inmunes tanti nec sinit esse boni;
invenietque animus, qua currus spectet eburnos;
  sic certe in patria per breve tempus ero.
vera tamen capiet populus spectacula felix,   65
  laetaque erit praesens cum duce turba suo.
at mihi fingendo tantum longeque remotis
  auribus hic fructus percipiendus erit,
atque procul Latio diversum missus in orbem
  qui narret cupido, vix erit, ista mihi.   70
is quoque iam serum referet veteremque triumphum:
  quo tamen audiero tempore, laetus ero.
illa dies veniet, mea qua lugubria ponam,
  causaque privata publica maior erit.

49 circum plaudere *HLV* 51 cingentur *AGHP*ω 53 canente *L* : canentum *I*ς : calentes ς 60 fuga *L*ς : uia Γω 63 inuenitque *L*ς 67 fingenti ω remoto ω 72 audito *A*

III

Magna minorque ferae, quarum regis altera Graias,
   altera Sidonias, utraque sicca, rates,
omnia cum summo positae videatis in axe,
   et maris occiduas non subeatis aquas,
aetheriamque suis cingens amplexibus arcem   5
   vester ab intacta circulus extet humo,
aspicite illa, precor, quae non bene moenia quondam
   dicitur Iliades transiluisse Remus,
inque meam nitidos dominam convertite vultus,
   sitque memor nostri necne, referte mihi.   10
ei mihi, cur timeam? quae sunt manifesta, requiro.
   cur labat ambiguo spes mea mixta metu?
crede, quod est et vis, ac desine tuta vereri,
   deque fide certa sit tibi certa fides.
quodque polo fixae nequeunt tibi dicere flammae,   15
   non mentitura tu tibi voce refer:
esse tui memorem, de qua tibi maxima cura est,
   quodque potest, secum nomen habere tuum.
vultibus illa tuis tamquam praesentis inhaeret,
   teque remota procul, si modo vivit, amat.   20
ecquid, ubi incubuit iusto mens aegra dolori,
   lenis ab admonito pectore somnus abit?
tunc subeunt curae, dum te lectusque locusque
   tangit et oblitam non sinit esse mei,
et veniunt aestus, et nox inmensa videtur,   25
   fessaque iactati corporis ossa dolent?
non equidem dubito, quin haec et cetera fiant,
   detque tuus maesti signa doloris amor,
nec cruciere minus, quam cum Thebana cruentum
   Hectora Thessalico vidit ab axe rapi.   30

III 11 timui ω: nimium ς   12 latet L: labet *Parisinus* 8239
19 *ita* L *Leid.* 177: praesentibus haeret Γω   22 abest *AV*: habet
G   23 nunc *A*: num *Mediceus*

OVIDI NASONIS

quid tamen ipse precer dubito, nec dicere possum,
    affectum quem te mentis habere velim.
tristis es? indignor quod sim tibi causa doloris:
    non es? at amisso coniuge digna fores.
cu vero tua damna dole, mitissima coniunx,   35
    tempus et a nostris exige triste malis,
fleque meos casus: est quaedam flere voluptas;
    expletur lacrimis egeriturque dolor.
atque utinam lugenda tibi non vita, sed esset
    mors mea, morte fores sola relicta mea.   40
spiritus hic per te patrias exisset in auras,
    sparsissent lacrimae pectora nostra piae,
supremoque die notum spectantia caelum
    texissent digiti lumina nostra tui,
et cinis in tumulo positus iacuisset avito,   45
    tactaque nascenti corpus haberet humus;
denique, ut et vixi, sine crimine mortuus essem.
    nunc mea supplicio vita pudenda suo est.
me miserum, si tu, cum diceris exulis uxor,
    avertis vultus et subit ora rubor!   50
me miserum, si turpe putas mihi nupta videri!
    me miserum, si te iam pudet esse meam!
tempus ubi est illud, quo te iactare solebas
    coniuge, nec nomen dissimulare viri?
tempus ubi est, quo te (nisi non vis illa referri)   55
    et dici, memini, iuvit et esse meam?
utque proba dignum est, omni tibi dote placebam:
    addebat veris multa faventis amor.
nec, quem praeferres (ita res tibi magna videbar)
    quemque tuum malles esse, vir alter erat.   60

33 sum ς   34 at *Bentley*: ut *codd*.   47 et uixi *AH*ς : eulxi *GL*: aduixi *V*: uixi (*om*. et) *P*   48 nec *AHV*ς   suo est *GLP*: foret *AHV*ς   55 quo ... uis ω : illud quo te ||||| (*sscr.* nisi non uis *L*²) *L*: illud (*corr.* quo te *G*²) nisi non uis *G*: illud quo ni (nisi *P*) fugis *AHP*: illud quo non fugis *V*   referre *AHPV*   57 probae *AV*ς

TRISTIVM LIBER IV

nunc quoque ne pudeat, quod sis mihi nupta; tuusque
   non debet dolor hinc, debet abesse pudor.
cum cecidit Capaneus subito temerarius ictu,
   num legis Euadnen erubuisse viro?
nec quia rex mundi compescuit ignibus ignes,   65
   ipse suis Phaethon infitiandus erat.
nec Semele Cadmo facta est aliena parenti,
   quod precibus periit ambitiosa suis.
nec tibi, quod saevis ego sum Iovis ignibus ictus,
   purpureus molli fiat in ore pudor.   70
sed magis in curam nostri consurge tuendi,
   exemplumque mihi coniugis esto bonae,
materiamque tuis tristem virtutibus inple:
   ardua per praeceps gloria vadat iter.
Hectora quis nosset, si felix Troia fuisset?   75
   publica virtutis per mala facta via est.
ars tua, Tiphy, iacet, si non sit in aequore fluctus:
   si valeant homines, ars tua, Phoebe, iacet.
quae latet inque bonis cessat non cognita rebus,
   apparet virtus arguiturque malis.   80
dat tibi nostra locum tituli fortuna, caputque
   conspicuum pietas qua tua tollat, habet.
utere temporibus, quorum nunc munere facta est
   et patet in laudes area lata tuas.

IV

O QVI, nominibus cum sis generosus avorum,
   exsuperas morum nobilitate genus,
cuius inest animo patrii candoris imago,
   non careat numeris candor ut iste suis:

---

64 num *GHL³V*ϛ : cum *L* : non *AP*ω   70 pudor *GL*ϛ; *cf. Am.*
ii. 5. 34 : rubor *AHPV*ϛ   78 uacet ϛ   83 facta est *Ehwald* :
ficta est *L Leid.* 177 : freta es Γω
IV 4 numeris ϛ

OVIDI NASONIS

cuius in ingenio est patriae facundia linguae, 5
    qua prior in Latio non fuit ulla foro:
quod minime volui, positis pro nomine signis
    dictus es: ignoscas laudibus ipse tuis.
nil ego peccavi; tua te bona cognita produnt.
    si, quod es, appares, culpa soluta mea est. 10
nec tamen officium nostro tibi carmine factum
    principe tam iusto posse nocere puto.
ipse pater patriae (quid enim est civilius illo?)
    sustinet in nostro carmine saepe legi,
nec prohibere potest, quia res est publica Caesar, 15
    et de communi pars quoque nostra bono est.
Iuppiter ingeniis praebet sua numina vatum,
    seque celebrari quolibet ore sinit.
causa tua exemplo superorum tuta duorum est,
    quorum hic aspicitur, creditur ille deus. 20
ut non debuerim, tamen hoc ego crimen habebo:
    non fuit arbitrii littera nostra tui.
nec nova, quod tecum loquor, est iniuria nostra,
    incolumis cum quo saepe locutus eram.
quo vereare minus ne sim tibi crimen amicus, 25
    invidiam, siqua est, auctor habere potest.
nam tuus est primis cultus mihi semper ab annis
    (hoc certe noli dissimulare) pater,
ingeniumque meum (potes hoc meminisse) probabat
    plus etiam quam me iudice dignus eram; 30
deque meis illo referebat versibus ore,
    in quo pars magnae nobilitatis erat.
non igitur tibi nunc, quod me domus ista recepit,
    sed prius auctori sunt data verba tuo.
nec data sunt, mihi crede, tamen: sed in omnibus actis
    ultima si demas, vita tuenda mea est. 36

17 nomina *AGHLP*ς   34 sed sunt *(sscr.* prius *L³)* auctori non tua *(sscr.* sunt data *L³)* uerba tuo *unde Riese* sed sunt a. iam data uerba tuo

TRISTIVM LIBER IV

hanc quoque, qua perii, culpam scelus esse negabis,
   si tanti series sit tibi nota mali.
aut timor aut error nobis, prius obfuit error.
   a, sine me fati non meminisse mei;   40
neve retractando nondum coeuntia rumpam
   vulnera: vix illis proderit ipsa quies.
ergo ut iure damus poenas, sic afuit omne
   peccato facinus consiliumque meo;
idque deus sentit; pro quo nec lumen ademptum,   45
   nec mihi detractas possidet alter opes.
forsitan hanc ipsam, vivam modo, finiet olim,
   tempore cum fuerit lenior ira, fugam.
nunc precor hinc alio iubeat discedere, si non
   nostra verecundo vota pudore carent.   50
mitius exilium pauloque propinquius opto,
   quique sit a saevo longius hoste locus;
quantaque in Augusto clementia, si quis ab illo
   hoc peteret pro me, forsitan ille daret.
frigida me cohibent Euxini litora Ponti: 55
   dictus ab antiquis Axenus ille fuit.
nam neque iactantur moderatis aequora ventis,
   nec placidos portus hospita navis adit.
sunt circa gentes, quae praedam sanguine quaerunt;
   nec minus infida terra timetur aqua.   60
illi, quos audis hominum gaudere cruore,
   paene sub eiusdem sideris axe iacent.
nec procul a nobis locus est, ubi Taurica dira
   caede pharetratae spargitur ara deae.
haec prius, ut memorant, non invidiosa nefandis   65
   nec cupienda bonis regna Thoantis erant.

40 at *AHPV*Θω   41 rumpam *AV*: rupem *LP*Θ(?): rumpe *GHP*ω   47 uiuam *codicis Moreti manus 2*: uiuam *aut* uiuant Θ: uiuant *L*: uiuat Γω   52 locus Θ*AHLPV*ς: locum *GL*³ς   53 quantaque *L*Θς: tantaque Γω   56 Axenus Θς: exinus *L*: euxinus *codd. plerique*   58 adit Θ*L*³*V*ς: adis *L*Θ²: habet *AGHP*ω   62 sideris Θ*AL*³: frigoris *GHPV*ω   igne *AL*³ς   65 nefandi *L*

OVIDI NASONIS

hic pro subposita virgo Pelopeia cerva
  sacra deae coluit qualiacumque suae.
quo postquam, dubium pius an sceleratus, Orestes
  exactus Furiis venerat ipse suis,   70
et comes exemplum veri Phoceus amoris,
  qui duo corporibus mentibus unus erant,
protinus evincti tristem ducuntur ad aram,
  quae stabat geminas ante cruenta fores.
nec tamen hunc sua mors, nec mors sua terruit illum; 75
  alter ob alterius funera maestus erat.
et iam constiterat stricto mucrone sacerdos,
  cinxerat et Graias barbara vitta comas,
cum vice sermonis fratrem cognovit, et illi
  pro nece complexus Iphigenia dedit.   80
laeta deae signum crudelia sacra perosae
  transtulit ex illis in meliora locis.
haec igitur regio, magni paene ultima mundi,
  quam fugere homines dique, propinqua mihi est:
aque mea terra prope sunt funebria sacra,   85
  si modo Nasoni barbara terra sua est.
o utinam venti, quibus est ablatus Orestes,
  placato referant et mea vela deo!

V

O MIHI dilectos inter pars prima sodales
  unica fortunis ara reperta meis,
cuius ab alloquiis anima haec moribunda revixit,
  ut vigil infusa Pallade flamma solet;

---

73 euicti Θ*LV*   76 ob... funera Θ*L*ϛ: ab... funere
Γω   78 glaucas *L* : graglas Θ   85 aque Θ, *quod coniectura
assecutus eram ed.* 1889 : atque *L*Γω   mea terra Θ*L*: meam
terram Γω
  V 1 sors ϛ

TRISTIVM LIBER IV

qui veritus non es portus aperire fideles 5
   fulmine percussae confugiumque rati;
cuius eram censu non me sensurus egentem,
   si Caesar patrias eripuisset opes.
temporis oblitum dum me rapit impetus huius,
   excidit heu nomen quam mihi paene tuum! 10
tu tamen agnoscis tactusque cupidine laudis,
   'ille ego sum' cuperes dicere posse palam.
certe ego, si sineres, titulum tibi reddere vellem,
   et raram famae conciliare fidem.
ne noceam grato vereor tibi carmine, neve 15
   intempestivus nominis obstet honor.
quod licet (hoc tutum est) intra tua pectora gaude
   meque tui memorem teque fuisse pium.
utque facis, remis ad opem luctare ferendam,
   dum veniat placido mollior aura deo; 20
et tutare caput nulli servabile, si non
   qui mersit Stygia sublevet illud aqua;
teque, quod est rarum, praesta constanter ad omne
   indeclinatae munus amicitiae.
sic tua processus habeat fortuna perennes, 25
   sic ope non egeas ipse iuvesque tuos;
sic aequet tua nupta virum bonitate perenni,
   incidat et vestro nulla querela toro;
diligat et semper socius te sanguinis illo,
   quo pius affectu Castora frater amat; 30
sic iuvenis similisque tibi sit natus, et illum
   moribus agnoscat quilibet esse tuum;
sic faciat socerum taeda te nata iugali,
   nec tardum iuveni det tibi nomen avi.

17 hoc *L*ς: et Γω   20 ueniat ω: uenit a ΓL(?): ueniet ς
23 rarum *L*Γω; *cf.* x. 121, *Ib.* 119: gratum *Parisinus* 8039; *cf.*
Catull. 68. 9   27 nouitate *GL*: probitate *Withof*   28 rara
*AGHLV*ς; *sed cf. F.* v. 206 'inque meo non est ulla querela toro'

OVIDI NASONIS

VI

TEMPORE ruricolae patiens fit taurus aratri,
  praebet et incurvo colla premenda iugo;
tempore paret equus lentis animosus habenis,
  et placido duros accipit ore lupos;
tempore Poenorum compescitur ira leonum, 5
  nec feritas animo, quae fuit ante, manet;
quaeque sui monitis obtemperat Inda magistri
  belua, servitium tempore victa subit.
tempus ut extensis tumeat facit uva racemis,
  vixque merum capiant grana quod intus habent; 10
tempus et in canas semen producit aristas,
  et ne sint tristi poma sapore cavet.
hoc tenuat dentem terras renovantis aratri,
  hoc rigidos silices, hoc adamanta terit;
hoc etiam saevas paulatim mitigat iras, 15
  hoc minuit luctus maestaque corda levat.
cuncta potest igitur tacito pede lapsa vetustas
  praeterquam curas attenuare meas.
ut patria careo, bis frugibus area trita est,
  dissiluit nudo pressa bis uva pede. 20
nec quaesita tamen spatio patientia longo est,
  mensque mali sensum nostra recentis habet.
scilicet et veteres fugiunt iuga saepe iuvenci,
  et domitus freno saepe repugnat equus.
tristior est etiam praesens aerumna priore: 25
  ut sit enim sibi par, crevit et aucta mora est.
nec tam nota mihi, quam sunt, mala nostra fuerunt;
  nunc magis hoc, quo sunt cognitiora, gravant.
est quoque non nihilum vires afferre recentes,
  nec praeconsumptum temporis esse malis. 30

VI 7 iussis ω   12 cauet *L Leidensis* 177 : facit Γω   13 terram
*L*³ς : terra *L*   renouantis *L*³ς : semouentis *L* : scindentis *GHP*ς :
findentis ς : patientis *V*   28 nunc *L* : sed Γω   29 minimum Γω

TRISTIVM LIBER IV

fortior in fulva novus est luctator harena,
  quam cui sunt tarda brachia fessa mora.
integer est melior nitidis gladiator in armis,
  quam cui tela suo sanguine tincta rubent.
fert bene praecipites navis modo facta procellas: 35
  quamlibet exiguo solvitur imbre vetus.
nos quoque quae ferimus, tulimus patientius ante:
  vae, mala sunt longa multiplicata die.
credite, deficio, nostroque a corpore quantum
  auguror, accedunt tempora parva malis. 40
nam neque sunt vires, nec qui color esse solebat:
  vix habeo tenuem, quae tegat ossa, cutem.
corpore sed mens est aegro magis aegra, malique
  in circumspectu stat sine fine sui.
urbis abest facies, absunt, mea cura, sodales, 45
  et, qua nulla mihi carior, uxor abest.
vulgus adest Scythicum bracataque turba Getarum.
  sic me quae video non videoque movent.
una tamen spes est, quae me soletur in istis,
  haec fore morte mea non diuturna mala. 50

VII

Bis me sol adiit gelidae post frigora brumae,
  bisque suum tacto Pisce peregit iter.
tempore tam longo cur non tua dextera versus
  quamlibet in paucos officiosa fuit?
cur tua cessavit pietas, scribentibus illis, 5
  exiguus nobis cum quibus usus erat?
cur, quotiens alicui chartae sua vincula dempsi,
  illam speravi nomen habere tuum?
di faciant ut saepe tua sit epistula dextra
  scripta, sed ex multis reddita nulla mihi. 10

38 vae *scripsi*; *cf. Am.* iii. 6. 101: quae *codd.*   48 me *LS*: mala Γω   mouent *A*(?)*LS*: nocent *GHPVω*
VII 7 totiens *HPS*

OVIDI NASONIS

quod precor, esse liquet. credam prius ora Medusae
   Gorgonis anguinis cincta fuisse comis,
esse canes utero sub virginis, esse Chimaeram,
   a truce quae flammis separet angue leam,
quadrupedesque hominis cum pectore pectora iunctos,   15
   tergeminumque virum tergeminumque canem,
Sphingaque et Harpyias serpentipedesque Gigantas,
   centimanumque Gyan semibovemque virum.
haec ego cuncta prius, quam te, carissime, credam
   mutatum curam deposuisse mei.   20
innumeri montes inter me teque viaeque
   fluminaque et campi nec freta pauca iacent.
mille potest causis a te quae littera saepe
   missa sit in nostras rara venire manus:
mille tamen causas scribendo vince frequenter,   25
   excusem ne te semper, amice, mihi.

VIII

IAM mea cycneas imitantur tempora plumas,
   inficit et nigras alba senecta comas.
iam subeunt anni fragiles et inertior aetas,
   iamque parum firmo me mihi ferre grave est.
nunc erat, ut posito deberem fine laborum   5
   vivere, me nullo sollicitante metu,
quaeque meae semper placuerunt otia menti
   carpere et in studiis molliter esse meis,
et parvam celebrare domum veteresque Penates
   et quae nunc domino rura paterna carent,   10
inque sinu dominae carisque sodalibus inque
   securus patria consenuisse mea.

12 anguinis *Marcianus* 223 (saec. xv) : anguineis Γω   15 homines *HP*ς : hominum *AGV*ς
VIII 6 cum nullo *AV*ς : iam n. *Ellis*

TRISTIVM LIBER IV

haec mea sic quondam peragi speraverat aetas:
  hos ego sic annos ponere dignus eram.
non ita dis visum est, qui me terraque marique   15
  actum Sarmaticis exposuere locis.
in cava ducuntur quassae navalia puppes,
  ne temere in mediis dissoluantur aquis.
ne cadat et multas palmas inhonestet adeptus,
  languidus in pratis gramina carpit equus.   20
miles ubi emeritis non est satis utilis annis,
  ponit ad antiquos, quae tulit, arma Lares.
sic igitur, tarda vires minuente senecta,
  me quoque donari iam rude tempus erat.
tempus erat nec me peregrinum ducere caelum,   25
  nec siccam Getico fonte levare sitim,
sed modo, quos habui, vacuos secedere in hortos,
  nunc hominum visu rursus et urbe frui.
sic animo quondam non divinante futura
  optabam placide vivere posse senex.   30
fata repugnarunt, quae, cum mihi tempora prima
  mollia praebuerint, posteriora gravant.
iamque decem lustris omni sine labe peractis,
  parte premor vitae deteriore meae;
nec procul a metis, quas paene tenere videbar,   35
  curriculo gravis est facta ruina meo.
ergo illum demens in me saevire coegi,
  mitius inmensus quo nihil orbis habet?
ipsaque delictis victa est clementia nostris,
  nec tamen errori vita negata meo est?   40
vita procul patria peragenda sub axe Boreo,
  qua maris Euxini terra sinistra iacet.
hoc mihi si Delphi Dodonaque diceret ipsa,
  esse videretur vanus uterque locus.

---

16 iactum *AHPVϚ*   18 destituantur Ϛ   19 ademptus *GV*: ademptos *A* : adeptas ω   21 ut Ϛ   43 Delphi *Scaliger*: delphis *aut* delphos *codd.*

OVIDI NASONIS

nil adeo validum est, adamas licet alliget illud, 45
    ut maneat rapido firmius igne Iovis;
nil ita sublime est supraque pericula tendit,
    non sit ut inferius suppositumque deo.
nam quamquam vitio pars est contracta malorum,
    plus tamen exitii numinis ira dedit. 50
at vos admoniti nostris quoque casibus este,
    aequantem superos emeruisse virum.

IX

Si licet et pateris, nomen facinusque tacebo,
    et tua Lethaeis acta dabuntur aquis,
nostraque vincetur lacrimis clementia seris,
    fac modo te pateat paenituisse tui;
fac modo te damnes cupiasque eradere vitae 5
    tempora, si possis, Tisiphonea tuae.
sin minus, et flagrant odio tua pectora nostro,
    induet infelix arma coacta dolor.
sim licet extremum, sicut sum, missus in orbem,
    nostra suas istinc porriget ira manus. 10
omnia, si nescis, Caesar mihi iura reliquit,
    et sola est patria poena carere mea.
et patriam, modo sit sospes, speramus ab illo:
    saepe Iovis telo quercus adusta viret.
denique vindictae si sit mihi nulla facultas, 15
    Pierides vires et sua tela dabunt.
quod Scythicis habitem longe summotus in oris,
    siccaque sint oculis proxima signa meis,
nostra per inmensas ibunt praeconia gentes,
    quodque querar notum qua patet orbis erit. 20
ibit ad occasum quicquid dicemus ab ortu,
    testis et Hesperiae vocis Eous erit.

IX 3 dementia *HPV*   10 istinc ϛ: istic *GHPV*ω: isto *A*ϛ: istuc ϛ   17 quod Γω; *cf. H.* iv. 157: cum ϛ: ut ϛ

trans ego tellurem, trans altas audiar undas,
  et gemitus vox est magna futura mei.
nec tua te sontem tantummodo saecula norint: 25
  perpetuae crimen posteritatis eris.
iam feror in pugnas et nondum cornua sumpsi,
  nec mihi sumendi causa sit ulla velim.
Circus adhuc cessat; spargit iam torvus harenam
  taurus et infesto iam pede pulsat humum. 30
hoc quoque, quam volui, plus est. cane, Musa, receptus,
  dum licet huic nomen dissimulare suum.

X

ILLE ego qui fuerim, tenerorum lusor amorum,
  quem legis, ut noris, accipe posteritas.
Sulmo mihi patria est, gelidis uberrimus undis,
  milia qui noviens distat ab urbe decem.
editus hic ego sum, nec non, ut tempora noris, 5
  cum cecidit fato consul uterque pari:
si quid id est, usque a proavis vetus ordinis heres
  non modo fortunae munere factus eques.
nec stirps prima fui; genito sum fratre creatus,
  qui tribus ante quater mensibus ortus erat. 10
Lucifer amborum natalibus affuit idem:
  una celebrata est per duo liba dies.
haec est armiferae festis de quinque Minervae,
  quae fieri pugna prima cruenta solet.
protinus excolimur teneri curaque parentis 15
  imus ad insignes urbis ab arte viros.
frater ad eloquium viridi tendebat ab aevo,
  fortia verbosi natus ad arma fori;

29 iam toruus *GHPV*: tamen acer ω
X 5 hinc ʒ   7 si quid id est, u. a p. *fragm. Oenipontanum,
Aldina altera*; *cf. Am.* iii. 15. 5 : si quid (quis *V*ʒ) et a p. usque est
Γʒ : si quid id a p. usque est ʒ   13 armigerae ʒ *fr. Oenipontanum*

OVIDI NASONIS

at mihi iam puero caelestia sacra placebant,
　inque suum furtim Musa trahebat opus.　　　　　20
saepe pater dixit 'studium quid inutile temptas?
　Maeonides nullas ipse reliquit opes.'
motus eram dictis, totoque Helicone relicto
　scribere temptabam verba soluta modis.
sponte sua carmen numeros veniebat ad aptos,　　25
　et quod temptabam dicere versus erat.
interea tacito passu labentibus annis
　liberior fratri sumpta mihique toga est,
induiturque umeris cum lato purpura clavo,
　et studium nobis, quod fuit ante, manet.　　　　30
iamque decem vitae frater geminaverat annos,
　cum perit, et coepi parte carere mei.
cepimus et tenerae primos aetatis honores,
　eque viris quondam pars tribus una fui.
curia restabat: clavi mensura coacta est;　　　　35
　maius erat nostris viribus illud onus.
nec patiens corpus, nec mens fuit apta labori,
　sollicitaeque fugax ambitionis eram,
et petere Aoniae suadebant tuta sorores
　otia, iudicio semper amata meo.　　　　　　　　40
temporis illius colui fovique poetas,
　quotque aderant vates, rebar adesse deos.
saepe suas volucres legit mihi grandior aevo,
　quaeque nocet serpens, quae iuvat herba, Macer.
saepe suos solitus recitare Propertius ignes,　　45
　iure sodalicii, quo mihi iunctus erat.
Ponticus heroo, Bassus quoque clarus iambis
　dulcia convictus membra fuere mei.

---

24 conabar *V*ς　26 conabar ς　scribere *GP*ς　29 humeros
*HPV*ς　30 sed *conieci*　34 hecque *HP*: deque ς *fr. Oeni-
pontanum*　44 nocens *HP*: necet *A*ς　iuuet *AH*ς　46 soda-
licio ς　qui *A*ς

TRISTIVM LIBER IV

et tenuit nostras numerosus Horatius aures,
dum ferit Ausonia carmina culta lyra. 50
Vergilium vidi tantum: nec avara Tibullo
tempus amicitiae fata dedere meae.
successor fuit hic tibi, Galle, Propertius illi;
quartus ab his serie temporis ipse fui.
utque ego maiores, sic me coluere minores, 55
notaque non tarde facta Thalia mea est.
carmina cum primum populo iuvenalia legi,
barba resecta mihi bisve semelve fuit.
moverat ingenium totam cantata per urbem
nomine non vero dicta Corinna mihi. 60
multa quidem scripsi, sed, quae vitiosa putavi,
emendaturis ignibus ipse dedi.
tunc quoque, cum fugerem, quaedam placitura cremavi,
iratus studio carminibusque meis.
molle Cupidineis nec inexpugnabile telis 65
cor mihi, quodque levis causa moveret, erat.
cum tamen hic essem minimoque accenderer igni,
nomine sub nostro fabula nulla fuit.
paene mihi puero nec digna nec utilis uxor
est data, quae tempus per breve nupta fuit. 70
illi successit, quamvis sine crimine coniunx,
non tamen in nostro firma futura toro.
ultima, quae mecum seros permansit in annos,
sustinuit coniunx exulis esse viri.
filia me mea bis prima fecunda iuventa, 75
sed non ex uno coniuge, fecit avum.
et iam compleverat genitor sua fata novemque
addiderat lustris altera lustra novem.
non aliter flevi, quam me fleturus ademptum
ille fuit. matris proxima busta tuli. 80

51 amara *ς*   80 matrix *G* : matri *VS*   iusta *Cuiacius, sed cf. Lucan.* viii. 850 'summusque feret tua busta sacerdos'; *cf. Classical Quarterly* viii. 30

OVIDI NASONIS

felices ambo tempestiveque sepulti,
   ante diem poenae quod periere meae!
me quoque felicem, quod non viventibus illis
   sum miser, et de me quod doluere nihil!
si tamen extinctis aliquid nisi nomina restant,   85
   et gracilis structos effugit umbra rogos:
fama, parentales, si vos mea contigit, umbrae,
   et sunt in Stygio crimina nostra foro,
scite, precor, causam (nec vos mihi fallere fas est)
   errorem iussae, non scelus, esse fugae.   90
Manibus hoc satis est: ad vos, studiosa, revertor,
   pectora, quae vitae quaeritis acta meae.
iam mihi canities pulsis melioribus annis
   venerat, antiquas miscueratque comas,
postque meos ortus Pisaea vinctus oliva   95
   abstulerat deciens praemia victor eques,
cum maris Euxini positos ad laeva Tomitas
   quaerere me laesi principis ira iubet.
causa meae cunctis nimium quoque nota ruinae
   indicio non est testificanda meo.   100
quid referam comitumque nefas famulosque nocentes?
   ipsa multa tuli non leviora fuga.
indignata malis mens est succumbere seque
   praestitit invictam viribus usa suis;
oblitusque mei ductaeque per otia vitae   105
   insolita cepi temporis arma manu.
totque tuli terra casus pelagoque quot inter
   occultum stellae conspicuumque polum.
tacta mihi tandem longis erroribus acto
   iuncta pharetratis Sarmatis ora Getis.   110

---

85 restat *GHPϚ* ; *sed cf.* i. 2. 1, *P.* iv. 2. 45   92 qui Ϛ   96 equus *Bentley* : equis *Strachan* : *codicum lectionem defendit Vogel*   102 ipsa *A* : ipseque *GHPVω*   107 casus pelago terraque *aut* casus terra pelagoque Ϛ

TRISTIVM LIBER IV

hic ego, finitimis quamvis circumsoner armis,
  tristia, quo possum, carmine fata levo.
quod quamvis nemo est, cuius referatur ad aures,
  sic tamen absumo decipioque diem.
ergo quod vivo durisque laboribus obsto, 115
  nec me sollicitae taedia lucis habent,
gratia, Musa, tibi: nam tu solacia praebes,
  tu curae requies, tu medicina venis.
tu dux et comes es, tu nos abducis ab Histro,
  in medioque mihi das Helicone locum; 120
tu mihi, quod rarum est, vivo sublime dedisti
  nomen, ab exequiis quod dare fama solet.
nec, qui detractat praesentia, Livor iniquo
  ullum de nostris dente momordit opus.
nam tulerint magnos cum saecula nostra poetas, 125
  non fuit ingenio fama maligna meo,
cumque ego praeponam multos mihi, non minor illis
  dicor et in toto plurimus orbe legor.
si quid habent igitur vatum praesagia veri,
  protinus ut moriar, non ero, terra, tuus. 130
sive favore tuli, sive hanc ego carmine famam,
  iure tibi grates, candide lector ago.

LIBER QVINTVS

I

Hvnc quoque de Getico, nostri studiose, libellum
  litore praemissis quattuor adde meis.
hic quoque talis erit, qualis fortuna poetae:
  invenies toto carmine dulce nihil.
flebilis ut noster status est, ita flebile carmen, 5
  materiae scripto conveniente suae.
integer et laetus laeta et iuvenalia lusi:
  illa tamen nunc me composuisse piget.
ut cecidi, subiti perago praeconia casus,
  sumque argumenti conditor ipse mei. 10
utque iacens ripa deflere Caystrius ales
  dicitur ore suam deficiente necem,
sic ego, Sarmaticas longe proiectus in oras,
  efficio tacitum ne mihi funus eat.
delicias siquis lascivaque carmina quaerit, 15
  praemoneo, non est scripta quod ista legat.
aptior huic Gallus blandique Propertius oris,
  aptior, ingenium come, Tibullus erit.
atque utinam numero non nos essemus in isto!
  ei mihi, cur umquam Musa iocata mea est? 20
sed dedimus poenas, Scythicique in finibus Histri
  ille pharetrati lusor Amoris abest.
quod superest, animos ad publica carmina flexi,
  et memores iussi nominis esse mei.

I 7 donec eram laetus *AHPV* 16 non est *Gronouius*: nostra *G*(?)*HPV*: numquam *A*(?) *G²* ω: numquam Tristia nostra legat *Capoferreus* 18 et plures, quorum nomina magna uigent ω 19 ne nos *P*: nos non ω 20 iocata ς: locuta Γω 23 animos *AG*, om. *H*, animos uel socios *sscr H²*: animum *V*: socios *P*ω: numeros *Ehwald* 24 sui *A Ehwald*

OVIDI NASONIS

si tamen ex vobis aliquis tam multa requiret,   25
   unde dolenda canam, multa dolenda tuli.
non haec ingenio, non haec componimus arte:
   materia est propriis ingeniosa malis.
et quota fortunae pars est in carmine nostrae?
   felix, qui patitur quae numerare potest!   30
quot frutices silvae, quot flavas Thybris harenas,
   mollia quot Martis gramina campus habet,
tot mala pertulimus, quorum medicina quiesque
   nulla nisi in studio est Pieridumque mora.
'quis tibi, Naso, modus lacrimosi carminis?' inquis: 35
   idem, fortunae qui modus huius erit.
quod querar, illa mihi pleno de fonte ministrat,
   nec mea sunt, fati verba sed ista mei.
at mihi si cara patriam cum coniuge reddas,
   sint vultus hilares, simque quod ante fui.   40
lenior invicti si sit mihi Caesaris ira,
   carmina laetitiae iam tibi plena dabo.
nec tamen ut lusit, rursus mea littera ludet:
   sit semel illa ioco luxuriata meo.
quod probet ipse, canam. poenae modo parte levata   45
   barbariam rigidos effugiamque Getas.
interea nostri quid agant, nisi triste, libelli?
   tibia funeribus convenit ista meis.
'at poteras' inquis 'melius mala ferre silendo,
   et tacitus casus dissimulare tuos.'   50
exigis ut nulli gemitus tormenta sequantur,
   acceptoque gravi vulnere flere vetas?
ipse Perilleo Phalaris permisit in aere
   edere mugitus et bovis ore queri.
cum Priami lacrimis offensus non sit Achilles,   55
   tu fletus inhibes, durior hoste, meos?

44 ioco ... mihi *Golling, Wiener Stud.* xxx, *p.* 342

TRISTIVM LIBER V

cum faceret Nioben orbam Latonia proles,
   non tamen et siccas iussit habere genas.
est aliquid, fatale malum per verba levare:
   hoc querulam Procnen Halcyonenque facit.   60
hoc erat, in gelido quare Poeantius antro
   voce fatigaret Lemnia saxa sua.
strangulat inclusus dolor atque exaestuat intus,
   cogitur et vires multiplicare suas.
da veniam potius, vel totos tolle libellos,   65
   sic mihi quod prodest si tibi, lector, obest.
sed neque obesse potest, ulli nec scripta fuerunt
   nostra nisi auctori perniciosa suo.
'at mala sunt.' fateor. quis te mala sumere cogit?
   aut quis deceptum ponere sumpta vetat?   70
ipse nec emendo, sed ut hic deducta legantur;
   non sunt illa suo barbariora loco.
nec me Roma suis debet conferre poetis:
   inter Sauromatas ingeniosus eram.
denique nulla mihi captatur gloria, quaeque   75
   ingeniis stimulos subdere fama solet.
nolumus assiduis animum tabescere curis,
   quae tamen irrumpunt quoque vetantur eunt.
cur scribam, docui. cur mittam, quaeritis, isto?
   vobiscum cupio quolibet esse modo.   80

II

Ecqvid ubi e Ponto nova venit epistula, palles,
   et tibi sollicita solvitur illa manu?
pone metum, valeo; corpusque, quod ante laborum
   npatiens nobis invalidumque fuit,

---

5. et *AGHV*ϛ : hanc *P*ϛ   63 exaestuat *APV*ϛ : *III* estuat *G* : extuat *H* : cor aestuat *G²ω*   66 sic . . . si *V*ϛ : sit . . . si *AGHP* : si . . . hoc *ω*   67 *interpungebatur post* ulli, *sed uide ad* i. 5. 1   71 enendo Γ: hoc mando *ω*; *cf. Classical Quarterly* viii. 3c   76 ingeris *G* : ingenii *AHPV* : ingenio *ω*   79 isto *Heinsius* : istos Γ*ω*

sufficit, atque ipso vexatum induruit usu.   5
  an magis infirmo non vacat esse mihi?
mens tamen aegra iacet, nec tempore robora sumpsit,
  affectusque animi, qui fuit ante, manet.
quaeque mora spatioque suo coitura putavi
  vulnera non aliter quam modo facta dolent.   10
scilicet exiguis prodest annosa vetustas;
  grandibus accedunt tempore damna malis.
paene decem totis aluit Poeantius annis
  pestiferum tumido vulnus ab angue datum.
Telephus aeterna consumptus tabe perisset,   15
  si non, quae nocuit, dextra tulisset opem.
et mea, si facinus nullum commisimus, opto,
  vulnera qui fecit, facta levare velit,
contentusque mei iam tandem parte doloris
  exiguum pleno de mare demat aquae.   20
detrahat ut multum, multum restabit acerbi,
  parsque meae poenae totius instar erit.
litora quot conchas, quot amoena rosaria flores,
  quotve soporiferum grana papaver habet,
silva feras quot alit, quot piscibus unda natatur,   25
  quot tenerum pennis aera pulsat avis,
tot premor adversis: quae si conprendere coner,
  Icariae numerum dicere coner aquae.
utque viae casus, ut amara pericula ponti,
  ut taceam strictas in mea fata manus,   30
barbara me tellus orbisque novissima magni
  sustinet et saevo cinctus ab hoste locus.
hinc ego traicerer (neque enim mea culpa cruenta est)
  esset, quae debet, si tibi cura mei.
ille deus, bene quo Romana potentia nixa est,   35
  saepe suo victor lenis in hoste fuit.

II 21 acerui *GHPV*: aceruo *Turonensis*   23 am. rosariαω:
amoenos hostia (postia *A*) Γ   33 traicerem *G*: transigerer *V*

TRISTIVM LIBER V

quid dubitas et tuta times? accede rogaque:
　Caesare nil ingens mitius orbis habet.
me miserum! quid agam, si proxima quaeque relinquunt?
　subtrahis effracto tu quoque colla iugo? 40
quo ferar? unde petam lassis solacia rebus?
　ancora iam nostram non tenet ulla ratem.
videris. ipse sacram, quamvis invisus, ad aram
　confugiam: nullas summovet ara manus.

ALLOQVOR en absens absentia numina supplex, 45
　si fas est homini cum Iove posse loqui.
arbiter inperii, quo certum est sospite cunctos
　Ausoniae curam gentis habere deos,
o decus, o patriae per te florentis imago,
　o vir non ipso, quem regis, orbe minor 50
(sic habites terras et te desideret aether,
　sic ad pacta tibi sidera tardus eas)
parce, precor, minimamque tuo de fulmine partem
　deme: satis poenae, quod superabit, erit.
ira quidem moderata tua est, vitamque dedisti, 55
　nec mihi ius civis nec mihi nomen abest,
nec mea concessa est aliis fortuna, nec exul
　edicti verbis nominor ipse tui.
omniaque haec timui, quia me meruisse videbam;
　sed tua peccato lenior ira meo est. 60
arva relegatum iussisti visere Ponti,
　et Scythicum profuga scindere puppe fretum.
iussus ad Euxini deformia litora veni
　aequoris (haec gelido terra sub axe iacet)

---

40 e ffacto *PVṢ*: et fracto *Ṣ*　　41 lapsis *Ṣ*　　43 uideris
Ehwald, *Kritische Beiträge s. Epistulae ex Ponto*, p. 12: uiderit *codd.*
'uideris (inquit Ouidius) mea uxor. ipse quoque deprecator ad Augustum
confugiam.' *sequitur precatio uu.* 45-78　　45 *priori continuant* *Ṣ*
Heinsius　　59 quia me ... uidebam Γ: quoniam ... uidebar ω

OVIDI NASONIS

nec me tam cruciat numquam sine frigore caelum,   65
  glaebaque canenti semper obusta gelu,
nesciaque est vocis quod barbara lingua Latinae,
  Graecaque quod Getico victa loquela sono est,
quam quod finitimo cinctus premor undique Marte,
  vixque brevis tutum murus ab hoste facit.   70
pax tamen interdum est, pacis fiducia numquam.
  sic hic nunc patitur, nunc timet arma locus.
hinc ego dum muter, vel me Zanclaea Charybdis
  devoret atque suis ad Styga mittat aquis,
vel rapidae flammis urar patienter in Aetnae,   75
  vel freta Leucadii mittar in alta dei.
quod petimus, poena est: neque enim miser esse recuso,
  sed precor ut possim tutius esse miser.

III

ILLA dies haec est, qua te celebrare poetae,
  si modo non fallunt tempora, Bacche, solent,
festaque odoratis innectunt tempora sertis,
  et dicunt laudes ad tua vina tuas.
inter quos, memini, dum me mea fata sinebant,   5
  non invisa tibi pars ego saepe fui,
quem nunc suppositum stellis Cynosuridos Vrsae
  iuncta tenet crudis Sarmatis ora Getis.
quique prius mollem vacuamque laboribus egi
  in studiis vitam Pieridumque choro,   10
nunc procul a patria Geticis circumsonor armis,
  multa prius pelago multaque passus humo.
sive mihi casus sive hoc dedit ira deorum,
  nubila nascenti seu mihi Parca fuit,
tu tamen e sacris hederae cultoribus unum   15
  numine debueras sustinuisse tuo.

---

67 nescia quam est *HPϚ*   68 graiaque Ϛ   uincta *G (corr. G²)*: iuncta *AV*   69 finitima . . . morte *AGHV*   70 tutum *PϚ*: tutos *AGHVω*   76 leucadio . . . deo *AV*
III. 7 Erymanthidos Ϛ; *cf.* i. 4. 1   15 hederae *G²Vω*: me de *AGHPϚ*

TRISTIVM LIBER V

an dominae fati quicquid cecinere sorores,
  omne sub arbitrio desinit esse dei?
ipse quoque aetherias meritis invectus es arces,
  quo non exiguo facta labore via est. 20
nec patria est habitata tibi, sed adusque nivosum
  Strymona venisti Marticolamque Geten,
Persidaque et lato spatiantem flumine Gangen,
  et quascumque bibit decolor Indus aquas.
scilicet hanc legem nentes fatalia Parcae 25
  stamina bis genito bis cecinere tibi.
me quoque, si fas est exemplis ire deorum,
  ferrea sors vitae difficilisque premit.
illo nec levius cecidi, quem magna locutum
  reppulit a Thebis Iuppiter igne suo. 30
ut tamen audisti percussum fulmine vatem,
  admonitu matris condoluisse potes,
et potes aspiciens circum tua sacra poetas
  'nescioquis nostri' dicere 'cultor abest.'
fer, bone Liber, opem: sic altera degravet ulmum 35
  vitis et incluso plena sit uva mero,
sic tibi cum Bacchis Satyrorum gnava iuventus
  adsit, et attonito non taceare sono,
ossa bipenniferi sic sint male pressa Lycurgi,
  impia nec poena Pentheos umbra vacet, 40
sic micet aeternum vicinaque sidera vincat
  coniugis in caelo clara corona tuae:
huc ades et casus releves, pulcherrime, nostros,
  unum de numero me memor esse tuo.
sunt dis inter se commercia. flectere tempta 45
  Caesareum numen numine, Bacche, tuo.
vos quoque, consortes studii, pia turba, poetae,
  haec eadem sumpto quisque rogate mero.

24 discolor ϛ   35 altam Pϛ   37 grata *aut* laeta ϛ   40 uacet
*A*ϛ : caret *GHPV*ϛ

OVIDI NASONIS

atque aliquis vestrum, Nasonis nomine dicto,
   opponat lacrimis pocula mixta suis,   50
admonitusque mei, cum circumspexerit omnes,
   dicat 'ubi est nostri pars modo Naso chori?'
idque ita, si vestrum merui candore favorem,
   nullaque iudicio littera laesa meo est,
si, veterum digne veneror cum scripta virorum,   55
   proxima non illis esse minora reor.
sic igitur dextro faciatis Apolline carmen:
   quod licet, inter vos nomen habete meum.

IV

LITORE ab Euxino Nasonis epistula veni,
   lassaque facta mari lassaque facta via,
qui mihi flens dixit 'tu, cui licet, aspice Romam.
   heu quanto melior sors tua sorte mea est!'
flens quoque me scripsit: nec qua signabar, ad os est   5
   ante, sed ad madidas gemma relata genas.
tristitiae causam siquis cognoscere quaerit,
   ostendi solem postulat ille sibi,
nec frondem in silvis, nec aperto mollia prato
   gramina, nec pleno flumine cernit aquam;   10
quid Priamus doleat, mirabitur, Hectore rapto,
   quidve Philoctetes ictus ab angue gemat.
di facerent utinam talis status esset in illo,
   ut non tristitiae causa dolenda foret!
fert tamen, ut debet, casus patienter amaros,   15
   more nec indomiti frena recusat equi.
nec fore perpetuam sperat sibi numinis iram,
   conscius in culpa non scelus esse sua.
saepe refert, sit quanta dei clementia, cuius
   se quoque in exemplis adnumerare solet: 20

---

50 apponat *AG*ς : deponat ς   labris *Ehwald*; *sed cf. Schreuders Obss. in Pont. p.* 58
IV 10 aquas *G*ς   14 ut non Γς : ne mihi ς

TRISTIVM LIBER V

nam, quod opes teneat patrias, quod nomina civis,
  denique quod vivat, munus habere dei.
te tamen (o, si quid credis mihi, carior illi
  omnibus) in toto pectore semper habet;
teque Menoetiaden, te, qui comitatus Oresten,   25
  te vocat Aegiden Euryalumque suum.
nec patriam magis ille suam desiderat et quae
  plurima cum patria sentit abesse sibi,
quam vultus oculosque tuos, o dulcior illo
  melle, quod in ceris Attica ponit apis.   30
saepe etiam maerens tempus reminiscitur illud,
  quod non praeventum morte fuisse dolet;
cumque alii fugerent subitae contagia cladis,
  nec vellent ictae limen adire domus,
te sibi cum paucis meminit mansisse fidelem,   35
  si paucos aliquis tresve duosve vocat.
quamvis attonitus, sensit tamen omnia, nec te
  se minus adversis indoluisse suis.
verba solet vultumque tuum gemitusque referre,
  et te flente suos emaduisse sinus: 40
quam sibi praestiteris, qua consolatus amicum
  sis ope, solandus cum simul ipse fores.
pro quibus affirmat fore se memoremque piumque,
  sive diem videat sive tegatur humo,
per caput ipse suum solitus iurare tuumque,   45
  quod scio non illi vilius esse suo.
plena tot ac tantis referetur gratia factis,
  nec sinet ille tuos litus arare boves.
fac modo, constanter profugum tueare: quod ille,
  qui bene te novit, non rogat, ipsa rogo.   50

V

ANNVVS assuetum dominae natalis honorem
  exigit: ite manus ad pia sacra meae.

23 carius ille ς   40 demaduisse ω: inmaduisse ς

OVIDI NASONIS

sic quondam festum Laertius egerat heros
    forsan in extremo coniugis orbe diem.
lingua favens adsit, nostrorum oblita malorum,   5
    quae, puto, dedidicit iam bona verba loqui;
quaeque semel toto vestis mihi sumitur anno,
    sumatur fatis discolor alba meis;
araque gramineo viridis de caespite fiat,
    et velet tepidos nexa corona focos.   10
da mihi tura, puer, pingues facientia flammas,
    quodque pio fusum stridat in igne merum.
optime natalis! quamvis procul absumus, opto
    candidus huc venias dissimilisque meo,
si quod et instabat dominae miserabile vulnus,   15
    sit perfuncta meis tempus in omne malis;
quaeque gravi nuper plus quam quassata procella est,
    quod superest, tutum per mare navis eat.
illa domo nataque sua patriaque fruatur
    (erepta haec uni sit satis esse mihi)   20
quatenus et non est in caro coniuge felix
    pars vitae tristi cetera nube vacet.
vivat, ametque virum, quoniam sic cogitur, absens,
    consumatque annos, sed diuturna, suos.
adicerem et nostros, sed ne contagia fati   25
    corrumpant timeo, quos agit ipsa, mei.
nil homini certum est. fieri quis posse putaret,
    ut facerem in mediis haec ego sacra Getis?
aspice ut aura tamen fumos e ture coortos
    in partes Italas et loca dextra ferat.   30
sensus inest igitur nebulis, quas exigit ignis:
    consilio fugiunt aethera, Ponte, tuum.
consilio, commune sacrum cum fiat in ara
    fratribus, alterna qui periere manu,

V 16 defuncta ς   32 consilio ... aethera, Ponte *Withof*:
consilium ... cetera pene Γω

TRISTIVM LIBER V

ipsa sibi discors, tamquam mandetur ab illis, 35
scinditur in partes atra favilla duas.
hoc, memini, quondam fieri non posse loquebar,
et me Battiades iudice falsus erat:
omnia nunc credo, cum tu non stultus ab Arcto
terga vapor dederis Ausoniamque petas. 40
haec ergo lux est, quae si non orta fuisset,
nulla fuit misero festa videnda mihi.
edidit haec mores illis heroisin aequos,
quis erat Eetion Icariusque pater.
nata pudicitia est, virtus probitasque, fidesque, 45
at non sunt ista gaudia nata die,
sed labor et curae fortunaque moribus inpar,
iustaque de viduo paene querela toro.
scilicet adversis probitas exercita rebus
tristi materiam tempore laudis habet. 50
si nihil infesti durus vidisset Vlixes,
Penelope felix sed sine laude foret.
victor Echionias si vir penetrasset in arces,
forsitan Euadnen vix sua nosset humus.
cum Pelia genitae tot sint, cur nobilis una est? 55
nempe fuit misero nupta quod una viro.
effice ut Iliacas tangat prior alter harenas,
Laudamia nihil cur referatur erit.
et tua, quod malles, pietas ignota maneret,
implerent venti si mea vela sui. 60
di tamen et Caesar dis accessure, sed olim,
aequarint Pylios cum tua fata dies,
non mihi, qui poenam fateor meruisse, sed illi
parcite, quae nullo digna dolore dolet.

41 h. igitur ϛ   43 heroisin *Salmasius*: heroibus Γω   45
uirtus *scripsi*; *cf.* i. 6. 15; iv. 3. 80; v. 14. 24: nata est *Ehwald*:
moris ΙϛÌ: mores ϛ: morum ϛ; *cf.* iii. 7. 13: ista *Vogel*   46 fide
*AHPV*ϛ: die uel fide *G*   55 cur cognita nobis ϛ   59 mallem *A*

OVIDI NASONIS

VI

Tv quoque, nostrarum quondam fiducia rerum,
   qui mihi confugium, qui mihi portus eras,
tu quoque suscepti curam dimittis amici,
   officiique pium tam cito ponis onus?
sarcina sum, fateor, quam si non tempore nostro   5
   depositurus eras, non subeunda fuit.
fluctibus in mediis navem, Palinure, relinquis?
   ne fuge, neve tua sit minor arte fides.
numquid Achilleos inter fera proelia fidi
   deseruit levitas Automedontis equos?   10
quem semel excepit, numquam Podalirius aegro
   promissam medicae non tulit artis opem.
turpius eicitur, quam non admittitur hospes:
   quae patuit, dextrae firma sit ara meae.
nil nisi me solum primo tutatus es; at nunc   15
   me pariter serva iudiciumque tuum,
si modo non aliqua est in me nova culpa, tuamque
   mutarunt subito crimina nostra fidem.
spiritus hic, Scythica quem non bene ducimus aura,
   quod cupio, membris exeat ante meis,   20
quam tua delicto stringantur pectora nostro,
   et videar merito vilior esse tibi.
non adeo toti fatis urgemur iniquis,
   ut mea sit longis mens quoque mota malis.
finge tamen motam, quotiens Agamemnone natum   25
   dixisse in Pyladen improba verba putas?
nec procul a vero est quin et pulsarit amicum:
   mansit in officiis non minus ille suis.
hoc est cum miseris solum commune beatis,
   ambobus tribui quod solet obsequium: 30

VI 5 quam si non *AGHP*: quamuis sine *V*: quam si tu ϛ: quam si modo ϛ   nostro *AHPV*; cf. *Liu.* xxxviii. 45. 10: duro *Gω*   26 improba verba] uerba proterua ϛ   27 quin et *Berolinensis*: quin uel ϛ: quod non *Γω*

TRISTIVM LIBER V

ceditur et caecis et quos praetexta verendos
    virgaque cum verbis inperiosa facit.
si mihi non parcis, fortunae parcere debes·
    non habet in nobis ullius ira locum.
elige nostrorum minimum minimumque laborum,   35
    isto, quod reris, grandius illud erit.
quam multa madidae celantur harundine fossae,
    florida quam multas Hybla tuetur apes,
quam multae gracili terrena sub horrea ferre
    limite formicae grana reperta solent,   40
tam me circumstat densorum turba malorum.
    crede mihi, vero est nostra querela minor.
his qui contentus non est, in litus harenas,
    in segetem spicas, in mare fundat aquas.
intempestivos igitur compesce tumores,   45
    vela nec in medio desere nostra mari.

VII

Qvam legis, ex illa tibi venit epistula terra,
    latus ubi aequoreis additur Hister aquis.
si tibi contingit cum dulci vita salute,
    candida fortunae pars manet una meae.
scilicet, ut semper, quid agam, carissime, quaeris, 5
    quamvis hoc vel me scire tacente potes.
sum miser, haec brevis est nostrorum summa malorum,
    quisquis et offenso Caesare vivit, erit.
turba Tomitanae quae sit regionis et inter
    quos habitem mores, discere cura tibi est?   10
mixta sit haec quamvis inter Graecosque Getasque,
    a male pacatis plus trahit ora Getis.

35 laborum *AHPVς*   36 illo *AHPV*   quo *HPVς*   reris *A* :
quereris *cett. codd.*   37 celebrantur ς   41 circumstant ς : cir-
cumdat *AG* : circumdant *HPV*   45 tumores ς : timores Γω
VII 8 uiuet ς

OVIDI NASONIS

Sarmaticae maior Geticaeque frequentia gentis
   per medias in equis itque reditque vias.
in quibus est nemo, qui non coryton et arcum   15
   telaque vipereo lurida felle gerat.
vox fera, trux vultus, verissima Martis imago,
   non coma, non ulla barba resecta manu,
dextera non segnis fixo dare vulnera cultro,
   quem iunctum lateri barbarus omnis habet.   20
vivit in his heu nunc, lusorum oblitus amorum,
   hos videt, hos vates audit, amice, tuus:
atque utinam vivat non et moriatur in illis,
   absit ab invisis et tamen umbra locis.
carmina quod pleno saltari nostra theatro,   25
   versibus et plaudi scribis, amice, meis,
nil equidem feci (tu scis hoc ipse) theatris,
   Musa nec in plausus ambitiosa mea est.
non tamen ingratum est, quodcumque oblivia nostri
   impedit et profugi nomen in ora refert.   30
quamvis interdum, quae me laesisse recordor,
   carmina devoveo Pieridasque meas,
cum bene devovi, nequeo tamen esse sine illis
   vulneribusque meis tela cruenta sequor,
quaeque modo Euboicis lacerata est fluctibus, audet   35
   Graia Capheream currere puppis aquam.
nec tamen, ut lauder, vigilo curamque futuri
   nominis, utilius quod latuisset, ago.
detineo studiis animum falloque dolores,
   experior curis et dare verba meis.   40
quid potius faciam desertis solus in oris,
   quamve malis aliam quaerere coner opem?

17 Martis *Gothani manus secunda*: mortis Γω: mentis *Housman*
20 uinctum ς   21 nunc lusorum *Ehwald*: nullus eorum (*om.* eorum
AH) *AGH*: his nullus tenerorum *P*: uiuit in illis nullus eorum *V*:
naso *aut* igitur tenerorum ς   23 non et *Heinsius*: et non Γω   24 ut
tamen *Parisinus* 8254   36 Capharea...aqua *AHP*ς   42 cogar Γς

TRISTIVM LIBER V

sive locum specto, locus est inamabilis, et quo
  esse nihil toto tristius orbe potest,
sive homines, vix sunt homines hoc nomine digni,   45
  quamque lupi, saevae plus feritatis habent.
non metuunt leges, sed cedit viribus aequum,
  victaque pugnaci iura sub ense iacent.
pellibus et laxis arcent mala frigora bracis,
  oraque sunt longis horrida tecta comis.   50
in paucis remanent Graecae vestigia linguae,
  haec quoque iam Getico barbara facta sono.
unus in hoc nemo est populo, qui forte Latine
  quaelibet e medio reddere verba queat.
ille ego Romanus vates (ignoscite, Musae)   55
  Sarmatico cogor plurima more loqui.
en pudet et fateor, iam desuetudine longa
  vix subeunt ipsi verba Latina mihi.
nec dubito quin sint et in hoc non pauca libello
  barbara: non hominis culpa, sed ista loci.   60
ne tamen Ausoniae perdam commercia linguae,
  et fiat patrio vox mea muta sono,
ipse loquor mecum desuetaque verba retracto,
  et studii repeto signa sinistra mei.
sic animum tempusque traho, sic meque reduco   65
  a contemplatu summoveoque mali.
carminibus quaero miserarum oblivia rerum:
  praemia si studio consequar ista, sat est.

VIII

Non adeo cecidi, quamvis abiectus, ut infra
  te quoque sim, inferius quo nihil esse potest.
quae tibi res animos in me facit, improbe? curve
  casibus insultas, quos potes ipse pati?

---

53 nemo ... populo *GHPV*ϛ : populo uix est *A* : non est p. *aut*
p. non est ϛ   65 sic meque *Gothanus*; *cf. M.* xiv. 30 : me sicque
*A*ϛ : mecumque *GHPV* : meque ipse ϛ   66 dimoueoque ϛ

OVIDI NASONIS

nec mala te reddunt mitem placidumque iacenti 5
 nostra, quibus possint inlacrimare ferae ;
nec metuis dubio Fortunae stantis in orbe
 numen, et exosae verba superba deae.
exigit a dignis ultrix Rhamnusia poenas:
 inposito calcas quid mea fata pede? 10
vidi ego naufragium qui risit in aequora mergi,
 et 'numquam' dixi 'iustior unda fuit.'
vilia qui quondam miseris alimenta negarat,
 nunc mendicato pascitur ipse cibo.
passibus ambiguis Fortuna volubilis errat 15
 et manet in nullo certa tenaxque loco,
sed modo laeta venit, vultus modo sumit acerbos,
 et tantum constans in levitate sua est.
nos quoque floruimus, sed flos erat ille caducus,
 flammaque de stipula nostra brevisque fuit. 20
neve tamen tota capias fera gaudia mente,
 non est placandi spes mihi nulla dei,
vel quia peccavi citra scelus, utque pudore
 non caret, invidia sic mea culpa caret,
vel quia nil ingens ad finem solis ab ortu 25
 illo, cui paret, mitius orbis habet.
scilicet ut non est per vim superabilis ulli,
 molle cor ad timidas sic habet ille preces,
exemploque deum, quibus accessurus et ipse est,
 cum poenae venia plura roganda dabit. 30
si numeres anno soles et nubila toto,
 invenies nitidum saepius isse diem.
ergo ne nimium nostra laetere ruina,
 restitui quondam me quoque posse puta:

VIII 9 exigis *HP*: exiget *Aς* at dignes *Aω* 10 qui *A* colla *ς*
11 naufragium qui risit *Mencken*: naufragiumque uiros et *Γω* ae-
quore *Aς* 17 uenit *Heinsius*: manet *Γω* 30 regenda *Aς*:
rogata *conieci* dabit *T. Faber*: petam *Γω* 32 isse *ς*; *cf. M.*
ii. 331: esse *Γω*

TRISTIVM LIBER V

posse puta fieri lenito principe vultus 35
 ut videas media tristis in urbe meos,
utque ego te videam causa graviore fugatum,
 haec sunt a primis proxima vota meis.

IX

O tva si sineres in nostris nomina poni
 carminibus, positus quam mihi saepe fores!
te canerem solum, meriti memor, inque libellis
 crevisset sine te pagina nulla meis.
quid tibi deberem, tota sciretur in urbe, 5
 exul in amissa si tamen urbe legor.
te praesens mitem nosset, te serior aetas,
 scripta vetustatem si modo nostra ferunt,
nec tibi cessaret doctus bene dicere lector:
 hic te servato vate maneret honor. 10
Caesaris est primum munus, quod ducimus auras;
 gratia post magnos est tibi habenda deos.
ille dedit vitam; tu, quam dedit ille, tueris,
 et facis accepto munere posse frui.
cumque perhorruerit casus pars maxima nostros, 15
 pars etiam credi pertimuisse velit,
naufragiumque meum tumulo spectarit ab alto,
 nec dederit nanti per freta saeva manum,
seminecem Stygia revocasti solus ab unda.
 hoc quoque, quod memores possumus esse, tuum est. 20
di tibi se tribuant cum Caesare semper amicos:
 non potuit votum plenius esse meum.
haec meus argutis, si tu paterere, libellis
 poneret in multa luce videnda labor;
nunc quoque se, quamvis est iussa quiescere, quin te 25
 nominet invitum, vix mea Musa tenet.

IX 6 legar ς 8 ferant ς 15 perhorreret ω 17 spectarit *Heinsius*: spectaret Γω 25 se quamuis est *Naugerius e codicibus nescioquibus*: iam quamuis est *A* : quamuis est iam *GHPV*ω

OVIDI NASONIS

utque canem pavidae nactum vestigia cervae
   latrantem frustra copula dura tenet,
utque fores nondum reserati carceris acer
   nunc pede, nunc ipsa fronte lacessit equus,   30
sic mea lege data vincta atque inclusa Thalia
   per titulum vetiti nominis ire cupit.
ne tamen officio memoris laedaris amici,
   parebo iussis (parce timere) tuis.
at non parerem, nisi me meminisse putares.   35
   hoc quod non prohibet vox tua, gratus ero.
dumque (quod o breve sit!) lumen vitale videbo,
   serviet officio spiritus iste tuo.

X

Vt sumus in Ponto, ter frigore constitit Hister,
   facta est Euxini dura ter unda maris.
at mihi iam videor patria procul esse tot annis,
   Dardana quot Graio Troia sub hoste fuit.
stare putes, adeo procedunt tempora tarde,   5
   et peragit lentis passibus annus iter.
nec mihi solstitium quicquam de noctibus aufert,
   efficit angustos nec mihi bruma dies.
scilicet in nobis rerum natura novata est,
   cumque meis curis omnia longa facit.   10
an peragunt solitos communia tempora motus,
   stantque magis vitae tempora dura meae?
quem tenet Euxini mendax cognomine litus,
   et Scythici vere terra sinistra freti.
innumerae circa gentes fera bella minantur,   15
   quae sibi non rapto vivere turpe putant.

   28 luctantem ς   31 Thalia *A*ω: uoluntas *GHPV*   38 ipse *AHPV*
   X 12 stantque *Housman*: suntque Γω   suntque ... uersa *conieci*
13 litus ς: tellus *GHPV*: tempus *A*: pontus ω   16 raptu *GHV*

TRISTIVM LIBER V

nil extra tutum est: tumulus defenditur ipse
   moenibus exiguis ingenioque loci.
cum minime credas, ut aves, densissimus hostis
   advolat, et praedam vix bene visus agit.   20
saepe intra muros clausis venientia portis
   per medias legimus noxia tela vias.
est igitur rarus, rus qui colere audeat, isque
   hac arat infelix, hac tenet arma manu.
sub galea pastor iunctis pice cantat avenis,   25
   proque lupo pavidae bella verentur oves.
vix ope castelli defendimur; et tamen intus
   mixta facit Graecis barbara turba metum.
quippe simul nobis habitat discrimine nullo
   barbarus et tecti plus quoque parte tenet.   30
quorum ut non timeas, possis odisse videndo
   pellibus et longa pectora tecta coma.
hos quoque, qui geniti Graia creduntur ab urbe,
   pro patrio cultu Persica braca tegit.
exercent illi sociae commercia linguae: 35
   per gestum res est significanda mihi.
barbarus hic ego sum, qui non intellegor ulli,
   et rident stolidi verba Latina Getae;
meque palam de me tuto mala saepe loquuntur,
   forsitan obiciunt exiliumque mihi.   40
utque fit, in me aliquid ficti, dicentibus illis
   abnuerim quotiens annuerimque, putant.
adde quod iniustum rigido ius dicitur ense,
   dantur et in medio vulnera saepe foro.
o duram Lachesin, quae tam grave sidus habenti   45
   fila dedit vitae non breviora meae!

17 ipse] aegre ϛ   19 auis *A*ϛ   23 rus qui *Heinsius*: qui rus *Bodleianus Rawl.* 107: qui iam Γω   31 quos *A*ω   37 quia ϛ
41 ficti *scripsi*; *cf. M.* xii. 57 (*Classical Quarterly* viii. 31): siquidem *GHPV*: si quid *A*ω   in se (*Schenkl*) aliquid fingi *Ellis*: utque fit insidias, si quid *Vogel*   43 et iustum *GHPV*

OVIDI NASONIS

quod patriae vultu vestroque caremus, amici,
    atque hic in Scythicis gentibus esse queror:
utraque poena gravis. merui tamen urbe carere,
    non merui tali forsitan esse loco.   50
quid loquor, a! demens? ipsam quoque perdere vitam,
    Caesaris offenso numine. dignus eram.

XI

QVOD te nescioquis per iurgia dixerit esse
    exulis uxorem, littera questa tua est.
indolui, non tam mea quod fortuna male audit,
    qui iam consuevi fortiter esse miser,
quam quod cui minime vellem, sum causa pudoris,   5
    teque reor nostris erubuisse malis.
perfer et obdura; multo graviora tulisti,
    eripuit cum me principis ira tibi.
fallitur iste tamen, quo iudice nominor exul:
    mollior est culpam poena secuta meam.   10
maxima poena mihi est ipsum offendisse, priusque
    venisset mallem funeris hora mihi.
quassa tamen nostra est, non mersa nec obruta navis,
    utque caret portu, sic tamen extat aquis.
nec vitam nec opes nec ius mihi civis ademit,   15
    qui merui vitio perdere cuncta meo.
sed quia peccato facinus non affuit illi,
    nil nisi me patriis iussit abesse focis.
utque aliis, quorum numerum comprendere non est
    Caesareum numen sic mihi mite fuit.   20
ipse relegati, non exulis utitur in me
    nomine: tuta suo iudice causa mea est.
iure igitur laudes, Caesar, pro parte virili
    carmina nostra tuas qualiacumque canunt:

XI 13 mersa] fracta *P*   16 quae ς

TRISTIVM LIBER V

iure deos, ut adhuc caeli tibi limina claudant, 25
  teque velint sine se, comprecor, esse deum.
optat idem populus; sed, ut in mare flumina vastum,
  sic solet exiguae currere rivus aquae.
at tu fortunam, cuius vocor exul ab ore,
  nomine mendaci parce gravare meam. 30

XII

SCRIBIS, ut oblectem studio lacrimabile tempus,
  ne pereant turpi pectora nostra situ.
difficile est quod, amice, mones, quia carmina laetum
  sunt opus, et pacem mentis habere volunt.
nostra per adversas agitur fortuna procellas, 5
  sorte nec ulla mea tristior esse potest.
exigis ut Priamus natorum funere plaudat,
  et Niobe festos ducat ut orba choros.
luctibus an studio videor debere teneri,
  solus in extremos iussus abire Getas? 10
des licet in valido pectus mihi robore fultum,
  fama refert Anyti quale fuisse reo,
fracta cadet tantae sapientia mole ruinae:
  plus valet humanis viribus ira dei.
ille senex, dictus sapiens ab Apolline, nullum 15
  scribere in hoc casu sustinuisset opus.
ut veniant patriae, veniant oblivia vestri,
  omnis ut amissi sensus abesse queat,
at timor officio fungi vetat ipse quietum:
  cinctus ab innumero me tenet hoste locus. 20
adde quod ingenium longa rubigine laesum
  torpet et est multo, quam fuit ante, minus.
fertilis, assiduo si non renovetur aratro,
  nil nisi cum spinis gramen habebit ager.

XII 7 ludat *AP*ω   12 rei ω: senis *A*   17 nostri ΓϚ   19 ipse
Ϛ: esse Γω: ecce *Guethling*   23 renouetur *AP*ω: remouetur *H*

OVIDI NASONIS

tempore qui longo steterit, male curret et inter 25
   carceribus missos ultimus ibit equus.
vertitur in teneram cariem rimisque dehiscit,
   siqua diu solitis cumba vacavit aquis.
me quoque despera, fuerim cum parvus et ante,
   illi, qui fueram, posse redire parem. 30
contudit ingenium patientia longa malorum,
   et pars antiqui nulla vigoris adest.
siqua tamen nobis, ut nunc quoque, sumpta tabella est,
   inque suos volui cogere verba pedes,
carmina nulla mihi sunt scripta, aut qualia cernis, 35
   digna sui domini tempore, digna loco.
denique 'non parvas animo dat gloria vires,
   et fecunda facit pectora laudis amor.'
nominis et famae quondam fulgore trahebar,
   dum tulit antemnas aura secunda meas. 40
non adeo est bene nunc ut sit mihi gloria curae:
   si liceat, nulli cognitus esse velim.
an quia cesserunt primo bene carmina, suades
   scribere, successus ut sequar ipse meos?
pace, novem, vestra liceat dixisse, sorores: 45
   vos estis nostrae maxima causa fugae.
utque dedit iustas tauri fabricator aeni,
   sic ego do poenas artibus ipse meis.
nil mihi debebat cum versibus amplius esse,
   cum fugerem merito naufragus omne fretum. 50
at, puto, si demens studium fatale retemptem,
   hic mihi praebebit carminis arma locus.
non liber hic ullus, non qui mihi commodet aurem,
   verbaque significent quid mea, norit, adest.

  25 currit *AGP*ς   28 uacauit ς : uacabit Γω : uacarit *Hauniensis m. sec.*   29 despero *P*ς   30 uidere *A. Iahn*   33 siqua *Bentley*: saepe Γω   35 carmina sunt mihi scripta aut nulla a. q. c. *GHPV* (mihi *om. P*): carmina scripta mihi sunt nulla a. q. c. *A*ς   50 cum] sed ς

TRISTIVM LIBER V

omnia barbariae loca sunt vocisque ferinae, 55
 omniaque hostilis plena timore soni.
ipse mihi videor iam dedidicisse Latine:
 nam didici Getice Sarmaticeque loqui.
nec tamen, ut verum fatear tibi, nostra teneri
 a conponendo carmine Musa potest. 60
scribimus et scriptos absumimus igne libellos:
 exitus est studii parva favilla mei.
nec possum et cupio non nullos ducere versus:
 ponitur idcirco noster in igne labor,
nec nisi pars casu flammis erepta dolove 65
 ad vos ingenii pervenit ulla mei.
sic utinam, quae nil metuentem tale magistrum
 perdidit, in cineres Ars mea versa foret!

XIII

HANC tuus e Getico mittit tibi Naso salutem,
 mittere si quisquam, quo caret ipse, potest.
aeger enim traxi contagia corpore mentis,
 libera tormento pars mihi ne qua vacet,
perque dies multos lateris cruciatibus uror; 5
 scilicet inmodico frigore laesit hiems.
si tamen ipse vales, aliqua nos parte valemus:
 quippe mea est umeris fulta ruina tuis.
quid, mihi cum dederis ingentia pignora, cumque
 per numeros omnes hoc tueare caput, 10
quod tua me raro solatur epistula, peccas,
 remque piam praestas, sed mihi verba negas?
hoc precor, emenda: quod si correxeris unum,
 nullus in egregio corpore naevus erit.

56 hostilis *Merkel* : possunt ΓϚ : possunt *P*Ϛ   63 ullos Ϛ
66 usque *Gilbert*, *probauit Ehwald. Krit. Beiträge, p.* 71
 XIII 6 scilicet inmodico *scripsi*: sed quod in inmodico *HV*Ϛ:
sed quod non modico *AGP*Ϛ: ut quem non modico *Turonensis*: sic me
non modico *Ellis*: saeua quod immodico *Vogel*   9 qui *AP*ω   12 sed
Ϛ: et Ϛ: si (*an ex* s;) ΓϚ

OVIDI NASONIS

pluribus accusem, fieri nisi possit, ut ad me 15
  littera non veniat, missa sit illa tamen.
di faciant, ut sit temeraria nostra querela,
  teque putem falso non meminisse mei.
quod precor, esse liquet: neque enim mutabile robur
  credere me fas est pectoris esse tui. 20
cana prius gelido desint absinthia Ponto,
  et careat dulci Trinacris Hybla thymo,
immemorem quam te quisquam convincat amici.
  non ita sunt fati stamina nigra mei.
tu tamen, ut possis falsae quoque pellere culpae 25
  crimina, quod non es, ne videare, cave.
utque solebamus consumere longa loquendo
  tempora, sermoni deficiente die,
sic ferat ac referat tacitas nunc littera voces,
  et peragant linguae charta manusque vices. 30
quod fore ne nimium videar diffidere, sitque
  versibus hoc paucis admonuisse satis,
accipe quo semper finitur epistula verbo,
  (atque meis distent ut tua fata!) 'vale'

XIV

QVANTA tibi dederim nostris monumenta libellis,
  o mihi me coniunx carior, ipsa vides.
detrahat auctori multum fortuna licebit,
  tu tamen ingenio clara ferere meo;
dumque legar, mecum pariter tua fama legetur, 5
  nec potes in maestos omnis abire rogos;
cumque viri casu possis miseranda videri,
  invenies aliquas, quae, quod es, esse velint,
quae te, nostrorum cum sis in parte malorum,
  felicem dicant invideantque tibi. 10

---

15 posset *GHPVϚ* 27 multa *GϚ* 28 sermoni *AΓω*: sermone *GHV*; cf. Ehwald, *Krit. Beiträge, p. 66:* sermonem Ϛ

TRISTIVM LIBER V

non ego divitias dando tibi plura dedissem:
   nil feret ad Manes divitis umbra suos.
perpetui fructum donavi nominis idque,
   quo dare nil potui munere maius, habes.
adde quod, ut rerum sola es tutela mearum,   15
   ad te non parvi venit honoris onus,
quod numquam vox est de te mea muta tuique
   indiciis debes esse superba viri.
quae ne quis possit temeraria dicere, persta,
   et pariter serva meque piamque fidem.   20
nam tua, dum stetimus, turpi sine crimine mansit,
   et tantum probitas inreprehensa fuit.
area de nostra nunc est tibi facta ruina;
   conspicuum virtus hic tua ponat opus.
esse bonam facile est, ubi, quod vetet esse, remotum est,   25
   et nihil officio nupta quod obstet habet.
cum deus intonuit, non se subducere nimbo,
   id demum est pietas, id socialis amor.
rara quidem virtus, quam non Fortuna gubernet,
   quae maneat stabili, cum fugit illa, pede.   30
siqua tamen pretium sibi virtus ipsa petitum,
   inque parum laetis ardua rebus adest,
ut tempus numeres, per saecula nulla tacetur,
   et loca mirantur qua patet orbis iter.
aspicis ut longo teneat laudabilis aevo   35
   nomen inextinctum Penelopea fides?
cernis ut Admeti cantetur et Hectoris uxor
   ausaque in accensos Iphias ire rogos?
ut vivat fama coniunx Phylaceia, cuius
   Iliacam celeri vir pede pressit humum?   40

XIV 12 diuitis... nil feret ς   15 ut *Heinsius*: et Γω   sola *G*: solam *A*   18 iudiciis ς   22 tanta Γς: semper ς   23 area de *Withof*: par ea de ς: par per *P*) eadem Γω   29-30 gubernat, quae manet, instabili *conieci*   31 pretii... petiti ω   virtus *Ehwald, Jahresbericht* xliii. 270 : merces Γω

TRISTIVM LIBER V

morte nihil opus est pro me, sed amore fideque:
  non ex difficili fama petenda tibi est.
nec te credideris, quia non facis, ista moneri:
  vela damus, quamvis remige puppis eat.
qui monet ut facias, quod iam facis, ille monendo
  laudat et hortatu comprobat acta suo.

IBIS

SIGLA

$F =$ Francofurtanus, saec. xii
$G =$ Galeanus 213, saec. xii
$H =$ Holkhamicus, saec. xiii
$P =$ Philippicus nunc Berolinensis, saec. xiii
$T =$ Turonensis 879, saec. xiii ineuntis
$V =$ Vindobonensis 885, saec. xii
$X =$ Parisinus 7994, saec. xii
$B =$ Canonicianus Lat. 20, saec. xv
$\omega =$ codices omnes aut fere omnes
$\varsigma =$ codices aliqui recentiores

defl. = deflorationes Ellisii
    Atrebatensis 65
    Parisina 17903
    Musei Britannici 18459
    Bodleiana Canon. patr. Lat. 42

IBIS

TEMPVS ad hoc lustris bis iam mihi quinque peractis
  omne fuit Musae carmen inerme meae;
nullaque, quae possit, scriptis tot milibus, extat
  littera Nasonis sanguinolenta legi;
nec quemquam nostri, nisi me, laesere libelli, 5
  artificis periit cum caput Arte sua.
unus, et hoc ipsum est iniuria magna, perennem
  candoris titulum non sinit esse mei.
quisquis is est, nam nomen adhuc utcumque tacebo,
  cogit inassuetas sumere tela manus. 10
ille relegatum gelidos Aquilonis ad ortus
  non sinit exilio delituisse meo,
vulneraque inmitis requiem quaerentia vexat,
  iactat et in toto nomina nostra foro,
perpetuoque mihi sociatam foedere lecti 15
  non patitur miseri funera flere viri;
cumque ego quassa meae complectar membra carinae,
  naufragii tabulas pugnat habere mei,
et, qui debuerat subitas extinguere flammas,
  hic praedam medio raptor ab igne petit. 20
nititur ut profugae desint alimenta senectae.
  heu quanto est nostris dignior ipse malis!
di melius, quorum longe mihi maximus ille est,
  qui nostras inopes noluit esse vias.
huic igitur meritas grates, ubicumque licebit, 25
  pro tam mansueto pectore semper agam.

9 latebit *FTX* 11 gelidas ... oras *Eutyches, G. L. K.* v. 475
12 suo *BP Eutyches* 14 n. n.] uerba canina (carina *Zamoscianus*)
FTX cod. Zamoscianus; *cf.* 230 16 miseri] uiui *G* 22 ille *BGHX*
Zamoscianus 23 est *om. T*

OVIDI NASONIS

audiet hoc Pontus. faciet quoque forsitan idem
   terra sit ut propior testificanda mihi.
at tibi, calcasti qui me, violente, iacentem,
   quod licet et misero, debitus hostis ero.   30
desinet esse prius contrarius ignibus umor,
   iunctaque cum luna lumina solis erunt,
parsque eadem caeli Zephyros emittet et Euros,
   et tepidus gelido flabit ab axe Notus,
et nova fraterno veniet concordia fumo,   35
   quem vetus accensa separat ira pyra,
et ver autumno, brumae miscebitur aestas,
   atque eadem regio vesper et ortus erit,
quam mihi sit tecum positis, quae sumpsimus, armis
   gratia, commissis, improbe, rupta tuis.   40
pax erit haec nobis, donec mihi vita manebit,
   cum pecore infirmo quae solet esse lupis.
prima quidem coepto committam proelia versu,
   non soleant quamvis hoc pede bella geri.
utque petit primo plenum flaventis harenae   45
   nondum calfacti militis hasta solum,
sic ego te nondum ferro iaculabor acuto,
   protinus invisum nec petet hasta caput,
et neque nomen in hoc nec dicam facta libello,
   teque brevi qui sis dissimulare sinam.   50
postmodo, si perges, in te mihi liber iambus
   tincta Lycambeo sanguine tela dabit.
nunc, quo Battiades inimicum devovet Ibin,
   hoc ego devoveo teque tuosque modo.

27 audiat *G Zamoscianus*   30 quod] qua *G* : quam *P*   quo... deditus *B Birt*   et *P*: hei *FHTV*: heu *GX Zamoscianus*   34 gelido tepidus *G*   35-36 *post* 38 *transposuit Schrader*   36 quem ϛ : quam ω   40 *post hunc uersum* quam dolor hic umquam spatio euanescere possit, | leniat aut odium tempus et hora meum (= 131-132) *leguntur in omnibus codicibus praeter GP, qui hic omittunt, sed praestant post* 132   41 d. m.] semper dum *defl.*   47 ferro nondum *FP*

IBIS

utque ille, historiis involvam carmina caecis, 55
 non soleam quamvis hoc genus ipse sequi.
illius ambages imitatus in Ibide dicar
 oblitus moris iudiciique mei.
et, quoniam qui sis nondum quaerentibus edo,
 Ibidis interea tu quoque nomen habe. 60
utque mei versus aliquantum noctis habebunt,
 sic vitae series tota sit atra tuae.
haec tibi natali facito Ianique kalendis
 non mentituro quilibet ore legat.
di maris et terrae, quique his meliora tenetis 65
 inter diversos cum Iove regna polos,
huc, precor, huc vestras omnes advertite mentes,
 et sinite optatis pondus inesse meis.
ipsaque tu tellus, ipsum cum fluctibus aequor,
 ipse meas aether accipe summe preces, 70
sideraque et radiis circumdata solis imago,
 lunaque, quae numquam quo prius orbe micas,
noxque tenebrarum specie reverenda tuarum,
 quaeque ratum triplici pollice netis opus,
quique per infernas horrendo murmure valles 75
 inperiuratae laberis amnis aquae,
quasque ferunt torto vittatis angue capillis
 carceris obscuras ante sedere fores,
vos quoque, plebs superum, Fauni Satyrique Laresque
 Fluminaque et Nymphae semideumque genus, 80
denique ab antiquo divi veteresque novique
 in nostrum cuncti tempus adeste Chao,
carmina dum capiti male fido dira canuntur,
 et peragunt partes ira dolorque suas.

59 qui *PVX* : quis *cett. codd.*   nondum quis sis *G*   63 festo *G*
67 nunc precor *GT*   74 netis *T* : nectit *V* : nectis *cett. codd.*   82 chao
ed. Veneta 1474 : chaos *B* : chori (thori *H*) *codd.*   83 canentur *T* :
canantur *H*   84 peragent *PT* : peragant *HX*

annuite optatis omnes ex ordine nostris, 85
  et sit pars voti nulla caduca mei.
quaeque precor fiant, ut non mea dicta, sed illa
  Pasiphaes generi verba fuisse putet.
quasque ego transiero poenas, patiatur et illas:
  plenius ingenio sit miser ille meo. 90
neve minus noceant fictum execrantia nomen
  vota, minus magnos commoveantve deos,
illum ego devoveo, quem mens intellegit, Ibin,
  qui se scit factis has meruisse preces.
nulla mora est in me: peragam rata vota sacerdos. 95
  quisquis ades sacris, ore favete, meis.
quisquis ades sacris, lugubria dicite verba,
  et fletu madidis Ibin adite genis:
ominibusque malis pedibusque occurrite laevis,
  et nigrae vestes corpora vestra tegant. 100
tu quoque, quid dubitas ferales sumere vittas?
  iam stat, ut ipse vides, funeris ara tui.
pompa parata tibi est: votis mora tristibus absit:
  da iugulum cultris hostia dira meis.
terra tibi fruges, amnis tibi deneget undas, 105
  deneget afflatus ventus et aura suos.
nec tibi Sol calidus nec sit tibi lucida Phoebe,
  destituant oculos sidera clara tuos.
nec se Vulcanus nec se tibi praebeat aer,
  nec tibi det tellus nec tibi pontus iter. 110
exul inops erres alienaque limina lustres,
  exiguumque petas ore tremente cibum.
nec corpus querulo nec mens vacet aegra dolore,
  noxque die gravior sit tibi, nocte dies.

86 pars sit *GPVX*   88 pasiphes ω: pasyphes *B*   92 commoneantque *GT*   94 scit se *FG*   96 ades *GX*: adest *cett. codd.* meis] precor *T*: rogo *P*   fauere ueto *BH*   97 ades *GX*: adest *cett. codd.*   99 nominibusque *V*   101 uestes *GHT*   107 calidus *defl.*: clarus ω

IBIS

sisque miser semper nec sis miserabilis ulli: 115
  gaudeat adversis femina virque tuis.
accedat lacrimis odium, dignusque puteris
  qui, mala cum tuleris plurima, plura feras.
sitque, quod est rarum, solito defecta favore
  fortunae facies invidiosa tuae. 120
causaque non desit, desit tibi copia mortis:
  optatam fugiat vita coacta necem.
luctatusque diu cruciatos deserat artus
  spiritus et longa torqueat ante mora.
evenient. dedit ipse mihi modo signa futuri 125
  Phoebus, et a laeva maesta volavit avis.
certe ego, quae voveo, superos motura putabo
  speque tuae mortis, perfide, semper alar.
et prius hanc animam, nimium tibi saepe petitam,
  auferet illa dies quae mihi sera venit, 130
quam dolor hic umquam spatio evanescere possit,
  leniat aut odium tempus et hora meum.
pugnabunt arcu dum Thraces, Iazyges hasta,
  dum tepidus Ganges, frigidus Hister erit,
robora dum montes, dum mollia pabula campi, 135
  dum Tiberis liquidas Tuscus habebit aquas,
tecum bella geram; nec mors mihi finiet iras,
  saeva sed in Manis Manibus arma dabit.
tum quoque, cum fuero vacuas dilapsus in auras,
  exanguis mores oderit umbra tuos. 140

117 accipias *defl. Atr. Par.*   putere *BTX*   119 deserta *V defl. Atr. Par.*   123 deserat *TV*: spiritus *cett. codd.*   124 spiritus *TV*: deserat *cett. codd.*   128 pessime *GPX   post hunc uersum (post* 130 *in FV) legitur in omnibus codicibus hoc distichon interpolatum* finiet illa dies que te mihi subtrahet olim | finiet illa dies que mihi tarda uenit   129 saeue *Heinsius*   130 tarda ⲋ   133 iaziges *defl. Atr.*: iapiges *BT*: iapides *FGHX*   135 pabula mollia *BPX*: mitia pabula *G*   137 tecum b. g. *G*: bella g. t. *cett. codd.*   138 dabit *Heinsius*: dabo ω   139 tunc *FGH*: tu *VX*   140 exanguis *T*: exanimis *cett. codd. et defl.*

OVIDI NASONIS

tum quoque factorum veniam memor umbra tuorum,
    insequar et vultus ossea forma tuos.
sive ego, quod nolim, longis consumptus ab annis,
    sive manu facta morte solutus ero,
sive per inmensas iactabor naufragus undas,   145
    nostraque longinquus viscera piscis edet,
sive peregrinae carpent mea membra volucres,
    sive meo tinguent sanguine rostra lupi,
sive aliquis dignatus erit supponere terrae
    et dare plebeio corpus inane rogo,   150
quicquid ero, Stygiis erumpere nitar ab oris,
    et tendam gelidas ultor in ora manus.
me vigilans cernes, tacitis ego noctis in umbris
    excutiam somnos visus adesse tuos.
denique quicquid ages, ante os oculosque volabo   155
    et querar, et nulla sede quietus eris.
verbera saeva dabunt sonitum nexaeque colubrae:
    conscia fumabunt semper ad ora faces.
his vivus Furiis agitabere, mortuus isdem:
    et brevior poena vita futura tua est.   160
nec tibi continget funus lacrimaeque tuorum;
    indeploratum proiciere caput,
carnificisque manu populo plaudente traheris,
    infixusque tuis ossibus uncus erit.
ipsae te fugient, quae carpunt omnia, flammae: 165
    respuet invisum iusta cadaver humus
unguibus et rostro tardus trahet ilia vultur,
    et scindent avidi perfida corda canes.
deque tuo fiet (licet hac sis laude superbus)
    insatiabilibus corpore rixa lupis.   170

141 tunc *BGH*: tu *VX*   143 nolim ς: nollem ω   146 corpora *FHT*   153 n. i.] conditus *PX*   157 saeua] torta *V*: torua *F*   colubrae *G, quod coniecerat Merkel*; cf. *M*. iv. 492: colubris *cett. codd.*   165 carpent *BX*

in loca ab Elysiis diversa fugabere campis,
  quasque tenet sedes noxia turba, coles.
Sisyphus est illic saxum volvensque petensque,
  quique agitur rapidae vinctus ab orbe rotae,
quaeque gerunt umeris perituras Belides undas, 175
  exulis Aegypti, turba cruenta, nurus;
poma pater Pelopis praesentia quaerit et idem
  semper eget liquidis semper abundat aquis;
iugeribusque novem summus qui distat ab imo
  visceraque assiduae debita praebet avi. 180
hic tibi de Furiis scindet latus una flagello,
  ut sceleris numeros confiteare tui,
altera Tartareis sectos dabit anguibus artus,
  tertia fumantes incoquet igne genas.
noxia mille modis lacerabitur umbra, tuasque 185
  Aeacus in poenas ingeniosus erit.
in te transcribet veterum tormenta virorum:
  omnibus antiquis causa quietis eris.
Sisyphe, cui tradas revolubile pondus habebis:
  versabunt celeres nunc nova membra rotae. 190
hic et erit ramos frustra qui captet et undas:
  hic inconsumpto viscere pascet avis.
nec mortis poenas mors altera finiet huius,
  horaque erit tantis ultima nulla malis.
inde ego pauca canam, frondes ut siquis ab Ida 195
  aut summam Libyco de mare carpat aquam.
nam neque, quot flores Sicula nascantur in Hybla,
  quotve ferat, dicam, terra Cilissa crocos,
nec, cum tristis hiems Aquilonis inhorruit alis,
  quam multa fiat grandine canus Athos. 200

171 uocabere *G*   172 tenent *V*   impia *G*   176 Aegypti *ς*:
egisti ω   177 captat *FT*   187 reorum *Heinsius*; *sed cf. Pont.*
i. 3. 61   188 manibus *Fς*; *sed cf. Rutil. Nam.* ii. 57 'omnia Tartarei
cessent tormenta Neronis.': sontibus *Heinsius*   189 credas *G*
191 erit et *BGPX*   195 ab] in *BFHPX*   197 nascantur *BV*:
nascuntur ω   198 cilissa *BH*: cilisca ω

OVIDI NASONIS

nec mala voce mea poterunt tua cuncta referri,
   ora licet tribuas multiplicata mihi.
tot tibi vae misero venient talesque ruinae,
   ut cogi in lacrimas me quoque posse putem.
illae me lacrimae facient sine fine beatum: 205
   dulcior hic risu tum mihi fletus erit.
natus es infelix, ita di voluere, nec ulla
   commoda nascenti stella levisve fuit.
non Venus adfulsit, non illa Iuppiter hora,
   Lunaque non apto Solque fuere loco. 210
nec satis utiliter positos tibi praebuit ignes
   quem peperit magno lucida Maia Iovi.
te fera nec quicquam placidum spondentia Martis
   sidera presserunt falciferique senis.
lux quoque natalis, nequid nisi triste videres, 215
   turpis et inductis nubibus atra fuit.
haec est, in fastis cui dat gravis Allia nomen;
   quaeque dies Ibin, publica damna tulit.
qui simul inpura matris prolapsus ab alvo
   Cinyphiam foedo corpore pressit humum, 220
sedit in adverso nocturnus culmine bubo,
   funereoque graves edidit ore sonos.
protinus Eumenides lavere palustribus undis.
   qua cava de Stygiis fluxerat unda vadis,
pectoraque unxerunt Erebeae felle colubrae 225
   terque cruentatas increpuere manus,
gutturaque inbuerunt infantia lacte canino:
   hic primus pueri venit in ora cibus.
perbibit inde suae rabiem nutricis alumnus,
   latrat et in toto verba canina foro. 230

206 tunc *GHTV*   208 leuisue *BG*: leuisque ω   209 illuxit *G*: effulsit *T*   218 *interpunxit Housman*; *cf. Ellis, Journ. Phil.* xxiv. 180   219 inpurae *GHϚ*   aluo *BTX*^{Ω}: aluo est *cett. codd.* 223 paludibus udis *Saluagnius*   227 imbuerunt *Harleianus* 2538: inbuerant ω

IBIS

membraque vinxerunt tinctis ferrugine pannis,
   a male deserto quos rapuere rogo,
et, ne non fultum nuda tellure iaceret,
   molle super silices inposuere caput.
iamque recessurae viridi de stipite factas   235
   admorunt oculis usque sub ora faces.
flebat ut est fumis infans contactus amaris:
   de tribus est cum sic una locuta soror:
'tempus in inmensum lacrimas tibi movimus istas,
   quae semper causa sufficiente cadent.'   240
dixerat: at Clotho iussit promissa valere,
   nevit et infesta stamina pulla manu,
et, ne longa suo praesagia diceret ore,
   'fata canet vates qui tua,' dixit 'erit.'
ille ego sum vates: ex me tua vulnera disces,   245
   dent modo di vires in mea verba suas;
carminibusque meis accedent pondera rerum,
   quae rata per luctus experiere tuos.
neve sine exemplis aevi cruciere prioris,
   sint tua Troianis non leviora malis.   250
quantaque clavigeri Poeantius Herculis heres,
   tanta venenato vulnera crure geras.
nec levius doleas quam qui bibit ubera cervae
   armatique tulit vulnus, inermis opem,
quique ab equo praeceps in Aleia decidit arva,   255
   exitio facies cui sua paene fuit.
id quod Amyntorides videas trepidumque ministro
   praetemptes baculo luminis orbus iter.
nec plus aspicias quam quem sua filia rexit,
   expertus scelus est cuius uterque parens;   260

231 ˇuinxerunt *T*: iunxerunt *BFGP*: ūxerunt *X*: tinxerunt *V*
237 infans fumis *BHP*   247 accedent *Berolinensis Creuennicus
saec.* xv: accedant ω   248 experiare *BF*   254 armatique *Itali*:
armatisque *P*: armatusque ω   inermis opem *B Itali*: inerme
potens ω   255 in Aleia *Heinsius*: aliena in ... arua *BHPX*:
alienis ... aruis *cett. codd.*   Aleis ... aruis *Egnatius*   incidit
FTV   257 trepidusque *FGHX*

OVIDI NASONIS

qualis erat, postquam est iudex de lite iocosa
   sumptus, Apollinea clarus in arte senex,
qualis et ille fuit, quo praecipiente columba
   est data Palladiae praevia duxque rati,
quique oculis caruit, per quos male viderat aurum,   265
   inferias nato quos dedit orba parens;
pastor ut Aetnaeus, cui casus ante futuros
   Telemus Eurymides vaticinatus erat;
ut duo Phinidae, quibus idem lumen ademit
   qui dedit; ut Thamyrae Demodocique caput.   270
sic aliquis tua membra secet, Saturnus ut illas
   subsecuit partes unde creatus erat.
nec tibi sit tumidis melior Neptunus in undis,
   quam cui sunt subitae frater et uxor aves,
sollertique viro, lacerae quem fracta tenentem   275
   membra ratis Semeles est miserata soror.
vel tua, ne poenae genus hoc cognoverit unus,
   viscera diversis scissa ferantur equis.
vel, quae qui redimi Romano turpe putavit
   a duce Puniceo pertulit, ipse feras.   280
nec tibi subsidio praesens sit numen, ut illi,
   cui nihil Hercei profuit ara Iovis.
utque dedit saltus de summa Thessalus Ossa,
   tu quoque saxoso praecipitere iugo.
aut velut Eurylochi, qui sceptrum cepit ab illo,   285
   sint artus avidis anguibus esca tui.
vel tua maturet, sicut Minoia fata,
   per caput infusae fervidus umor aquae.

263 ille *BGH* : ipse *cett. codd.*   268 Telemus *B Itali* : Thelemus *V* : Telenus *Gς* : Telephus *FT alia alii corrupte*   269 et *GPT*   270 ut *Fς* : et ω   Demodocique *Bς* : demophoique *similia* ω   273 melior tumidis *FH* : tumidis t. s. melior *T*   278 secta *BH*   280 cinyphio ς ; *cf. Met.* xv. 755 : cinyphis *B*   282 nihil *P* : nil ω   Hercei *B Itali* : ethei *P* : etherei *T* : rethei ω : Rhoetei *Merkel*   283 de] e *PTX* : a *G*   285 euriloci *P* : eriloci *FH* : euriloco *G* : erroli *V* : yrioni *T* : horestei *B* : Euryali *Itali*

IBIS

utque parum inmitis, sed non inpune, Prometheus
aerias volucres sanguine fixus alas. 290
aut, ut Erechthides magno ter ab Hercule victus,
caesus in inmensum proiciare fretum.
aut, ut Amyntiaden, turpi dilectus amore
oderit et saevo vulneret ense puer.
nec tibi fida magis misceri pocula possint, 295
quam qui cornigero de Iove natus erat.
more vel intereas capti suspensus Achaei,
qui miser aurifera teste pependit aqua.
aut, ut Achilliden cognato nomine clarum,
opprimat hostili tegula iacta manu. 300
nec tua quam Pyrrhi felicius ossa quiescant,
sparsa per Ambracias quae iacuere vias.
nataque ut Aeacidae iaculis moriaris adactis:
non licet hoc Cereri dissimulare sacrum.
utque nepos dicti nostro modo carmine regis 305
cantharidum sucos dante parente bibas.
aut pia te caeso dicatur adultera, sicut
qua cecidit Leucon vindice dicta pia est.
inque pyram tecum carissima corpora mittas,
quem finem vitae Sardanapallus habet. 310
utque Iovis Libyci templum violare parantes,
acta Noto vultus condat harena tuos.
utque necatorum Darei fraude secundi,
sic tua subsidens devoret ora cinis.
aut, ut olivifera quondam Sicyone profecto, 315
sit frigus mortis causa famesque tuae.

289 inmitis *scripsi*; *cf. Aeschyl. Prom.* 11 : fidus *F* : mutis *Plantinianus* : mitis ω : parens ignis *Nettleship* 290 corpore *BFHV* f. a.] pasce tuo *FGHV*: pascit aues *B*   291 Erechthides *Ellis* : ethreclides *G* : ececratides *T Plantinianus* : echecratides *X alia alii codd.*   uictus *T Conradus de Mure* : quintus ω 294 uerberet *G* (*corr. G²*)   299 Achillidae *Saluagnius* 304 sacrum] nefas *BFH* 306 tantaridum *H* : tessalidum *T* : thessalicum *V*   matre parante *G* 314 succindens *G* : succedens *X*   ossa *G*

OVIDI NASONIS

aut, ut Atarnites, insutus pelle iuvenci
  turpiter ad dominum praeda ferare tuum.
inque tuo thalamo ritu iugulere Pheraei,
  qui datus est leto coniugis ense suae.   320
quosque putas fidos, ut Larisaeus Aleuas,
  vulnere non fidos experiare tuo.
utque Milo, sub quo cruciata est Pisa tyranno,
  vivus in occultas praecipiteris aquas.
quaeque in Aphidantum Phylacesia regna tenentem   325
  a Iove venerunt, te quoque tela petant.
aut ut Amastriacis quondam Lenaeus ab oris,
  nudus Achillea destituaris humo.
utque vel Eurydamas ter circum busta Thrasylli
  est Larisaeis raptus ab hoste rotis,   330
vel qui quae fuerat tutatus moenia saepe
  corpore lustravit non diuturna suo,
utque novum passa genus Hippomeneide poenae
  tractus in Actaea fertur adulter humo,
sic, ubi vita tuos invisa reliquerit artus,   335
  ultores rapiant turpe cadaver equi.
viscera sic aliquis scopulus tua figat, ut olim
  fixa sub Euboico Graia fuere sinu.
utque ferox periit et fulmine et aequore raptor,
  sic te mersuras adiuvet ignis aquas.   340
mens quoque sic Furiis vecors agitetur, ut illi
  unum qui toto corpore vulnus habet,

317 acarnides *T*: atarnides *HP*: atharnides *X*   321 Aleuas *B*:
alebas ω   323 P.] ipsa *F*: roma *G*   Miloniaco c. ... Roma
Ellis, Journ. Phil. xxiv. 182   325 Aphidantum *Ellis*: adimantum ω   Phylacesia *Ellis*: philesia, phylesia ω   327 leneus *T*:
lenneus *FGHX*: lemneus *BV*   333 passa *ed. Aldina* 1502: passae
B: passa est ω   Hippomeneide *B ed. Aldina a.* 1502: ypomeneida
P: hypomenia, ipomenia *similia* ω   passa est ... Hippomeneia
... tractus et *Schenkl*   334 in Actaea *BTVX*: et actea *cett. codd.*:
Erechthea *Heinsius*

IBIS

utque Dryantiadae Rhodopeia regna tenenti,
in gemino dispar cui pede cultus erat;
ut fuit Oetaeo quondam generoque draconum 345
Tisamenique patri Callirhoesque viro.
nec tibi contingat matrona pudicior illa,
qua potuit Tydeus erubuisse nuru,
quaeque sui venerem iunxit cum fratre mariti
Locris in ancillae dissimulata nece. 350
tam quoque di faciant possis gaudere fideli
coniuge quam Talai Tyndareique gener,
quaeque parare suis letum patruelibus ausae
Belides assidua colla premuntur aqua
Byblidos et Canaces, sicut facit, ardeat igne, 355
nec nisi per crimen sit tibi fida soror.
filia si fuerit, sit quod Pelopea Thyestae,
Myrrha suo patri Nyctimeneque suo.
neve magis pia sit capitique parentis amica
quam sua vel Pterelae, vel tibi, Nise, fuit, 360
infamemque locum sceleris quae nomine fecit,
pressit et inductis membra paterna rotis.
ut iuvenes pereas quorum fastigia vultus
membraque Pisaeae sustinuere foris,
ut qui perfusam miserorum saepe procorum 365
ipse suo melius sanguine tinxit humum;
proditor ut saevi periit auriga tyranni
qui nova Myrtoae nomina fecit aquae,

---

343 dryantiadae *FG* : driantidae (-es *P*) *cett. codd.* 345 acteo *PT* 346 tesimanique *GV* : tisimanique *FP* : tismanique *H* : tessimechique *T* Callirhoesque *Itali* : calliroes *B* : Calligonesque *similia ω* 349 iunxit uenerem *TV* 353 necem miseris *T* 355 facit *ς* : facis *ω* 357 Thyestae *Bς* : thyesti *ω* 359 filia neue magis capiti sit fida parentis *PTX* 360 sua] tua *FT* ptercle *P* : pterela *B* : ptereli *F* : sterole *T* : terele *HV* : terei *G* : cherele *X* 363 uestigia *G²* q. f. u.] proiecta cadauera quorum *V* 364 membraque *T* : brachia *BFGH Plantinianus* : oraque *V* : quorum *PX* foris *Constantius Fanensis* : fores *ω* 365 saepe *BFGX* : caede *cett. codd.*

OVIDI NASONIS

ut qui velocem frustra petiere puellam
   dum facta est pomis tardior illa tribus, 370
ut qui tecta novi formam celantia monstri
   intrarunt caecae non redeunda domus,
ut quorum Aeacides misit violentus in altum
   corpora cum senis altera sena rogum,
ut quos obscuri victos ambagibus oris 375
   legimus infandae Sphinga dedisse neci,
ut qui Bistoniae templo cecidere Minervae,
   propter quos facies nunc quoque tecta deae est,
ut qui Threicii quondam praesepia regis
   fecerunt dapibus sanguinolenta suis, 380
Therodamanteos ut qui sensere leones
   quique Thoanteae Taurica sacra deae,
ut quos Scylla vorax Scyllaeque adversa Charybdis
   Dulichiae pavidos eripuere rati,
ut quos demisit vastam Polyphemus in alvum, 385
   ut Laestrygonias qui subiere manus,
ut quos dux Poenus mersit putealibus undis,
   et iacto canas pulvere fecit aquas;
sex bis ut Icaridos famulae periere procique,
   inque caput domini qui dabat arma procis; 390
ut iacet Aonio luctator ab hospite fusus
   qui, mirum, victor, cum cecidisset, erat,
ut quos Antaei fortes pressere lacerti
   quosque ferae morti Lemnia turba dedit,
ut qui post longum, sacri monstrator iniqui, 395
   elicuit pluvias victima caesus aquas;

370 capta *GPX Plantinianus Merkel, Ehwald, Jahresb.* xliii. 266   372 adeunda ς   *uersum del.* 373 altis *PX*: artis *G*   374 rogis *FGPX*   375 obscuris *PX*   378 quos *BT*: quod *cett. codd.* acies *Housman*   torta *HT*   381 therodomanteos *GHV*: Theromedonteos *Heinsius*; *cf. Pont.* i. 2. 119   383 rapax *T*   385 demisit *T*: dimisit ∞   389 sex bis ut *Bς*: sexus ut *X*: sex ut *P*: et uelut *cett. codd.*   famuli *FTV*   395 post annum *GPT Ellis, Journ. Phil.* xxiv. 183

IBIS

frater ut Antaei, quo sanguine debuit, aras
  tinxit et exemplis occidit ipse suis;
ut qui terribiles pro gramen habentibus herbis
  impius humano viscere pavit equos, 400
ut duo diversis sub eodem vindice caesi
  temporibus Nessus Dexamenique gener,
ut pronepos, Saturne, tuus, quem reddere vitam
  urbe Coronides vidit ab ipse sua,
ut Sinis et Sciron et cum Polypemone natus 405
  quique homo parte sui parte iuvencus erat,
quique trabes pressas ab humo mittebat in auras
  aequoris aspiciens huius et huius aquas,
quaeque Ceres laeto vidit pereuntia vultu
  corpora Thesea Cercyonea manu. 410
haec tibi, quem meritis precibus mea devovet ira,
  evenient aut his non leviora malis.
qualis Achaemenidae, Sicula desertus in Aetna
  Troica cum vidit vela venire, fuit,
qualis erat nec non fortuna binominis Iri, 415
  quique tenent pontem, vae tibi talis erit.
filius et Cereris frustra tibi semper ametur
  destituatque tuas usque petitus opes.
utque per alternos unda labente recursus
  subtrahitur presso mollis harena pedi, 420
sic tua nescioqua semper fortuna liquescat,
  lapsaque per medias effluat usque manus.
utque pater solitae varias mutare figuras
  plenus inextincta conficiare fame.

397 ancei *G* : Ancaei *Micyllus*   400 sanguine *HV*   02 uulneribus *FHV*   405 cum] de *G Plantinianus*   410 Cercyonea ς : gerionea ω   411 quem] quae *BGH*   meritis precibus *BFHV* : meritis iustis *cett. codd.*   412 eueniant *GHT*   413 Achaemenidae *Housman* : achamenides, achimenides ω   aetna *BFT* : ora (hora) *cett. codd.*   416 vae *scripsi* : que (qui *G*) ω : qua *B*   talis *scripsi* : maior (maphor *B*) ω   417 et *ed. Aldina* : ut ω   418 saepe *G*   424 destituare *FTV*

OVIDI NASONIS

nec dapis humanae tibi erunt fastidia, quaque 425
  parte potes, Tydeus temporis huius eris.
atque aliquid facies, a vespere rursus ad ortus
  cur externati Solis agantur equi.
foeda Lycaoniae repetes convivia mensae
  temptabisque cibi fallere fraude Iovem. 430
teque aliquis posito temptet vim numinis opto:
  Tantalides tu sis Tereidesque puer.
et tua sic latos spargantur membra per agros,
  tamquam quae patrias detinuere vias.
aere Perilleo veros imitere iuvencos 435
  ad formam tauri conveniente sono.
utque ferox Phalaris, lingua prius ense resecta,
  more bovis Paphio clausus in aere gemas.
dumque redire voles aevi melioris in annos,
  ut vetus Admeti decipiare socer. 440
aut eques in medii mergare voragine caeni,
  dum modo sint fati nomina nulla tui.
atque utinam pereas, veluti de dentibus orti
  Sidonia iactis Graia per arva manu.
et quae Pitthides fecit fraterque Medusae 445
  eveniant capiti vota sinistra tuo,
et quibus exiguo volucris devota libello est,
  corpora proiecta quae sua purgat aqua.
vulnera totque feras, quot dicitur ille tulisse
  cuius ab inferiis culter abesse solet. 450

425 erunt] sint *GV* 427 facias *GHTV* rursus *PT Plantinianus*: solis *cett. codd.* 428 solis] rursus *FGϚ* 429 repetens *G*: repetent *P*: repetas *H*: referens *X* 430 temptabuntque *P* 432 Tereidesque *BϚ*: tu tereique *FG²PTVX Plantinianus*: tu teleique *G*: tindarideique *H*: threiciusque *Ϛ* 441 aut *G*: utque *T*: atque *cett. codd.* uoramine *T* 442 fati *V*: facti ω 445 Pitthides (Pittheides) *Saluagnius*: penthides (pentelides *T*) ω: pithoides *B* fraterque *GPX significatur Eurystheus, qui multa uota in Herculis exitium nuncupauit*; cf. *Apollod.* ii. 4. 5: de fratre *cett. codd.* 447 et *BT*: ut *V*: ex *cett. codd.* est om. *FGP post* exiguo *ponunt BV*Ϛ 448 coniecta *BH*

IBIS

attonitusque seces, ut quos Cybeleia mater
incitat, ad Phrygios vilia membra modos.
deque viro fias nec femina nec vir, ut Attis,
et quatias molli tympana rauca manu.
inque pecus subito Magnae vertare Parentis, 455
victor ut est celeri victaque versa pede.
solaque Limone poenam ne senserit illam,
et tua dente fero viscera carpat equus.
aut ut Cassandreus, domino non mitior illo,
saucius ingesta contumuleris humo. 460
aut ut Abantiades, aut ut Cycneius heros,
clausus in aequoreas praecipiteris aquas.
victima vel Phoebo sacras macteris ad aras,
quam tulit a saevo Theudotus hoste necem.
aut te devoveat certis Abdera diebus, 465
saxaque devotum grandine plura petant.
aut Iovis infesti telo feriare trisulco,
ut satus Hipponoo Dexionesque pater,
ut soror Autonoes, ut cui matertera Maia,
ut temere optatos qui male rexit equos, 470
ut ferus Aeolides, ut sanguine natus eodem,
quo genita est liquidis quae caret Arctos aquis.
ut Macedo rapidis ictus cum coniuge flammis,
sic precor aetherii vindicis igne cadas.
praedaque sis illis, quibus est Latonia Delos 475
ante diem rapto non adeunda Thaso,

453 nec uir nec femina *BFH*   459-460 *hic om. BHTV in quibus post* 336 *ponuntur*   459 cassandreus *F Plantinianus* : cassandrus *HT* : cassandrei *PX* : cassandrae *B*   461 cigneius *ς Conradus de Mure* : ligneius *GH* : lignetus *V* : lineius *F* : linerius *X* : lignesius *PT* : aeneius *B* : lyrnesius *ed. princeps Romana a.* 1471   463-464 *fortasse insiticos esse censet Ellis, Journ. Phil.* xiv. 98   464 Theudotus *ed. Rubei* : theodotus *BFTV* : theodus *alia cett. codd.*   468 dexionesque *G* : dexithoesque *alia* ω   469 aut cui *GPX*   *post* Maia *add.* est *BFTV*   470 ut *T* : aut *V* : et *cett. codd.*   473 macedon *X* : macelo (machelo *G*) *FGT Plantinianus* ; *cf. Ellis, Journ. Phil.* xvii. 135 ictus *TX* : icta est *ς* : iacta est ω   476 thaso *V* : thraso, traso ω

OVIDI NASONIS

quique verecundae speculantem labra Dianae,
   quique Crotopiaden diripuere Linum.
neve venenato levius feriaris ab angue,
   quam senis Oeagri Calliopesque nurus,   480
quam puer Hypsipyles, quam qui cava primus acuta
   cuspide suspecti robora fixit equi.
neve gradus adeas Elpenore cautius altos,
   vimque feras vini quo tulit ille modo.
tamque cadas domitus, quam quisquis ad arma vocantem 485
   iuvit inhumanum Thiodamanta Dryops,
quam ferus ipse suo periit mactatus in antro
   proditus inclusae Cacus ab ore bovis,
quam qui dona tulit Nesseo tincta veneno,
   Euboicasque suo sanguine tinxit aquas.   490
vel de praecipiti venias in Tartara saxo,
   ut qui Socraticum de nece legit opus,
ut qui Theseae fallacia vela carinae
   vidit, ut Iliaca missus ab arce puer,
ut teneri nutrix eadem et matertera Bacchi,   495
   ut cui causa necis serra reperta fuit,
livida se scopulis ut virgo misit ab altis,
   dixerat inviso quae mala verba deo.
feta tibi occurrat patrio popularis in arvo
   sitque Phalaeceae causa leaena necis.   500
quique Lycurgiden letavit et arbore natum
   Idmonaque audacem, te quoque rumpat aper.
isque vel exanimis faciat tibi vulnus, ut illi,
   ora super fixi quem cecidere suis.

481 Hypsipyles ϛ : hysiphiles ω   483 cautior *FT*   486 iuuit *BG* : iuit *T* : luit *P* : uidit *cett. codd.*   490 sanguine tinxit *G²ω* : nomine fecit *G fortasse ex* 368; *cf. ad Trist.* i. 1. 90: nomine signat Ehwald, *Jahr.* xliii. 263   495 et *om. BGH*   497 liuida *Parrhasius* : lindia (lidia *TV*) ω : india *Plantinianus*   498 inuiso *Constantius Fanensis* : inuicto *Gϛ Plantinianus* : inuito *FPTVϛ* : in uoto *H* quae *Gϛ* : quod ω   500 Phalaeceae *Heinsius* : paphagee *GTX* : paphegee *P* : pefagee *F* : pegasee *H* : thaleceae *B*   501 *laudat Eutyches, G. L. K.* v. 484

IBIS

sive idem, simili pinus quem morte peremit, 505
  Phryx et venator sis Berecyntiades.
si tua contigerit Minoas puppis harenas,
  te Corcyraeum Cresia turba putet.
lapsuramque domum subeas, ut sanguis Aleuae,
  stella Leoprepidae cum fuit aequa viro. 510
utque vel Euenus, torrenti flumine mersus
  nomina des rapidae, vel Tiberinus, aquae.
Astacidaeque modo decisa cadavere trunco,
  digna feris, hominis sit caput esca tuum.
quodque ferunt Brotean fecisse cupidine mortis, 515
  des tua succensae membra cremanda pyrae.
inclususque necem cavea patiaris, ut ille
  non profecturae conditor historiae.
utque repertori nocuit pugnacis iambi,
  sic sit in exitium lingua proterva tuum. 520
utque parum stabili qui carmine laesit Athenas,
  invisus pereas deficiente cibo.
utque lyrae vates fertur periisse severae,
  causa sit exitii dextera laesa tui.
utque Agamemnonio vulnus dedit anguis Orestae, 525
  tu quoque de morsu virus habente cadas.
sit tibi coniugii nox prima novissima vitae:
  Eupolis hoc periit et nova nupta modo.

505 siue] atque *FHV*   506 Phryx et ϛ: phitia *T*: frixia *X*:
phrixia *Plantinianus*: frigia *cett. codd.*   uenator frigia sis *Conradus de
Mure*   507 harenas *FHV*: ad undas *cett. codd.*   508 regia *B*
510 Leoprepidae *Scaliger*: leotepide *X*: leotipidae *B*: leotrepido *P*:
leoporide *G*: lycoride *HTϛ Plantinianus*   511 euenus ϛ: ebenus,
hebenus ω   513 Astacidaeque *Conradus de Mure*: astacidaeue *B*:
tacideque *G*: ytacideque *P*: hirtacideque *similia, cett. codd.*   decisa *BH*: defixa ω   cadauere *Heinsius*: cadauera ω   stuto
Conradus de Mure, unde defixa cadauera sunto *Ellis*   515 broteam *G*
521 utue *GX*: ut *P*   Athenin *Alciatus*   523 utue *GPTVX*
525 orestae *Bϛ*: oresti ω   528 xupolis *T*: hubolis *V*: heubolus
H: heu polus *F*

OVIDI NASONIS

utque coturnatum periisse Lycophrona narrant,
    haereat in fibris fixa sagitta tuis.   530
aut lacer in silva manibus spargare tuorum,
    sparsus ut est Thebis angue creatus avo.
perque feros montes tauro rapiente traharis,
    ut tracta est coniunx inperiosa Lyci.
quodque suae passa est paelex invita sororis,   535
    excidat ante pedes lingua resecta tuos.
conditor ut tardae, laesus cognomine, Myrrhae,
    urbis in innumeris inveniare locis.
inque tuis opifex, vati quod fecit Achaeo,
    noxia luminibus spicula condat apis.   540
fixus et in duris carparis viscera saxis,
    ut cui Pyrrha sui filia fratris erat.
ut puer Harpagides referas exempla Thyestae
    inque tui caesus viscera patris eas.
trunca geras saevo mutilatis partibus ense,   545
    qualia Mamerci membra fuisse ferunt.
utve Syracosio praestricta fauce poetae,
    sic animae laqueo sit via clausa tuae.
nudave derepta pateant tua viscera pelle,
    ut Phrygium cuius nomina flumen habet.   550
saxificae videas infelix ora Medusae,
    Cephenum multos quae dedit una neci.

---

529 cecidisse *H*ς   licofona *F*: licophora *HT*: licofora *GP*
531 siluis *BFH*   535 inuisa *GP*   sorori *GPX*   536 pedes]
oculos *G*; *sed cf. Met.* vi. 560   537 conditor *BHT*ς : cognitor *cett.
codd.*   tardus *GPTX*   Blaesus cognomine Cyrae *Leopardus, sed
de Heluio Cinna Zmyrnae scriptore recte intellexit Housman*   538
urbis *B*ς : orbis ω   540 apes *HPX*   541 uiscere *HPV*
543 Harpagides *ed. princeps Romana*: harpacides *B*: arpacides *P*:
arpagige *FVX*: arpagie *T*: arpasige *G*: arphagie *H*   thiestis
HTV   546 Mamerci *scripsi, praemonstrante Ellisio*: mamerte *V*:
mammerte *G*: mimerti *F*: mannerini *X*: minermi *PT*: mimerni *H*:
mimnermi *B*: minŭmi *Plantinianus*   547 utque *BV*   Syracosio
Constantius Fanensis: siracusio ω *significatur Philemon*; *cf. Ellis,
Journ. Phil.* xxiv. 186   549 nudaque *BFH*: nullaque *X*   derepta
BF: direpta *cett. codd.*   550 frigii *G*: phrygii *B*

IBIS

Potniadum morsus subeas, ut Glaucus, equarum,
    inque maris salias, Glaucus ut alter, aquas.
utque duobus idem dictis modo nomen habenti,   555
    praefocent animae Gnosia mella viam.
sollicitoque bibas, Anyti doctissimus olim
    inperturbato quod bibit ore reus.
nec tibi, siquid amas, felicius Haemone cedat,
    utque sua Macareus, sic potiare tua.   560
vel videas quod iam cum flammae cuncta tenerent
    Hectoreus patria vidit ab arce puer.
sanguine probra luas, ut avo genitore creatus,
    per facinus soror est cui sua facta parens.
ossibus inque tuis teli genus haereat illud,   565
    traditur Icarii quo cecidisse gener.
utque loquax in equo est elisus guttur acerno,
    sic tibi claudatur pollice vocis iter.
aut, ut Anaxarchus, pila minuaris in alta,
    ictaque pro solitis frugibus ossa sonent.   570
utque patrem Psamathes, condat te Phoebus in ima
    Tartara, quod natae fecerat ille suae.
inque tuos ea pestis eat quam dextra Coroebi
    vicit opem miseris Argolisinque tulit.
utque nepos Aethrae Veneris moriturus ob iram,   575
    exul ab attonitis excutiaris equis.
propter opes magnas ut perdidit hospes alumnum,
    perdat ob exiguas te tuus hospes opes.

553 potniadum *BH*: porniadum *P*: poeniadum *X*: fauniadum *T* similia cett.   556 noxia *GVX*   557 aniti *P*: animo *TX*: socrates uel aniti *Plantinianus*: ueluti *cett. codd.*   560 sic] tu *BFHT*: tua *P*   562 ab] in *BFPVX*   arce *BH*: urbe *cett. codd.*   567 acerno *B Politianus*: acerbo *FH Plantinianus*: agenor *cett. codd.*   569 Anaxarchus *B Itali*: anaxaracus *G*: anaxeretus *V*: anaxareus *FTX*: anaxares *P*: anaxarrus *uel* anaxarnis *H*   570 ictaque *FG*: iactaque *cett. codd.*   571 sametis *G*: samacis *HT*: psamaris *P*: psamacis *F*   574 Argolisinque *Ellis*: argolicisque (ausiliumque *G*) ω   575 moribundus *GX*: periturus *BHP*

OVIDI NASONIS

utque ferunt caesos sex cum Damasichthone fratres,
   intereat tecum sic genus omne tuum.   580
addidit ut fidicen miseris sua funera natis,
   sic tibi sint vitae taedia iusta tuae.
utve soror Pelopis, saxo dureris oborto,
   ut laesus lingua Battus ab ipse sua.
aera si misso vacuum iaculabere disco,   585
   quo puer Oebalides ictus ab orbe cadas.
siqua per alternos pulsabitur unda lacertos,
   omnis Abydena sit tibi peior aqua.
comicus ut liquidis periit dum nabat in undis,
   et tua sic Stygius strangulet ora liquor.   590
aut, ubi ventosum superaris naufragus aequor,
   contacta pereas, ut Palinurus, humo.
utque coturnatum vatem, tutela Dianae,
   dilaniet vigilum te quoque turba canum.
aut, ut Trinacrius, salias super ora Gigantis,   595
   plurima qua flammas Sicanis Aetna vomit.
diripiantque tuos insanis unguibus artus
   Strymoniae matres Orpheos esse ratae.
natus ut Althaeae flammis absentibus arsit,
   sic tuus ardescat stipitis igne rogus.   600
ut nova Phasiaca comprensa est nupta corona,
   utque pater nuptae, cumque parente domus,
ut cruor Herculeos abiit diffusus in artus,
   corpora pestiferum sic tua virus edat.
qua sua Prataliden proles est ulta Lycastum,   605
   haec maneat teli te quoque plaga novi.

579 fratres ... caesos *GPTX*   583 oborto *TX* : aborto (ab ouo *V*) *cett. codd.*   584 ut] et *T*   585 uacuum] liquidum *BFHVX* 587 iactabitur *FGV*   594 dilaceret *BFV*   596 mouet *GHX* 598 Orpheos ϛ : orpheon (orphean *FV*) ω   601 compraensa *B* ; *cf. Met.* ix. 234 : compressa ω   605 Prataliden ... Lycastum *Ellis, Americ. Journ. Phil.* xxxiii. 205 : penteliden (pentilladen *G*, penthidem ϛ) ... lycurgum (lycinum *B*) ω

IBIS

utque Milo, robur diducere fissile temptes
nec possis captas inde referre manus.
muneribusque tuis laedaris, ut Icarus, in quem
intulit armatas ebria turba manus. 610
quodque dolore necis patriae pia filia fecit,
vincula per laquei fac tibi guttur eat.
obstructoque famem patiaris limine tecti,
ut legem poenae cui dedit ipsa parens.
illius exemplo violes simulacra Minervae, 615
Aulidis a portu qui leve vertit iter.
Naupliadaeve modo poenas pro crimine ficto
morte luas, nec te non meruisse iuvet.
Aethalon ut vita spoliavit Isindius hospes,
quem memor a sacris nunc quoque pellit Ion, 620
utque Melanthea tenebris a caede latentem
prodidit officio luminis ipsa parens,
sic tua coniectis fodiantur viscera telis,
sic precor auxiliis impediare tuis.
qualis equos pacto, quos fortis agebat Achilles, 625
acta Phrygi timido est, nox tibi talis eat.
nec tu quam Rhesus somno meliore quiescas,
quam comites Rhesi tum necis, ante viae,
quam quos cum Rutulo morti Rhamnete dederunt
impiger Hyrtacides Hyrtacidaeque comes. 630
Cliniadaeve modo circumdatus ignibus atris
membra feras Stygiae semicremata neci.

609-610 *om. G*   612 eant *T*   613 obstructoque *BS̄*: obstructusque *F*: obstrictusque *GPT*: obstrususque *V*: obstructusque *H*: abiectusque *X*   templi *Constantius Fanensis*   617 naupliadeque *PX*   falso *FHV*   619 isidius *FGT Plantinianus*: insidius *V* spoliauerit (spoliaberis) indius *BH*   620 io *GPT*; *uide Ellis, Journ. Phil.* xxiv. 187: ysis *Plantinianus*   621 quemque *BFV*: queque *H*   melantheum *FT*   623 uiscera *G*: corpora *P*: pectora *cett. codd.*   625 habebat *X*   626 est *om. GX*   628 Rheso *Heinsius* uiae] diem *GHVX*   629 rutulo *BF*: rutilo *ω*   rhamnete *B*: ramnete, rampnete *alia ω*   631 cliniadeque *X*

IBIS

utque Remo muros auso transire recentes
   noxia sint capiti rustica tela tuo.
denique Sarmaticas inter Geticasque sagittas 635
   his precor ut vivas et moriare locis.
haec tibi tantisper subito sint missa libello,
   inmemores ne nos esse querare tui:
pauca quidem, fateor; sed di dent plura rogatis
   multiplicentque suo vota favore mea. 640
postmodo plura leges et nomen habentia verum,
   et pede quo debent acria bella geri.

   633 utue *FHV*   637 sunt *BFPV*

EX PONTO
LIBRI QVATTVOR

SIGLA

G = fragmentum Guelferbytanum Aug. 13. 11, saec. vi
A = Hamburgensis, saec. ix
B = Bavaricus Monacensis 384, saec. xii
C = Bavaricus Monacensis 19476, saec. xii
E = Etonensis, saec. xiii
H = Holkhamicus, saec. xiii
O = Canonicianus Lat. 1, saec. xiii
α = codicum *ABC* consensus
ω = reliqui codices praeter *ABC* aut omnes aut permulti
ς = reliquorum codicum praeter *ABC* nonnulli

EX PONTO LIBER PRIMVS

I

Naso Tomitanae iam non novus incola terrae
   hoc tibi de Getico litore mittit opus.
si vacat, hospitio peregrinos, Brute, libellos
   excipe, dumque aliquo, quolibet abde modo.
publica non audent intra monimenta venire,   5
   ne suus hoc illis clauserit auctor iter.
a, quotiens dixi 'certe nil turpe docetis:
   ite, patet castis versibus ille locus!'
non tamen accedunt, sed, ut aspicis ipse, latere
   sub Lare privato tutius esse putant.   10
quaeris ubi hos possis nullo componere laeso?
   qua steterant Artes, pars vacat illa tibi.
quid veniant, novitate roges fortasse sub ipsa.
   accipe, quodcumque est, dummodo non sit amor.
invenies, quamvis non est miserabilis index,   15
   non minus hoc illo triste, quod ante dedi.
rebus idem, titulo differt; et epistula cui sit
   non occultato nomine missa docet.
nec vos hoc vultis, sed nec prohibere potestis,
   Musaque ad invitos officiosa venit.   20
quicquid id est, adiunge meis. nihil inpedit ortos
   exule servatis legibus urbe frui.
quod metuas non est. Antoni scripta leguntur,
   doctus et in promptu scrinia Brutus habet.

I 4 modo *ABEH*: loco *COH²ω*   5 inter *EOϚ*   6 nescius *Meissner* (*Ehwald, Symb.* ii. 9)   auferat *B²*   13 qui *B²OϚ* : quidue ferant *Kraffert*   21 carmina *AEOϚ*

OVIDI NASONIS

nec me nominibus furiosus confero tantis: 25
  saeva deos contra non tamen arma tuli.
denique Caesareo, quod non desiderat ipse,
  non caret e nostris ullus honore liber.
si dubitas de me, laudes admitte deorum,
  et carmen dempto nomine sume meum.   30
adiuvat in bello pacatae ramus olivae:
  proderit auctorem pacis habere nihil?
cum foret Aeneae cervix subiecta parenti,
  dicitur ipsa viro flamma dedisse viam:
fert liber Aeneaden, et non iter omne patebit?   35
  at patriae pater hic, ipsius ille fuit.
ecquis ita est audax, ut limine cogat abire
  iactantem Pharia tinnula sistra manu?
ante deum Matrem cornu tibicen adunco
  cum canit, exiguae quis stipis aera negat?   40
scimus ab inperio fieri nil tale Dianae:
  unde tamen vivat, vaticinator habet.
ipsa movent animos superorum numina nostros,
  turpe nec est tali credulitate capi.
en ego pro sistro Phrygiique foramine buxi   45
  gentis Iuleae nomina sancta fero.
vaticinor moneoque. locum date sacra ferenti.
  non mihi, sed magno poscitur ille deo.
nec quia vel merui vel sensi principis iram,
  a nobis ipsum nolle putate coli.   50
vidi ego linigerae numen violasse fatentem
  Isidis Isiacos ante sedere focos.
alter, ob huic similem privatus lumine culpam,
  clamabat media se meruisse via.
talia caelestes fieri praeconia gaudent,   55
  ut sua quid valeant numina teste probent.

36 patriae est pater *excerpta Politiani*   41 deorum *cod. Serui*: dearum *Madvig*; *improbante Schreuders, Obss. p.* 8   46 numina *B*²
50 illum *OΣ*   51 lanigerae *BEHOΣ*

saepe levant poenas ereptaque lumina reddunt,
  cum bene peccati paenituisse vident.
paenitet, o! si quid miserorum creditur ulli,
  paenitet, et facto torqueor ipse meo.   60
cumque sit exilium, magis est mihi culpa dolori;
  estque pati poenam, quam meruisse, minus.
ut mihi di faveant, quibus est manifestior ipse,
  poena potest demi, culpa perennis erit.
mors faciet certe, ne sim, cum venerit, exul: 65
  ut non peccarim mors quoque non faciet.
non igitur mirum, si mens mea tabida facta
  de nive manantis more liquescit aquae.
estur ut occulta vitiata teredine navis,
  aequorei scopulos ut cavat unda salis,   70
roditur ut scabra positum rubigine ferrum
  conditus ut tineae carpitur ore liber,
sic mea perpetuos curarum pectora morsus,
  fine quibus nullo conficiantur, habent.
nec prius hi mentem stimuli quam vita relinquet: 75
  quique dolet, citius quam dolor ipse, cadet.
hoc mihi si superi, quorum sumus omnia credent,
  forsitan exigua dignus habebor ope,
inque locum Scythico vacuum mutabor ab arcu.
  plus isto, duri, si precer, oris ero.   80

II

MAXIME, qui tanti mensuram nominis inples,
  et geminas animi nobilitate genus:
qui nasci ut posses, quamvis cecidere trecenti,
  non omnes Fabios abstulit una dies:

65-66 *ab Heinsio*: 65-68 *a Bentleio eiectos defenderunt Korn. Rhein. Mus.* xxii, *p.* 205; *Dinter, Comm.* i. 14; *Schreuders, Obss. p.* 11   66 ut *C², sic scripsi*   nec *A*: ne *BCω*   68 denique manantis *A*
77 credant *CEHOω*   80 precor *ς*

OVIDI NASONIS

forsitan haec a quo mittatur epistula quaeras, 5
   quisque loquar tecum, certior esse velis.
ei mihi, quid faciam? vereor ne nomine lecto
   durus et aversa cetera mente legas.
videris. audebo tibi me scripsisse fateri
. . . . 10
qui, cum me poena dignum graviore fuisse
   confitear, possum vix graviora pati.
hostibus in mediis interque pericula versor,
   tamquam cum patria pax sit adempta mihi:
qui, mortis saevo geminent ut vulnere causas, 15
   omnia vipereo spicula felle linunt.
his eques instructus perterrita moenia lustrat
   more lupi clausas circueuntis oves:
et semel intentus nervo levis arcus equino
   vincula semper habens inresoluta manet. 20
tecta rigent fixis veluti velata sagittis,
   portaque vix firma summovet arma sera.
adde loci faciem nec fronde nec arbore tecti,
   et quod iners hiemi continuatur hiems.
hic me pugnantem cum frigore cumque sagittis 25
   cumque meo fato quarta fatigat hiems.
fine carent lacrimae, nisi cum stupor obstitit illis:
   et similis morti pectora torpor habet.
felicem Nioben, quamvis tot funera vidit,
   quae posuit sensum saxea facta malis: 30
vos quoque felices, quarum clamantia fratrem
   cortice velavit populus ora novo.

II 7 et mihi *A*   9 uideris *Heinsius*: uiderit *codd*.   audebo
a*O*: haec siquis *B²ω*   10 *om. AC*: audebo et (et *om. B*) propriis
ingemuisse malis *BHω post quae hoc distichon* uiderit audebo tibi me
(me iam *H*) scripsisse fateri | atque modum penae notificare meae
addunt B²EHO�   18 circumeuntis *CH*: circumuentis (*sscr.* u) *A*
19 at *ACEO⸻*   20 manent *A*   21 uelata *AB²*: uallata *BCEOω*
23 laeti *O² Vaticanus Heinsii*   24 et quod hiemes (*sscr.* v) hiemi
continuatur iners *B*   26-27 *om. A, add. A²*   30 mali ⸻

EX PONTO I

ille ego sum, lignum qui non admittar in ullum:
 ille ego sum, frustra qui lapis esse velim.
ipsa Medusa oculis veniat licet obvia nostris,   35
 amittet vires ipsa Medusa suas.
vivimus ut numquam sensu careamus amaro,
 et gravior longa fit mea poena mora.
sic inconsumptum Tityi semperque renascens
 non perit, ut possit saepe perire, iecur.   40
at, puto, cum requies medicinaque publica curae
 somnus adest, solitis nox venit orba malis.
somnia me terrent veros imitantia casus,
 et vigilant sensus in mea damna mei.
aut ego Sarmaticas videor vitare sagittas,   45
 aut dare captivas ad fera vincla manus.
aut ubi decipior melioris imagine somni,
 aspicio patriae tecta relicta meae.
et modo vobiscum, quos sum veneratus, amici,
 et modo cum cara coniuge multa loquor.   50
sic ubi percepta est brevis et non vera voluptas,
 peior ab admonitu fit status iste boni.
sive dies igitur caput hoc miserabile cernit,
 sive pruinosi Noctis aguntur equi,
sic mea perpetuis liquefiunt pectora curis,   55
 ignibus admotis ut nova cera solet.
saepe precor mortem, mortem quoque deprecor idem,
 ne mea Sarmaticum contegat ossa solum.
cum subit Augusti quae sit clementia, credo
 mollia naufragiis litora posse dari.   60
cum video quam sint mea fata tenacia, frangor,
 spesque levis magno victa timore cadit.
nec tamen ulterius quicquam sperove precorve,
 quam male mutato posse carere loco.

33 admittor *HOω*   41 medici cum publica cure *A*   49 amicis *Bentley*   50 uita loquor *A*   55 liquescunt *EHOς*

OVIDI NASONIS

aut hoc, aut nihil est, pro me temptare modeste 65
    gratia quod salvo vestra pudore queat.
suscipe, Romanae facundia, Maxime, linguae,
    difficilis causae mite patrocinium.
est mala, confiteor: sed te bona fiet agente,
    lenia pro misera fac modo verba fuga. 70
nescit enim Caesar, quamvis deus omnia norit,
    ultimus hic qua sit condicione locus.
magna tenent illud numen molimina rerum:
    haec est caelesti pectore cura minor.
nec vacat, in qua sint positi regione Tomitae, 75
    quaerere, finitimo vix loca nota Getae:
aut quid Sauromatae faciant, quid Iazyges acres
    cultaque Oresteae Taurica terra deae:
quaeque aliae gentes, ubi frigore constitit Hister,
    dura meant celeri terga per amnis equo. 80
maxima pars hominum nec te, pulcherrima, curat,
    Roma, nec Ausonii militis arma timet.
dant illis animos arcus plenaeque pharetrae
    quamque libet longis cursibus aptus equus,
quodque sitim didicere diu tolerare famemque, 85
    quodque sequens nullas hostis habebit aquas.
ira viri mitis non me misisset in istam,
    si satis haec illi nota fuisset humus.
nec me nec quemquam Romanum gaudet ab hoste,
    meque minus, vitam cui dabat ipse, capi. 90
noluit, ut poterat, minimo me perdere nutu.
    nil opus est ullis in mea fata Getis.
sed neque, cur morerer, quicquam mihi comperit actum,
    et minus infestus, quam fuit, esse potest.
tunc quoque nil fecit nisi quod facere ipse coegi: 95
    paene etiam merito parcior ira meo est.

77 sarmatico *C*   88 *om. A*; *cf. Ehwald, Kr. B. p.* 9   90 dabat *Merkel*; *cf.* vii. 52 dabit *a*: dedit *B²EOω*   91 at *BC exc. Pol.*

EX PONTO 1

di faciant igitur, quorum iustissimus ipse est,
   alma nihil maius Caesare terra ferat,
utque fuit sub eo, sic sit sub Caesare terra,
   perque manus huius tradita gentis eat. 100
at tu tam placido, quam nos quoque sensimus illum,
   iudice pro lacrimis ora resolve meis.
non petito ut bene sit, sed uti male tutius, utque
   exilium saevo distet ab hoste meum:
quamque dedere mihi praesentia numina vitam, 105
   non adimat stricto squalidus ense Getes:
denique, si moriar, subeam pacatius arvum,
   ossa nec a Scythica nostra premantur humo,
nec male compositos, ut scilicet exule dignum,
   Bistonii cineres ungula pulset equi: 110
et ne, si superest aliquis post funera sensus,
   terreat et Manes Sarmatis umbra meos.
Caesaris haec animum poterant audita movere,
   Maxime, movissent si tamen ante tuum.
vox, precor, Augustas pro me tua molliat aures, 115
   auxilio trepidis quae solet esse reis,
adsuetaque tibi doctae dulcedine linguae
   aequandi superis pectora flecte viri.
non tibi Theromedon crudusque rogabitur Atreus,
   quique suis homines pabula fecit equis: 120
sed piger ad poenas princeps, ad praemia velox,
   quique dolet, quotiens cogitur esse ferox:
qui vicit semper, victis ut parcere posset,
   clausit et aeterna civica bella sera:
multa metu poenae, poena qui pauca coercet, 125
   et iacit invita fulmina rara manu.

99 fuit *Ehwald*: diu *codd.*   sic sit ... terra *BCEω*: sic sit publice saroterra *A*: sit publica sarcina terrae (rerum ς, mundi Hς) *B²Hς*: sit publica Caesare terra *Ellis*   100 eant *EHOς* 103 petito *Chr. Daumius*: pete *O²*: petis *aωO*   109 dignum est *BCOς*   119 crudusue *BOς*   125 poenae *om. A*   qui pena *E* et qui multa metu sed poena *BC*: multa metu cohibet poena *HOς*

ergo tam placidas orator missus ad aures,
 ut propior patriae sit fuga nostra roga.
ille ego sum, qui te colui, quem festa solebat
 inter convivas mensa videre tuos: 130
ille ego, qui duxi vestros Hymenaeon ad ignes,
 et cecini fausto carmina digna toro:
cuius te solitum memini laudare libellos,
 exceptis domino qui nocuere suo:
cui tua nonnumquam miranti scripta legebas: 135
 ille ego de vestra cui data nupta domo est.
hanc probat et primo dilectam semper ab aevo
 est inter comites Marcia censa suas,
inque suis habuit matertera Caesaris ante:
 quarum iudicio siqua probata, proba est. 140
ipsa sua melior fama, laudantibus istis,
 Claudia divina non eguisset ope.
nos quoque praeteritos sine labe peregimus annos:
 proxima pars vitae transilienda meae.
sed de me ut sileam, coniunx mea sarcina vestra est: 145
 non potes hanc salva dissimulare fide.
confugit haec ad vos, vestras amplectitur aras
 (iure venit cultos ad sibi quisque deos)
flensque rogat, precibus lenito Caesare vestris,
 busta sui fiant ut propiora viri. 150

III

HANC tibi Naso tuus mittit, Rufine, salutem:
 qui miser est, ulli si suus esse potest.
reddita confusae nuper solacia menti
 auxilium nostris spemque tulere malis.
utque Machaoniis Poeantius artibus heros 5
 lenito medicam vulnere sensit opem,

138 socias *exc. Scal.*   144 meae est *BCOϚ*   145 taceam *BO*
III *deest haec epistula in A*

EX PONTO I

sic ego mente iacens et acerbo saucius ictu
　admonitu coepi fortior esse tuo:
et iam deficiens sic ad tua verba revixi,
　ut solet infuso vena redire mero.　　　　　　　　　　10
non tamen exhibuit tantas facundia vires,
　ut mea sint dictis pectora sana tuis.
ut multum demas nostrae de gurgite curae,
　non minus exhausto quod superabit erit.
tempore ducetur longo fortasse cicatrix:　　　　　　　15
　horrent admotas vulnera cruda manus.
non est in medico semper relevetur ut aeger:
　interdum docta plus valet arte malum.
cernis ut e molli sanguis pulmone remissus
　ad Stygias certo limite ducat aquas.　　　　　　　　20
afferat ipse licet sacras Epidaurius herbas,
　sanabit nulla vulnera cordis ope.
tollere nodosam nescit medicina podagram,
　nec formidatis auxiliatur aquis.
cura quoque interdum nulla medicabilis arte est:　　25
　aut, ut sit, longa est extenuanda mora.
cum bene firmarunt animum praecepta iacentem,
　sumptaque sunt nobis pectoris arma tui,
rursus amor patriae ratione valentior omni,
　quod tua fecerunt scripta, retexit opus.　　　　　　30
sive pium vis hoc sive hoc muliebre vocari,
　confiteor misero molle cor esse mihi.
non dubia est Ithaci prudentia, sed tamen optat
　fumum de patriis posse videre focis.
nescioqua natale solum dulcedine cunctos　　　　　　35
　ducit et inmemores non sinit esse sui.
quid melius Roma? Scythico quid frigore peius?
　huc tamen ex ista barbarus urbe fugit.

III 13 demas nostrae *B*⚕: demas nostro *CO*: nostrae demas ⚕
pectore *B*　　de nostro corpore pene *E*　　30 texerunt ⚕: texuerunt
Barth　　35 captos ⚕　　38 ista *BC*: illa ∞

OVIDI NASONIS

cum bene sit clausae cavea Pandione natae,
   nititur in silvas illa redire suas.   40
adsuetos tauri saltus, adsueta leones
   (nec feritas illos inpedit) antra petunt.
tu tamen exilii morsus e pectore nostro
   fomentis speras cedere posse tuis.
effice vos ipsi ne tam mihi sitis amandi,   45
   talibus ut levius sit caruisse malum.
at, puto, qua genitus fueram, tellure carenti
   in tamen humano contigit esse loco.
orbis in extremi iaceo desertus harenis,
   fert ubi perpetuas obruta terra nives.   50
non ager hic pomum, non dulces educat uvas,
   non salices ripa, robora monte virent.
neve fretum laudes terra magis, aequora semper
   ventorum rabie solibus orba tument.
quocumque aspicias, campi cultore carentes   55
   vastaque, quae nemo vindicat, arva iacent.
hostis adest dextra laevaque a parte timendus,
   vicinoque metu terret utrumque latus.
altera Bistonias pars est sensura sarisas,
   altera Sarmatica spicula missa manu.   60
i nunc et veterum nobis exempla virorum,
   qui forti casum mente tulere refer,
et grave magnanimi robur mirare Rutili
   non usi reditus condicione dati.
Smyrna virum tenuit, non Pontus et hostica tellus,   65
   paene minus nullo Smyrna petenda loco est.
non doluit patria cynicus procul esse Sinopeus,
   legit enim sedes, Attica terra, tuas.
arma Neoclides qui Persica contudit armis,
   Argolica primam sensit in urbe fugam.   70

47 fueram genitus *CEOω*   51 herbas *Eς*   55 aspicies *BCς*
56 uindicet *ς* : uendicet *E*   59 sarisas *BC* ; *cf. Ehwald, Kr. B.*
p. 41 : sagittas *ω*   66 loco est *BCE* : loco *ω*

EX PONTO I

pulsus Aristides patria Lacedaemona fugit,
  inter quas dubium, quae prior esset, erat.
caede puer facta Patroclus Opunta reliquit,
  Thessalicamque adiit hospes Achillis humum.
exul ab Haemonia Pirenida cessit ad undam,   75
  quo duce trabs Colcha sacra cucurrit aqua.
liquit Agenorides Sidonia moenia Cadmus,
  poneret ut muros in meliore loco.
venit ad Adrastum Tydeus Calydone fugatus,
  et Teucrum Veneri grata recepit humus.   80
quid referam veteres Romanae gentis, apud quos
  exulibus tellus ultima Tibur erat?
persequar ut cunctos, nulli datus omnibus aevis
  tam procul a patria est horridiorve locus.
quo magis ignoscat sapientia vestra dolenti: 85
  quae facit ex dictis, non ita multa, tuis.
nec tamen infitior, si possint nostra coire
  vulnera, praeceptis posse coire tuis.
sed vereor ne me frustra servare labores,
  neu iuver admota perditus aeger ope.   90
nec loquor haec, quia sit maior prudentia nobis,
  sed sum quam medico notior ipse mihi.
ut tamen hoc ita sit, munus tua grande voluntas
  ad me pervenit consuliturque boni.

IV

Iam mihi deterior canis aspergitur aetas,
  iamque meos vultus ruga senilis arat:
iam vigor et quasso languent in corpore vires,
  nec, iuveni lusus qui placuere, iuvant.

85–86 *del. Bentley, Korn, defenderunt Dinter, De Ou. ex P. Comment.*
ii. 36, *Schreuders, Obss. p.* 32   86 *sic codd. i. q. ea, quae amicus tuus,
qui dolet, facit secundum dicta tua non ita multa sunt; cf. Ehwald, Kr. B.
p.* 53   qui *T. Faber:* qui faciam *Dinter*   91 quin *exc. Pol.*   94
consuluique ϛ: consuluitque *E*: consuluitque bene *B²ϛ*: consiliumque
dedit *O*

OVIDI NASONIS

nec, si me subito videas, agnoscere possis, 5
  aetatis facta est tanta ruina meae.
confiteor facere hoc annos, sed et altera causa est,
  anxietas animi continuusque labor.
nam mea per longos siquis mala digerat annos,
  crede mihi, Pylio Nestore maior ero. 10
cernis ut in duris (et quid bove firmius?) arvis
  fortia taurorum corpora frangat opus.
quae numquam vacuo solita est cessare novali,
  fructibus assiduis lassa senescit humus.
occidet, ad Circi siquis certamina semper 15
  non intermissis cursibus ibit equus.
firma sit illa licet, solvetur in aequore navis,
  quae numquam liquidis sicca carebit aquis.
me quoque debilitat series inmensa malorum,
  ante meum tempus cogit et esse senem. 20
otia corpus alunt, animus quoque pascitur illis:
  inmodicus contra carpit utrumque labor.
aspice, in has partis quod venerit Aesone natus,
  quam laudem a sera posteritate ferat.
at labor illius nostro leviorque minorque est, 25
  si modo non verum nomina magna premunt.
ille est in Pontum Pelia mittente profectus,
  qui vix Thessaliae fine timendus erat.
Caesaris ira mihi nocuit, quem solis ab ortu
  solis ad occasus utraque terra tremit. 30
iunctior Haemonia est Ponto, quam Roma, Sinistro,
  et brevius, quam nos, ille peregit iter.
ille habuit comites primos telluris Achivae:
  at nostram cuncti destituere fugam.

IV 8 dolor *H*   9 dirigat *C*   19 laborum *BEOϛ*; *cf.* 22
31-32 *del. Heinsius, Korn, defendit Schreuders, Obss. p.* 25   31
sinistro *Burmann*; *cf. H.* xii. 28: sit histro *codd.*

nos fragili ligno vastum sulcavimus aequor: 35
 quae tulit Aesoniden, densa carina fuit.
nec mihi Tiphys erat rector, nec Agenore natus
 quas fugerem docuit quas sequererque vias.
illum tutata est cum Pallade regia Iuno:
 defendere meum numina nulla caput. 40
illum furtivae iuvere Cupidinis artes;
 quas a me vellem non didicisset Amor.
ille domum rediit: nos his moriemur in arvis,
 perstiterit laesi si gravis ira dei.
durius est igitur nostrum, fidissima coniunx, 45
 illo, quod subiit Aesone natus, opus.
te quoque, quam iuvenem discedens urbe reliqui,
 credibile est nostris insenuisse malis.
o, ego di faciant talem te cernere possim,
 caraque mutatis oscula ferre comis, 50
amplectique meis corpus non pingue lacertis,
 et 'gracile hoc fecit' dicere 'cura mei',
et narrare meos flenti flens ipse labores,
 sperato numquam conloquioque frui,
turaque Caesaribus cum coniuge Caesare digna, 55
 dis veris, memori debita ferre manu!
Memnonis hanc utinam lenito principe mater
 quam primum roseo provocet ore diem!

V

Ille tuos quondam non ultimus inter amicos,
 ut sua verba legas, Maxime, Naso rogat.
in quibus ingenium desiste requirere nostrum,
 nescius exilii ne videare mei.

36 densa carina *exc. Scaligeri*; *cf. Ehwald, Kr B. p.* 26: sa
carina *A* : saccarina *C*: sacra carina *B* (*sed* sacra *in rasura*) *C*ϛ·
firma carina *EO*ω   46 onus *O Argentoratensis*; *sed cf.* v. 28   **49**
ergo ego *H*ϛ   possim ϛ: possem *a*ω   50 genis ϛ

OVIDI NASONIS

cernis ut ignavum corrumpant otia corpus, 5
　ut capiant vitium, ni moveantur, aquae.
et mihi siquis erat ducendi carminis usus,
　deficit estque minor factus inerte situ.
haec quoque, quae legitis, siquid mihi, Maxime, credis,
　scribimus invita vixque coacta manu. 10
non libet in talis animum contendere curas,
　nec venit ad duros Musa vocata Getas.
ut tamen ipse vides, luctor deducere versum :
　sed non fit fato mollior ille meo.
cum relego, scripsisse pudet, quia plurima cerno 15
　me quoque, qui feci, iudice digna lini.
nec tamen emendo. labor hic quam scribere maior,
　mensque pati durum sustinet aegra nihil.
scilicet incipiam lima mordacius uti,
　et sub iudicium singula verba vocem? 20
torquet enim fortuna parum, nisi Lixus in Hebrum
　confluat, et frondes Alpibus addat Atho?
parcendum est animo miserabile vulnus habenti.
　subducunt oneri colla perusta boves.
at, puto, fructus adest, iustissima causa laborum, 25
　et sata cum multo faenore reddit ager?
tempus ad hoc nobis, repetas licet omnia, nullum
　profuit (atque utinam non nocuisset!) opus.
cur igitur scribam, miraris? miror et ipse,
　et tecum quaero saepe quid inde petam. 30
an populus vere sanos negat esse poetas,
　sumque fides huius maxima vocis ego,
qui, sterili totiens cum sim deceptus ab arvo,
　damnosa persto condere semen humo?

V 6 capeant uitio *A, unde* ut careant uitio, si *Merkel*　　11 demittere *exc. Scal.*　　21 lixus *ABH*; *cf. Ehwald, Kr. B. p.* 41 : licus (= Lўcus) *C* (*in quo* -cus *in ras. m.* 2) *Oω* : lyrus *E* : Lissus *Merkel* : Nilus *Heinsius*　　22 athos *CEHOϚ* ; *sed cf. Liu.* xliv. 11. 3

EX PONTO I

scilicet est cupidus studiorum quisque suorum, 35
tempus et adsueta ponere in arte iuvat.
saucius eiurat pugnam gladiator, et idem
inmemor antiqui vulneris arma capit.
nil sibi cum pelagi dicit fore naufragus undis,
et ducit remos qua modo navit aqua. 40
sic ego constanter studium non utile servo,
et repeto, nollem quas coluisse, deas.
quid potius faciam? non sum, qui segnia ducam
otia: mors nobis tempus habetur iners.
nec iuvat in lucem nimio marcescere vino, 45
nec tenet incertas alea blanda manus.
cum dedimus somno quas corpus postulat horas,
quo ponam vigilans tempora longa modo?
moris an oblitus patrii contendere discam
Sarmaticos arcus, et trahar arte loci? 50
hoc quoque me studium prohibent adsumere vires,
mensque magis gracili corpore nostra valet.
cum bene quaesieris quid agam, magis utile nil est
artibus his, quae nil utilitatis habent.
consequor ex illis casus oblivia nostri: 55
hanc messem satis est si mea reddit humus.
gloria vos acuat, vos, ut recitata probentur
carmina, Pieriis invigilate choris.
quod venit ex facili, satis est componere nobis,
et nimis intenti causa laboris abest. 60
cur ego sollicita poliam mea carmina cura?
an verear ne non approbet illa Getes?
forsitan audacter faciam, sed glorior Histrum
ingenio nullum maius habere meo.
hoc, ubi vivendum est, satis est, si consequor arvo, 65
inter inhumanos esse poeta Getas.

50 trahor *a*   60 doloris *C*   62 uereor *BCEOS*

OVIDI NASONIS

quo mihi diversum fama contendere in orbem?
   quem fortuna dedit, Roma sit ille locus.
hoc mea contenta est infelix Musa theatro:
   sic merui, magni sic voluere dei   70
nec reor hinc istuc nostris iter esse libellis,
   quo Boreas pinna deficiente venit.
dividimur caelo, quaeque est procul urbe Quirini,
   aspicit hirsutos comminus Vrsa Getas.
per tantum terrae, tot aquas vix credere possum   75
   indicium studii transiluisse mei.
finge legi, quodque est mirabile, finge placere:
   auctorem certe res iuvat ista nihil.
quid tibi, si calidae, prosit, laudere Syenae,
   aut ubi Taprobanen Indica tingit aqua?   80
altius ire libet? si te distantia longe
   Pleiadum laudent signa, quid inde feras?
sed neque pervenio scriptis mediocribus istuc,
   famaque cum domino fugit ab urbe suo.
vosque, quibus perii, tunc cum mea fama sepulta est, 85
   nunc quoque de nostra morte tacere reor.

VI

ECQVID, ut audisti (nam te diversa tenebat
   terra) meos casus, cor tibi triste fuit?
dissimules metuasque licet, Graecine, fateri,
   si bene te novi, triste fuisse liquet.
non cadit in mores feritas inamabilis istos,
   nec minus a studiis dissidet illa tuis.
artibus ingenuis, quarum tibi maxima cura est,
   pectora mollescunt asperitasque fugit.

---

79 calidae ... Syenae *Riese, Ehwald, Kr. B. p.* 53: calidae ... syene *B*: calida ... si ne *A*: calide ... syonea *C*: calida ... Syene ω   80 tingit *O*: pingit *aω*: cingit *ς*   81-82 *secluserunt Bentley, Merkel*
VI 5 illos *C*

EX PONTO I

nec quisquam meliore fide complectitur illas,
    qua sinit officium militiaeque labor.   10
certe ego cum primum potui sentire quid essem
    (nam fuit attoniti mens mea nulla diu),
hoc quoque fortunam sensi, quod amicus abesses,
    qui mihi praesidium grande futurus eras.
tecum tunc aberant aegrae solacia mentis,   15
    magnaque pars animi consiliique mei.
at nunc, quod superest, fer opem, precor, eminus unam,
    adloquioque iuva pectora nostra tuo,
quae, non mendaci si quicquam credis amico,
    stulta magis dici quam scelerata decet.   20
nec breve nec tutum peccati quae sit origo
    scribere; tractari vulnera nostra timent.
qualicumque modo mihi sunt ea facta, rogare
    desine: non agites, siqua coire velis.
quicquid id est, ut non facinus, sic culpa vocanda est. 25
    omnis an in magnos culpa deos scelus est?
spes igitur menti poenae, Graecine, levandae
    non est ex toto nulla relicta meae.
haec dea, cum fugerent sceleratas numina terras,
    in dis invisa sola remansit humo.   30
haec facit ut vivat fossor quoque compede vinctus,
    liberaque a ferro crura futura putet.
haec facit ut, videat cum terras undique nullas,
    naufragus in mediis brachia iactet aquis.
saepe aliquem sollers medicorum cura reliquit,   35
    nec spes huic vena deficiente cadit.
carcere dicuntur clausi sperare salutem,
    atque aliquis pendens in cruce vota facit.

12 attoniti *Ehwald, Kr. B. p.* 46: attonito *codd.*   mea] mihi ω
13 fortunae ς *Heinsius*   hanc... fortunam *E*   16 consiliumque
*H*ς   21 tutum est *BCEHO*ς   23 qualiacumque *A*   sunt
Ehwald, Kr. B. p. 69: sint *codd.*

OVIDI NASONIS

haec dea quam multos laqueo sua colla ligantis
   non est proposita passa perire nece!   40
me quoque conantem gladio finire dolorem
   arguit iniecta continuitque manu,
'quid' que 'facis? lacrimis opus est, non sanguine' dixit,
   'saepe per has flecti principis ira solet.'
quamvis est igitur meritis indebita nostris,   45
   magna tamen spes est in bonitate dei.
qui ne difficilis mihi sit, Graecine, precare,
   confer et in votum tu quoque verba meum.
inque Tomitana iaceam tumulatus harena,
   si te non nobis ista vovere liquet.   50
nam prius incipient turris vitare columbae,
   antra ferae, pecudes gramina, mergus aquas,
quam male se praestet veteri Graecino amico.
   non ita sunt fatis omnia versa meis.

VII

LITTERA pro verbis tibi, Messaline, salutem
   quam legis, a saevis attulit usque Getis.
indicat auctorem locus? an, nisi nomine lecto,
   haec me Nasonem scribere verba latet?
ecquis in extremo positus iacet orbe tuorum,   5
   me tamen excepto, qui precor esse tuus?
di procul a cunctis, qui te venerantur amantque,
   huius notitiam gentis habere velint.
nos satis est inter glaciem Scythicasque sagittas
   vivere, si vita est mortis habenda genus.   10
nos premat aut bello tellus, aut frigore caelum,
   truxque Getes armis, grandine pugnet hiems:

---

42 arguit *ABEHS*; *cf. Met.* xi. 173: arcuit *COS*   iniectam . . . manum *O*
VII 8 abesse *EOS*   12 pulset *S*; *cf.* iv. 14. 28, *Met.* vi. 692: pugnat *EO*: pungat *Merkel*

EX PONTO I

nos habeat regio nec pomo feta nec uvis,
et cuius nullum cesset ab hoste latus.
cetera sit sospes cultorum turba tuorum, 15
in quibus, ut populo, pars ego parva fui.
me miserum, si tu verbis offenderis istis
nosque negas ulla parte fuisse tuos!
idque sit ut verum, mentito ignoscere debes
nil demit laudi gloria nostra tuae. 20
quis se Caesaribus notus non fingit amicum?
da veniam fasso: tu mihi Caesar eras.
nec tamen inrumpo quo non licet ire, satisque est
atria si nobis non patuisse negas.
utque tibi fuerit mecum nihil amplius, uno 25
nempe salutaris, quam prius, ore minus.
nec tuus est genitor nos infitiatus amicos,
hortator studii causaque faxque mei:
cui nos et lacrimas, supremum in funere munus,
et dedimus medio scripta canenda foro. 30
adde quod est frater, tanto tibi iunctus amore,
quantus in Atridis Tyndaridisque fuit:
is me nec comitem nec dedignatus amicum est:
si tamen haec illi non nocitura putas.
si minus, hac quoque me mendacem parte fatebor: 35
clausa mihi potius tota sit ista domus.
sed neque claudenda est, et nulla potentia vires
praestandi, ne quid peccet amicus, habet.
et tamen ut cuperem culpam quoque posse negari,
sic facinus nemo nescit abesse mihi. 40
quod nisi delicti pars excusabilis esset,
parva relegari poena futura fuit.
ipse sed hoc vidit, qui pervidet omnia, Caesar,
stultitiam dici crimina posse mea:

19-22 del. Merkel, 21-22 suspectos Heinsio del. Bentley, defendit Schreuders, Obss. p. 36   22 eras AB²ς : eris BCEOς

OVIDI NASONIS

quaque ego permisi, quaque est res passa, pepercit,   45
  usus et est modice fulminis igne sui.
nec vitam nec opes nec ademit posse reverti,
  si sua per vestras victa sit ira preces.
at graviter cecidi. quid enim mirabile, si quis
  a Iove percussus non leve vulnus habet?   50
ipse suas etiam vires inhiberet Achilles,
  missa gravis ictus Pelias hasta dabat.
iudicium nobis igitur cum vindicis adsit,
  non est cur tua me ianua nosse neget.
culta quidem, fateor, citra quam debuit, illa est :   55
  sed fuit in fatis hoc quoque, credo, meis.
nec tamen officium sensit domus altera nostrum
  sic illic : vestro sub Lare semper eram.
quaeque tua est pietas, ut te non excolat ipsum,
  ius aliquod tecum fratris amicus habet.   60
quid quod, ut emeritis referenda est gratia semper,
  sic est fortunae promeruisse tuae?
quod si permittis nobis suadere quid optes,
  ut des quam reddas plura precare deos.
idque facis, quantumque licet meminisse, solebas   65
  officii causae pluribus esse datis.
quo libet in numero me, Messaline, repone,
  sim modo pars vestrae non aliena domus :
et mala Nasonem, quoniam meruisse videtur,
  si non ferre doles, at meruisse dole.   70

51 etiam *aς* : quamuis *EHOς*   52 dabit *A* : dedit *E* : tulit *O*
56 sed] et *Riese*   crede ω ; *sed cf. Am.* iii. 2. 26   57 nescit
Korn   domus] magis *Parisinus* 8239, *Schreuders*   58 sic *Ehwald*,
Kr. B. p. 75 : hic *codd.*   61-66 *seclusit Weise*, 65-66 *del. Bentley*
66 causae *Purser* : causa *ABω* : causá *C* : causam *ς*   datis *emendaui* ;
cf. Met. vi. 463 : dati *CHω* : dari *AB*   causam pluribus ipse dare
Madvig, Adu. ii. 101 : causae p. e. dati *Purser* : causa p. e. dator
Schenkl : *uersum lacunae explendae confictum censent Roeper, Korn*

VIII

A TIBI dilecto missam Nasone salutem
　accipe, pars animae magna, Severe, meae.
neve roga quid agam. si persequar omnia, flebis;
　summa satis nostri si tibi nota mali.
vivimus assiduis expertes pacis in armis,　　　　　5
　dura pharetrato bella movente Geta.
deque tot expulsis sum miles in exule solus:
　tuta, neque invideo, cetera turba latet.
quoque magis nostros venia dignere libellos,
　haec in procinctu carmina facta leges.　　　　　10
stat vetus urbs, ripae vicina binominis Histri,
　moenibus et positu vix adeunda loci.
Caspios Aegisos, de se si credimus ipsis,
　condidit, et proprio nomine dixit opus.
hanc ferus, Odrysiis inopino Marte peremptis,　　15
　cepit et in regem sustulit arma Getes.
ille memor magni generis, virtute quod auget,
　protinus innumero militer cinctus adest.
nec prius abscessit, merita quam caede nocentum
　. . . . .　　　　　　　　　　20
at tibi, rex aevo, detur, fortissime nostro,
　semper honorata sceptra tenere manu.
teque, quod et praestat (quid enim tibi plenius optem?)
　Martia cum magno Caesare Roma probet.
sed memor unde abii, queror, o iucunde sodalis,　25
　accedunt nostris saeva quod arma malis.

VIII 4 si *A*: sit *cett. codd.*　　13 aegisos *AB*: etpiosos *C*: egisus, egissus ω: egipsus *O*　　20 *om. A*: audaces animos contuderit (contuderat *Riese*) populi *BC*: se nimis ulciscens extitit ipse nocens ω, *utrumque supplementum expulit Merkel, Ouidio abiudicauit Ehwald, Kr. B. p.* 11, 17　　23 praestat *sc. Roma cum Caesare probationem*: praesto est *frustra coniecit Merkel*　　26 accedunt *BOϛ*: accedant *ACEϛ*

OVIDI NASONIS

ut careo vobis, Stygias detrusus in oras,
  quattuor autumnos Pleias orta facit.
nec tu credideris urbanae commoda vitae
  quaerere Nasonem, quaerit et illa tamen.   30
nam modo vos animo dulces reminiscor amici,
  nunc mihi cum cara coniuge nata subit:
aque domo rursus pulchrae loca vertor ad urbis,
  cunctaque mens oculis pervidet usa suis.
nunc fora, nunc aedes, nunc marmore tecta theatra, 35
  nunc subit aequata porticus omnis humo.
gramina nunc Campi pulchros spectantis in hortos,
  stagnaque et euripi Virgineusque liquor.
at, puto, sic urbis misero est erepta voluptas,
  quolibet ut saltem rure frui liceat?   40
non meus amissos animus desiderat agros,
  ruraque Paeligno conspicienda solo,
nec quos piniferis positos in collibus hortos
  spectat Flaminiae Clodia iuncta viae.
quos ego nesciocui colui, quibus ipse solebam 45
  ad sata fontanas, nec pudet, addere aquas:
sunt ubi, si vivunt, nostra quoque consita quaedam,
  sed non et nostra poma legenda manu.
pro quibus amissis utinam contingere possit
  hic saltem profugo glaeba colenda mihi!   50
ipse ego pendentis, liceat modo, rupe capellas,
  ipse velim baculo pascere nixus oves;
ipse ego, ne solitis insistant pectora curis,
  ducam ruricolas sub iuga curva boves;
et discam Getici quae norunt verba iuvenci, 55
  adsuetas illis adiciamque minas.
ipse manu capulum pressi moderatus aratri
  experiar mota spargere semen humo.

27 Stygias *aH⌐*; *cf.* iv. 9. 74, *Trist.* iv. 5. 22: scythicas *EO⌐*
34 praeuidet *EO⌐*   illa *BCEω*   47 ibi *CEHO⌐*   57 prensi *a⌐*

EX PONTO I

nec dubitem longis purgare ligonibus herbas,
 et dare iam sitiens quas bibat hortus aquas. 60
unde sed hoc nobis, minimum quos inter et hostem
 discrimen murus clausaque porta facit?
at tibi nascenti, quod toto pectore laetor,
 nerunt fatales fortia fila deae.
te modo Campus habet, densa modo porticus umbra, 65
 nunc, in quo ponis tempora rara, forum:
Vmbria nunc revocat, nec non Albana petentem
 Appia ferventi ducit in arva rota.
forsitan hic optes, ut iustam supprimat iram
 Caesar, et hospitium sit tua villa meum. 70
a! nimium est, quod, amice, petis: moderatius opta,
 et voti quaeso contrahe vela tui.
terra velim propior nullique obnoxia bello
 detur: erit nostris pars bona dempta malis.

IX

Qvae mihi de rapto tua venit epistula Celso,
 protinus est lacrimis umida facta meis;
quodque nefas dictu, fieri nec posse putavi,
 invitis oculis littera lecta tua est.
nec quicquam ad nostras pervenit acerbius aures, 5
 ut sumus in Ponto, perveniatque precor.
ante meos oculos tamquam praesentis imago
 haeret, et extinctum vivere fingit amor.
saepe refert animus lusus gravitate carentes,
 seria cum liquida saepe peracta fide. 10
nulla tamen subeunt mihi tempora densius illis,
 quae vellem vitae summa fuisse meae,
cum domus ingenti subito mea lapsa ruina
 concidit in domini procubuitque caput.

74 erat *A*
IX 1 tua] nunc *BC*

adfuit ille mihi, cum me pars magna reliquit,   15
  Maxime, fortunae nec fuit ipse comes.
illum ego non aliter flentem mea funera vidi,
  ponendus quam si frater in igne foret.
haesit in amplexu consolatusque iacentem est,
  cumque meis lacrimis miscuit usque suas.   20
o quotiens vitae custos invisus amarae
  continuit promptas in mea fata manus!
o quotiens dixit 'placabilis ira deorum est:
  vive nec ignosci tu tibi posse nega!'
vox tamen illa fuit celeberrima, 'respice, quantum   25
  debeat auxilium Maximus esse tibi.
Maximus incumbet, quaque est pietate, rogabit,
  ne sit ad extremum Caesaris ira tenax;
cumque suis fratris vires adhibebit, et omnem,
  quo levius doleas, experietur opem.'   30
haec mihi verba malae minuerunt taedia vitae.
  quae tu ne fuerint, Maxime, vana cave.
huc quoque venturum mihi se iurare solebat
  non nisi te longae ius sibi dante viae.
nam tua non alio coluit penetralia ritu,   35
  terrarum dominos quam colis ipse deos.
crede mihi, multos habeas cum dignus amicos,
  non fuit e multis quolibet ille minor,
si modo non census nec clarum nomen avorum
  sed probitas magnos ingeniumque facit.   40
iure igitur lacrimas Celso libamus adempto,
  cum fugerem, vivo quas dedit ille mihi:
carmina iure damus raros testantia mores,
  ut tua venturi nomina, Celse, legant.
hoc est, quod possum Geticis tibi mittere ab arvis: 45
  hoc solum est istic quod licet esse meum.

17 uulnera *BCϚ*   20 ille *EOϚ*   45 possim *AϚ*   46 liquet
Heinsius, *improbante Schreuders, p. 41*   quoi licet *Siesbye (Madvig,*
Adu. ii. 102)

EX PONTO I

funera non potui comitare nec ungere corpus,
   aque tuis toto dividor orbe rogis.
qui potuit, quem tu pro numine vivus habebas,
   praestitit officium Maximus omne tibi.   50
ille tibi exequias et magni funus honoris
   fecit et in gelidos versit amoma sinus,
diluit et lacrimis maerens unguenta profusis
   ossaque vicina condita texit humo.
qui quoniam extinctis, quae debet, praestat amicis,   55
   et nos extinctis adnumerare potest.

X

Naso suo profugus mittit tibi, Flacce, salutem,
   mittere rem siquis, qua caret ipse, potest.
longus enim curis vitiatum corpus amaris
   non patitur vires languor habere suas.
nec dolor ullus adest, nec febribus uror anhelis,   5
   et peragit soliti vena tenoris iter.
os hebes est positaeque movent fastidia mensae,
   et queror, invisi cum venit hora cibi.
quod mare quod tellus adpone quod educat aer,
   nil ibi, quod nobis esuriatur, erit.   10
nectar et ambrosiam, latices epulasque deorum,
   det mihi formosa nava Iuventa manu:
non tamen exacuet torpens sapor ille palatum,
   stabit et in stomacho pondus inerte diu.
haec ego non ausim, cum sint verissima, cuivis   15
   scribere, delicias ne mala nostra vocet.
scilicet is status est, ea rerum forma mearum,
   deliciis etiam possit ut esse locus.
delicias illi precor has contingere, siquis
   ne mihi sit levior Caesaris ira timet.   20

---

52 uersit *Heinsius*: uertit αω: fudit ϛ : uergit *Gronouius*
X 12 grata *EHO*ϛ

EX PONTO I

is quoque, qui gracili cibus est in corpore, somnus,
  non alit officio corpus inane suo.
sed vigilo vigilantque mei sine fine dolores,
  quorum materiam dat locus ipse mihi.
vix igitur possis visos agnoscere vultus, 25
  quoque ierit quaeras qui fuit ante color.
parvus in exiles sucus mihi pervenit artus,
  membraque sunt cera pallidiora nova.
non haec inmodico contraxi damna Lyaeo:
  scis mihi quam solae paene bibantur aquae. 30
non epulis oneror: quarum si tangar amore,
  est tamen in Geticis copia nulla locis.
nec vires adimit Veneris damnosa voluptas:
  non solet in maestos illa venire toros.
unda locusque nocent et causa valentior istis, 35
  anxietas animi, quae mihi semper adest.
haec nisi tu pariter simili cum fratre levares,
  vix mens tristitiae nostra tulisset onus.
vos estis fracto tellus non dura phaselo:
  quamque negant multi, vos mihi fertis opem. 40
ferte, precor, semper, quia semper egebimus illa,
  Caesaris offensum dum mihi numen erit.
qui meritam nobis minuat, non finiat, iram,
  suppliciter vestros quisque rogate deos.

22 inane] ut ante *Bentley*; sed cf. *Ibis* 150   37 hanc ⵈ : hoc
excerpta Polit.

LIBER SECVNDVS

I

Hvc quoque Caesarei pervenit fama triumphi,
  languida quo fessi vix venit aura Noti.
nil fore dulce mihi Scythica regione putavi:
  iam minus hic odio est, quam fuit ante, locus.
tandem aliquid pulsa curarum nube serenum   5
  vidi, fortunae verba dedique meae.
nolit ut ulla mihi contingere gaudia Caesar,
  velle potest cuivis haec tamen una dari.
di quoque, ut a cunctis hilari pietate colantur,
  tristitiam poni per sua festa iubent.   10
denique, quod certus furor est audere fateri,
  hac ego laetitia, si vetet ipse, fruar.
Iuppiter utilibus quotiens iuvat imbribus agros,
  mixta tenax segeti crescere lappa solet.
nos quoque frugiferum sentimus inutilis herba   15
  numen, et invita saepe iuvamur ope.
gaudia Caesareae mentis pro parte virili
  sunt mea: privati nil habet illa domus.
gratia, Fama, tibi, per quam spectata triumphi
  incluso mediis est mihi pompa Getis.   20
indice te didici, nuper visenda coisse
  innumeras gentes ad ducis ora sui:
quaeque capit vastis inmensum moenibus orbem,
  hospitiis Romam vix habuisse locum.

I 7 illa *aς*: noluit illa *E*   17 gentis *Heinsius, improbante Schreuders, p.* 43

OVIDI NASONIS

tu mihi narrasti, cum multis lucibus ante 25
   fuderit assiduas nubilus Auster aquas,
numine caelesti solem fulsisse serenum,
   cum populi vultu conveniente die,
atque ita victorem cum magnae vocis honore
   bellica laudatis dona dedisse viris, 30
claraque sumpturum pictas insignia vestes
   tura prius sanctis inposuisse focis,
iustitiamque sui caste placasse parentis,
   illo quae templum pectore semper habet,
quaque ierit, felix adiectum plausibus omen, 35
   saxaque roratis erubuisse rosis;
protinus argento versos imitantia muros
   barbara cum pictis oppida lata viris,
fluminaque et montes et in altis proelia silvis,
   armaque cum telis in strue mixta sua, 40
deque tropaeorum, quod sol incenderit, auro
   aurea Romani tecta fuisse fori,
totque tulisse duces captivis addita collis
   vincula, paene hostis quot satis esse fuit.
maxima pars horum vitam veniamque tulerunt, 45
   in quibus et belli summa caputque Bato.
cur ego posse negem minui mihi numinis iram,
   cum videam mitis hostibus esse deos?
pertulit hic idem nobis, Germanice, rumor,
   oppida sub titulo nominis isse tui. 50

26 assuetas *C*   33 caste *Scaliger*: castae *A* : castos *Bω* : iustos *O* : t t̄c̄ *C*   placuisse *C*   parentes *Bω*   34 quae *Scaliger*: quo *codd.*
35 adiunctum ς   36 iactatis ς *excerpta Pol.*: odoratis *conieci*; *cf. Trist.* v. 3. 3   37 ueros *Eς*   38 uictis *BCEOς*   39 proelia *Merkel*: proflua *αωH* : pascua *EOς excerpt. Scal.*   fluminaque in montes et in altas proflua siluas *Heinsius*   40 suis *B²Oς*   41 incenderit *Basileensis*: incenderet *aς* : incenderat *EOς*   43 captiuis ς *Naugerius*: captiuos *αω*   44 hostis *A* : hostes *cett. codd.*
46 bato *A excerpta Scal.*: fuit *B*(*in ras.*) *EHOω* : tenet *C*   48 mitis *A* : mites *cett.*   49 rettulit *B*   50 esse *αEOς*

EX PONTO II

atque ea te contra nec muri mole nec armis
  nec satis ingenio tuta fuisse loci.
di tibi dent annos, a te nam cetera sumes,
  sint modo virtuti tempora longa tuae.
quod precor, eveniet: sunt quiddam oracula vatum: 55
  nam deus optanti prospera signa dedit.
te quoque victorem Tarpeias scandere in arces
  laeta coronatis Roma videbit equis;
maturosque pater nati spectabit honores,
  gaudia percipiens, quae dedit ipse suis. 60
iam nunc haec a me, iuvenum belloque togaque
  maxime, dicta tibi vaticinante nota.
hunc quoque carminibus referam fortasse triumphum,
  sufficiet nostris si modo vita malis,
inbuero Scythicas si non prius ipse sagittas, 65
  abstuleritque ferox hoc caput ense Getes.
quae si me salvo dabitur tua laurea templis,
  omina bis dices vera fuisse mea.

II

ILLE domus vestrae primis venerator ab annis,
  pulsus ad Euxini Naso sinistra freti,
mittit ab indomitis hanc, Messaline, salutem,
  quam solitus praesens est tibi ferre, Getis.
ei mihi, si lecto vultus tibi nomine non est 5
  qui fuit, et dubitas cetera perlegere!
perlege, nec mecum pariter mea verba relega:
  urbe licet vestra versibus esse meis.
non ego concepi, si Pelion Ossa tulisset,
  clara mea tangi sidera posse manu, 10

---

55 quiddam *Heumann et Heinsius*: quaedam aω   67 quod ∞
II 5 ei] o (oe *B*) a: heu *E*ς   si *AB(corr.)H*O*ς; *cf*. iv. 8. 13:
quid *B(expunctus)C*ω

OVIDI NASONIS

nec nos Enceladi dementia castra secuti
  in rerum dominos movimus arma deos,
nec, quod Tydidae temeraria dextera fecit,
  numina sunt telis ulla petita meis.
est mea culpa gravis, sed quae me perdere solum   15
  ausa sit, et nullum maius adorta nefas.
nil nisi non sapiens possum timidusque vocari:
  haec duo sunt animi nomina vera mei.
esse quidem fateor meritam post Caesaris iram
  difficilem precibus te quoque iure meis;   20
quaeque tua est pietas in totum nomen Iuli,
  te laedi, cum quis laeditur inde, putas.
sed licet arma feras et vulnera saeva mineris,
  non tamen efficies ut timeare mihi.
puppis Achaemeniden Graium Troiana recepit,   25
  profuit et Myso Pelias hasta duci.
confugit interdum templi violator ad aram,
  nec petere offensi numinis horret opem.
dixerit hoc aliquis tutum non esse. fatemur.
  sed non per placidas it mea puppis aquas.   30
tuta petant alii: fortuna miserrima tuta est:
  nam timor eventu deterioris abest.
qui rapitur spumante salo, sua brachia tendens
  porrigit ad spinas duraque saxa manus,
accipitremque timens pennis trepidantibus ales   35
  audet ad humanos fessa venire sinus,
nec se vicino dubitat committere tecto,
  quae fugit infestos territa cerva canes.
da, precor, accessum lacrimis, mitissime, nostris,
  nec rigidam timidis vocibus obde forem,   40

32 euentu *AB*: euentus *C*∞   33-34 *om. BC sic praestant
Erfurtanus ac Lipsiensis*   salo] freto *Erfurt.*   qui rapitur | porrigit
spinas dura quae saxa *A mutilum archetypon nactus*; *cf. Senec. Ep.* 4. 5:
qui rapitur fatis quid praeter fata requirit (requirat ϛ) | saepe creat
molles aspera spina rosas *B*²(*man. rec.*)*EHO*ϛ *excerpta Pol.*   35
accipitrem (ancipitrem *Lips.*) metuens *C Lipsiensis*   38 infesto *A*

verbaque nostra favens Romana ad numina perfer,
  non tibi Tarpeio culta Tonante minus,
mandatique mei legatus suscipe causam:
  nulla meo quamvis nomine causa bona est.
iam prope depositus, certe iam frigidus aeger, 45
  servatus per te, si modo servor, ero.
nunc tua pro lassis nitatur gratia rebus,
  principis aeterni quam tibi praestat amor.
nunc tibi et eloquii nitor ille domesticus adsit,
  quo poteras trepidis utilis esse reis. 50
vivit enim in vobis facundi lingua parentis,
  et res heredem repperit illa suum.
hanc ego, non ut me defendere temptet, adoro:
  non est confessi causa tuenda rei.
num tamen excuses erroris origine factum, 55
  an nihil expediat tale movere, vide.
vulneris id genus est quod, cum sanabile non sit,
  non contrectari tutius esse puto.
lingua, sile. non est ultra narrabile quicquam.
  posse velim cineres obruere ipse meos. 60
sic igitur, quasi me nullus deceperit error,
  verba fac, ut vita, quam dedit ille, fruar;
cumque serenus erit vultusque remiserit illos,
  qui secum terras inperiumque movent,
exiguam ne me praedam sinat esse Getarum, 65
  detque solum miserae mite, precare, fugae.
tempus adest aptum precibus. valet ille videtque
  quas fecit vires, Roma, valere tuas.
incolumi coniunx sua pulvinaria servat;
  promovet Ausonium filius inperium; 70
praeterit ipse suos animo Germanicus annos,
  nec vigor est Drusi nobilitate minor.

41 fouens *E͡ς*   45 aegre *Burmann*   47 lapsis ω   62 face *E͡ς*   ille *B*: ipse *cett.*   67 ille *BEOς*: illa *AC*: ipse *ς*   69 incolumi *C*: incolomi *AB*: incolumis ω

OVIDI NASONIS

adde nurum neptesque pias natosque nepotum
    ceteraque Augustae membra valere domus;
adde triumphatos modo Paeonas, adde quieti   75
    subdita montanae brachia Dalmatiae.
nec dedignata est abiectis Illyris armis
    Caesareum famulo vertice ferre pedem.
ipse super currum placido spectabilis ore
    tempora Phoebea virgine nexa tulit.   80
quem pia vobiscum proles comitavit euntem,
    digna parente suo nominibusque datis,
fratribus adsimiles, quos proxima templa tenentis
    divus ab excelsa Iulius aede videt.
his Messalinus, quibus omnia cedere debent,   85
    primum laetitiae non negat esse locum.
quicquid ab his superest, venit in certamen amoris:
    hac hominum nulli parte secundus erit.
hanc colet ante diem qua, quae decreta merenti,
    venit honoratis laurea digna comis.   90
felices, quibus, o, licuit spectare triumphos
    et ducis ore deos aequiperante frui!
at mihi Sauromatae pro Caesaris ore videndi
    terraque pacis inops undaque vincta gelu.
si tamen haec audis et vox mea pervenit istuc,   95
    sit tua mutando gratia blanda loco.
hoc pater ille tuus primo mihi cultus ab aevo,
    si quid habet sensus umbra diserta, petit.
hoc petit et frater, quamvis fortasse veretur
    servandi noceat ne tibi cura mei.   100

---

73 nurum (*i. e. Antoniam*) *ABEH*ς *excerpt. Pol.*: nuros *C*: nurus ω   neptesque (*i. e. Agrippinam maiorem, Liuillam*) *C*ω : neptemque *A*: neppā//q; *B*   83 adsimiles *AB Ehwald, Kr. B. p.* 55: adsimilis *C*ω   87 honoris *H*   88 eris ς   89 hunc *O*   colit *EHO*ς   qua quae (*sc. est*) *scripsi* ; *cf. Graeber, Quaest. Ov.* i, *p.* xix : quāq; *A*: qua quam *B*: q̄mq (*sscr.* a) ut *C*: quamquam ω: quam qua *Heinsius*: noua quae *Merkel*   91 o] hos *EHO*ς   94 iuncta *AO*ς ; *sed cf.* iii. 1. 15 ; *Tr.* iii. 10. 25   95 istae *A* : istac *Merkel*: illuc *EHO*ς

EX PONTO II

tota domus rogat hoc: nec tu potes ipse negare
  et nos in turbae parte fuisse tuae.
ingenii certe, quo nos male sensimus usos,
  Artibus exceptis, saepe probator eras.
nec mea, si tantum peccata novissima demas, 105
  esse potest domui vita pudenda tuae.
sic igitur vestrae vigeant penetralia gentis,
  curaque sit superis Caesaribusque tui:
mite, sed iratum merito mihi, numen adora,
  eximar ut Scythici de feritate loci. 110
difficile est, fateor: sed tendit in ardua virtus,
  et talis meriti gratia maior erit.
nec tamen Aetnaeus vasto Polyphemus in antro
  accipiet voces Antiphatesve tuas:
sed placidus facilisque parens veniaeque paratus, 115
  et qui fulmineo saepe sine igne tonat.
qui cum triste aliquid statuit, fit tristis et ipse,
  cuique fere poenam sumere poena sua est.
victa tamen vitio est huius clementia nostro,
  venit et ad vires ira coacta suas. 120
qui quoniam patria toto sumus orbe remoti,
  nec licet ante ipsos procubuisse deos,
quos colis, ad superos haec fer mandata sacerdos,
  adde sed et proprias ad mea verba preces.
sic tamen haec tempta, si non nocitura putabis. 125
  ignosces. timeo naufragus omne fretum.

III

MAXIME, qui claris nomen virtutibus aequas,
  nec sinis ingenium nobilitate premi,
culte mihi (quid enim status hic a funere differt?)
  supremum vitae tempus adusque meae,
rem facis, afflictum non aversatus amicum, 5
  qua non est aevo rarior ulla tuo.

110 eximat *AS*   me *Argentoratensis*

OVIDI NASONIS

turpe quidem dictu, sed, si modo vera fatemur,
   vulgus amicitias utilitate probat.
cura, quid expediat, prius est, quam quid sit honestum,
   et cum fortuna statque caditque fides.   10
nec facile invenias multis in milibus unum,
   virtutem pretium qui putet esse sui.
ipse decor, recte facti si praemia desint,
   non movet, et gratis paenitet esse probum.
nil nisi quod prodest carum est: sed detrahe menti   15
   spem fructus avidae, nemo petendus erit.
at reditus iam quisque suos amat, et sibi quid sit
   utile, sollicitis supputat articulis.
illud amicitiae quondam venerabile numen
   prostat et in quaestu pro meretrice sedet.   20
quo magis admiror, non, ut torrentibus undis,
   communis vitii te quoque labe trahi.
diligitur nemo, nisi cui fortuna secunda est:
   quae, simul intonuit, proxima quaeque fugat.
en ego, non paucis quondam munitus amicis,   25
   dum flavit velis aura secunda meis,
ut fera nimboso tumuerunt aequora vento,
   in mediis lacera nave relinquor aquis;
cumque alii nolint etiam me nosse videri,
   vix duo proiecto tresve tulistis opem.   30
quorum tu princeps. neque enim comes esse, sed auctor,
   nec petere exemplum, sed dare dignus eras.
te, nihil exactos nisi nos peccasse fatentem,
   sponte sua probitas officiumque iuvat.

III 11 inuenies *EOS*   15 nil *BCω* : et *A*, *unde* et si quid prodest, carum est, et detrahe *Ehwald, Kr. B. p.* 55: nec *Merkel*   sed *B* : si *C* : et *AS* : en *EOS*   16 uerendus *Madvig*   19 nomen *EHOS*; *cf. Tr.* i. 8. 15: *respexit hunc locum Ennodius, Carm.* ii. 15, *ed. Vogel.* 'permulcent pelagi numen uenerabile cantu'   33 exactos *Ehwald, i. e. te, qui fateris, nos, qui nunc exacti sumus, peccasse solum, non scelus commisisse, Kr. B. p.* 56: ex acto *codd.*   nos] non *A* : uos *C*   fatemur *B* (*corr. B²*)   ex acto n. te fecisse petentem *Tan. Faber*

iudice te mercede caret per seque petenda est 35
 externis virtus incomitata bonis.
turpe putas abigi, quia sit miserandus, amicum,
 quodque sit infelix, desinere esse tuum.
mitius est lasso digitum supponere mento,
 mergere quam liquidis ora natantis aquis. 40
cerne quid Aeacides post mortem praestet amico:
 instar et hanc vitam mortis habere puta.
Pirithoum Theseus Stygias comitavit ad undas:
 a Stygia quantum mors mea distat aqua?
adfuit insano iuvenis Phoceus Orestae: 45
 et mea non minimum culpa furoris habet.
tu quoque magnorum laudes admitte virorum,
 ut facis, et lapso quam potes affer opem.
si bene te novi, si, qui prius esse solebas,
 nunc quoque es, atque animi non cecidere tui, 50
quo Fortuna magis saevit, magis ipse resistis,
 utque decet, ne te vicerit illa, caves;
et bene uti pugnes, bene pugnans efficit hostis.
 sic eadem prodest causa nocetque mihi.
scilicet indignum, iuvenis carissime, ducis 55
 te fieri comitem stantis in orbe deae.
firmus es, et quoniam non sunt ea, qualia velles,
 vela regis quassae qualiacumque ratis.
quaeque ita concussa est, ut iam casura putetur,
 restat adhuc umeris fulta ruina tuis. 60
ira quidem primo fuerat tua iusta, nec ipso
 lenior, offensus qui mihi iure fuit.
quique dolor pectus tetigisset Caesaris alti,
 illum iurabas protinus esse tuum.

37 abigi *BC Heinsius*; *cf. Müller, De re metr. ed. 2, p.* 291 : abici *Aω*   44 sors *Heinsius*   48 ut facis et] ut facias *A* : utque facis *EHOς*   49 qui] quid *A* : quis *C* : quod *ς*   55 rarissime *edd. uett.* : clarissime *exc. Pol.*

OVIDI NASONIS

ut tamen audita est nostrae tibi cladis origo, 65
 diceris erratis ingemuisse meis.
tum tua me primum solari littera coepit
 et laesum flecti spem dare posse deum.
movit amicitiae tum te constantia longae,
 ante tuos ortus quae mihi coepta fuit, 70
et quod eras aliis factus, mihi natus amicus,
 quodque tibi in cunis oscula prima dedi.
quod, cum vestra domus teneris mihi semper ab annis
 culta sit, esse vetus me tibi cogit onus.
me tuus ille pater, Latiae facundia linguae, 75
 quae non inferior nobilitate fuit,
primus ut auderem committere carmina famae
 impulit: ingenii dux fuit ille mei.
nec quo sit primum nobis a tempore cultus
 contendo fratrem posse referre tuum. 80
te tamen ante omnis ita sum conplexus, ut unus
 quolibet in casu gratia nostra fores.
ultima me tecum vidit maestisque cadentes
 excepit lacrimas Aethalis Ilva genis:
cum tibi quaerenti, num verus nuntius esset, 85
 attulerat culpae quem mala fama meae,
inter confessum dubie dubieque negantem
 haerebam, pavidas dante timore notas,
exemploque nivis, quam mollit aquaticus Auster,
 gutta per attonitas ibat oborta genas. 90
haec igitur referens et quod mea crimina primi
 erroris venia posse latere vides,
respicis antiquum lassis in rebus amicum,
 fomentisque iuvas vulnera nostra tuis.

74 nunc tibi cogor *E ʒ̄*   76 qui *ϛ*   79 quod sit primo *EOϛ*
84 Aethalis Ilua *Rutgers*: aeithali silua *AB*: aut ᶜhuliˢ ilua *C*: italis
ora *B²EHOω*   87 dubie *B* (*ut uidetur*) *C Argentorat.*; om. *A*:
medius *B²ω*

pro quibus optandi si nobis copia fiat,　　　　　　　　95
　tam bene promerito commoda mille precer.
sed si sola mihi dentur tua vota, precabor
　ut tibi sit salvo Caesare salva parens.
haec ego, cum faceres altaria pinguia ture,
　te solitum memini prima rogare deos.　　　　　　　100

IV

ACCIPE conloquium gelido Nasonis ab Histro,
　Attice, iudicio non dubitande meo.
ecquid adhuc remanes memor infelicis amici,
　deserit an partis languida cura suas?
non ita di mihi sunt tristes, ut credere possim　　　 5
　fasque putem iam te non meminisse mei.
ante oculos nostros posita est tua semper imago,
　et videor vultus mente videre tuos.
seria multa mihi tecum conlata recordor,
　nec data iucundis tempora pauca iocis.　　　　　　 10
saepe citae longis visae sermonibus horae,
　saepe fuit brevior quam mea verba dies.
saepe tuas venit factum modo carmen ad auris
　et nova iudicio subdita Musa tuo est.
quod tu laudaras, populo placuisse putabam.　　　 15
　hoc pretium curae dulce regentis erat.
utque meus lima rasus liber esset amici,
　non semel admonitu facta litura tuo est.
nos fora viderunt pariter, nos porticus omnis,
　nos via, nos iunctis curva theatra locis.　　　　　 20

96 precer *Heinsius*: precor *codd.*
IV 2 dubitande *EϚ*: dubitante *αω*　　6 fasue *Bentley*　　7 posita est *BC*: tua. e. *A*: tua stat *Argentorat*: praesto est *ω*: uisa est *E Gothanus*: extat *O*: tua adest *L. Müller*: tua nunc *Merkel*　　16 regentis *AOϚ*, '*loquitur de amici cura poetae operam regente*' *Riese*: recentis *BCE*: monentis *HϚ*

OVIDI NASONIS

denique tantus amor nobis, carissime, semper
   quantus in Aeacide Nestorideque fuit.
non ego, si biberes securae pocula Lethes,
   excidere haec credam pectore posse tuo.
longa dies citius brumali sidere, noxque   25
   tardior hiberna solstitialis erit,
nec Babylon aestum, nec frigora Pontus habebit,
   calthaque Paestanas vincet odore rosas,
quam tibi nostrarum veniant oblivia rerum.
   non ita pars fati candida nulla mei est.   30
ne tamen haec dici possit fiducia mendax
   stultaque credulitas nostra fuisse, cave,
constantique fide veterem tutare sodalem,
   qua licet et quantum non onerosus ero.

V

CONDITA disparibus numeris ego Naso Salano
   praeposita misi verba salute meo.
quae rata sit, cupio, rebusque ut comprobet omen,
   te precor a salvo possit, amice, legi.
candor, in hoc aevo res intermortua paene,   5
   exigit ut faciam talia vota tuus.
nam fuerim quamvis modico tibi iunctus ab usu,
   diceris exiliis indoluisse meis;
missaque ab Euxino legeres cum carmina Ponto,
   illa tuus iuvit qualiacumque favor;   10
optastique brevi solvi mihi Caesaris iram,
   quod tamen optari, si sciat, ipse sinat.

25 citior *EOS*
V 3 ut *om. A*   res bisque ut *Schenkl*; *sed cf. Am.* i. 12. 27   comprobet (coprobet *A*) αω : competat *Merkel*; *codicum fidem confirmauit Vahlen, Anfänge der Heroiden, p.* 32   8 condoluisse *H*: ingemuisse *ES*   11 breui solui *Postgate, cf. Met.* ix. 274: breuem αω   salui *aHS*: saluo *S*: fieri *EOS*   breuem statui *conieceram, ed. Trist. p.* ciii

EX PONTO II

moribus ista tuis tam mitia vota dedisti,
   nec minus idcirco sunt ea grata mihi.
quoque magis moveare malis, doctissime, nostris,   15
   credibile est fieri condicione loci.
vix hac invenies totum, mihi crede, per orbem,
   quae minus Augusta pace fruatur humus.
tu tamen hic structos inter fera proelia versus
   et legis et lectos ore favente probas,   20
ingenioque meo, vena quod paupere manat,
   plaudis, et e rivo flumina magna facis.
grata quidem sunt haec animo suffragia nostro,
   vix sibi cum miseros posse placere putes.
dum tamen in rebus temptamus carmina parvis,   25
   materiae gracili sufficit ingenium.
nuper, ut huc magni pervenit fama triumphi,
   ausus sum tantae sumere molis opus.
obruit audentem rerum gravitasque nitorque,
   nec potui coepti pondera ferre mei.   30
illic, quam laudes, erit officiosa voluntas:
   cetera materia debilitata iacent.
qui si forte liber vestras pervenit ad auris,
   tutelam mando sentiat ille tuam.
hoc tibi facturo, vel si non ipse rogarem,   35
   accedat cumulus gratia nostra levis.
non ego laudandus, sed sunt tua pectora, lacte
   et non calcata candidiora nive:
mirarisque alios, cum sis mirabilis ipse,
   nec lateant artes eloquiumque tuum.   40
te iuvenum princeps, cui dat Germania nomen,
   participem studii Caesar habere solet.
tu comes antiquus, tu primis iunctus ab annis
   ingenio mores aequiperante places.

24 putas *AB*: putat *C*: putet *Guethling*

OVIDI NASONIS

te dicente prius fit protinus inpetus illi: 45
   teque habet elicias qui sua verba tuis.
cum tu desisti mortaliaque ora quierunt
   tectaque non longa conticuere mora,
surgit Iuleo iuvenis cognomine dignus,
   qualis ab Eois Lucifer ortus aquis. 50
dumque silens adstat, status est vultusque diserti,
   spemque decens doctae vocis amictus habet.
mox, ubi pulsa mora est atque os caeleste solutum,
   hoc superos iures more solere loqui,
atque 'haec est' dicas 'facundia principe digna': 55
   eloquio tantum nobilitatis inest.
huic tu cum placeas et vertice sidera tangas,
   scripta tamen profugi vatis habenda putas.
scilicet ingeniis aliqua est concordia iunctis,
   et servat studii foedera quisque sui: 60
rusticus agricolam, miles fera bella gerentem,
   rectorem dubiae navita puppis amat.
tu quoque Pieridum studio, studiose, teneris,
   ingenioque faves, ingeniose, meo.
distat opus nostrum, sed fontibus exit ab isdem: 65
   artis et ingenuae cultor uterque sumus.
thyrsus abest a te gustata et laurea nobis,
   sed tamen ambobus debet inesse calor:
utque meis numeris tua dat facundia nervos,
   sic venit a nobis in tua verba nitor. 70

45 fit protinus $B^2\omega$, om. A: studii fuit B (*ut uidetur*) C 48 clausaque $H\varsigma$ 52 decens $E\varsigma$: docens $a\omega$ amictus *Heinsius*: amicus *codd.*   53 solutum est $C\varsigma$ 59 a e.] aliquid A 67–68 *del.* Korn, Merkel   67 abest a te *Rothmaler. progr. Nordhausen*, 1871, *p.* 15: sublestate A: ubi est a te BC: enim uobis ω gustata *A Bentley ad Hor.* iii. 30. 15; *cf. Iuu.* vii. 19: gestata $BC\omega$ et *Rothmaler*: est $a\omega$ delphica non aeque gestata est laurea nobis *fragm. Vat.* ς '*thyrsum quidem non geris laurumque non momordisti mecum.*' *Rothmaler*   68 color O, *quod coniecit Merkel ad Ibin. p.* 373

iure igitur studio confinia carmina vestro
   et commilitii sacra tuenda putas.
pro quibus ut maneat, de quo censeris, amicus,
   comprecor ad vitae tempora summa tuae,
succedatque suis orbis moderator habenis: 75
   quod mecum populi vota precantur idem.

VI

CARMINE Graecinum, qui praesens voce solebat,
   tristis ab Euxinis Naso salutat aquis.
exulis haec vox est: praebet mihi littera linguam,
   et si non liceat scribere, mutus ero.
corripis, ut debes, stulti peccata sodalis,   5
   et mala me meritis ferre minora doces.
vera facis sed sera meae convicia culpae:
   aspera confesso verba remitte reo.
cum poteram recto transire Ceraunia velo,
   ut fera vitarem saxa, monendus eram.   10
nunc mihi naufragio quid prodest discere facto,
   qua mea debuerit currere cumba via?
brachia da lasso potius prendenda natanti,
   nec pigeat mento supposuisse manum.
idque facis, faciasque precor. sic mater et uxor,   15
   sic tibi sint fratres totaque salva domus:
quodque soles animo semper, quod voce precari,
   omnia Caesaribus sic tua facta probes.
turpe erit in miseris veteri tibi rebus amico
   auxilium nulla parte tulisse tuum: 20
turpe referre pedem, nec passu stare tenaci:
   turpe laborantem deseruisse ratem:

---

72 commilitiis *a*   75 tuis *E͞S exc. Scaligeri*   moderatus *A*
Madvig, Adu. ii. *p.* 103; *sed cf. Ehwald, Kr. B. p.* 38
VI 6 doces *T. Faber*: doles *codd.*   11 dicere *E͞S*

OVIDI NASONIS

turpe sequi casum et fortunae accedere amicum,
  et, nisi sit felix, esse negare suum.
non ita vixerunt Strophio atque Agamemnone nati,   25
  non haec Aegidae Pirithoique fides:
quos prior est mirata, sequens mirabitur aetas,
  in quorum plausus tota theatra sonant.
tu quoque per durum servato tempus amico
  dignus es in tantis nomen habere viris.   30
dignus es, et, quoniam laudem pietate mereris,
  non erit officii gratia surda tui.
crede mihi, nostrum si non mortale futurum est
  carmen, in ore frequens posteritatis eris.
fac modo permaneas lasso, Graecine, fidelis,   35
  duret et in longas inpetus iste moras.
quae tu cum praestes, remo tamen utor in aura,
  nec nocet admisso subdere calcar equo.

VII

Esse salutatum vult te mea littera primum
  a male pacatis, Attice, missa Getis.
proxima subsequitur, quid agas, audire voluntas,
  et si, quicquid agis, sit tibi cura mei.
nec dubito quin sit: sed me timor ipse malorum   5
  saepe supervacuos cogit habere metus.
da veniam, quaeso, nimioque ignosce timori.
  tranquillas etiam naufragus horret aquas.
qui semel est laesus fallaci piscis ab hamo,
  omnibus unca cibis aera subesse putat.   10

23-24 *suspectos Heinsio del. Bentley, Korn, Merkel*   23 cedere
ω   24 tuum ς *Riese*; *sed cf.* i. 3. 2   30 *om.* A   35 lapso Eς
VII 3 uoluptas α; *cf. Vahlen, Anfänge d. Heroiden, p.* 33   4 si
quicquid *BCH*ς: si quid A : iam si quid E *exc. Pol.*   bene siquid
Argentorat. ς: nunc quicquid O   agas *CEO*ς   5 tenor *Bentley*:
tumor *Merkel*: *nihil mutandum*; *cf. Cic. Tusc.* iv. 8. 19 'timorem
(definiunt) metum appropinquantis mortis' (*Ehwald, Kr. B. p.* 28)

saepe canem longe visum fugit agna lupumque
  credit, et ipsa suam nescia vitat opem.
membra reformidant mollem quoque saucia tactum,
  vanaque sollicitis incutit umbra metum.
sic ego Fortunae telis confixus iniquis   15
  pectore concipio nil nisi triste meo.
iam mihi fata liquet coeptos servantia cursus
  per sibi consuetas semper itura vias:
observare deos, ne quid mihi cedat amice,
  verbaque Fortunae vix puto posse dari.   20
est illi curae me perdere, quaeque solebat
  esse levis, constans et bene certa nocet.
crede mihi, si sum veri tibi cognitus oris
  (nec planis nostris casibus esse puter),
Cinyphiae segetis citius numerabis aristas,   25
  altaque quam multis floreat Hybla thymis,
et quot aves motis nitantur in aere pinnis,
  quotque natent pisces aequore, certus eris,
quam tibi nostrorum statuatur summa laborum,
  quos ego sum terra, quos ego passus aqua.   30
nulla Getis toto gens est truculentior orbe:
  sed tamen hi nostris ingemuere malis.
quae tibi si memori coner perscribere versu,
  Ilias est fati longa futura mei.
non igitur verear quo te rear esse verendum,   35
  cuius amor nobis pignora mille dedit,
sed quia res timida est omnis miser, et quia longo est
  tempore laetitiae ianua clausa meae.

---

14 incutit *var. lect. codicis Barberini, Schreuders, p.* 52: inmutat *A*: incitat *BCO*ω: concitat *E*   24 planis *A, i. e. etsi manifesti sint casus mei, esse ueri oris non puter*: *cf. Ehwald, Kr. B. p.* 30: planus *BC*: numerus *H*ϛ: fraus in *EO*ϛ   puter *Ehwald*: potes α: potest *O*ϛ: solet *E*   planus e n. c. esse puter *Ellis, Journ. Phil.* xv. 9: planus in ... potest *Rothmaler*   27 pennis *BC*ω   35 uereor *CEO*ϛ   quo *BC*: qua *A*ϛ: quia *O*ϛ: quod *E*

OVIDI NASONIS

iam dolor in morem venit meus, utque caducis
    percussu crebro saxa cavantur aquis,   4c
sic ego continuo Fortunae vulneror ictu,
    vixque habet in nobis iam nova plaga locum.
nec magis assiduo vomer tenuatur ab usu,
    nec magis est curvis Appia trita rotis,
pectora quam mea sunt serie calcata malorum,   45
    et nihil inveni, quod mihi ferret opem.
artibus ingenuis quaesita est gloria multis:
    infelix perii dotibus ipse meis.
vita prior vitio caret et sine labe peracta est:
    auxilii misero nil tulit illa mihi.   5c
culpa gravis precibus donatur saepe suorum:
    omnis pro nobis gratia muta fuit.
adiuvat in duris aliquos praesentia rebus:
    obruit hoc absens vasta procella caput.
quis non horruerit tacitam quoque Caesaris iram?   55
    addita sunt poenis aspera verba meis.
fit fuga temporibus levior: proiectus in aequor
    Arcturum subii Pleiadumque minas.
saepe solent hiemem placidam sentire carinae:
    non Ithacae puppi saevior unda fuit.   60
recta fides comitum poterat mala nostra levare:
    ditata est spoliis perfida turba meis.
mitius exilium faciunt loca: tristior ista
    terra sub ambobus non iacet ulla polis.
est aliquid patriis vicinum finibus esse: 65
    ultima me tellus, ultimus orbis habet.
praestat et exulibus pacem tua laurea, Caesar:
    Pontica finitimo terra sub hoste iacet.

---

45 calcata *O Argentorat.*; *cf. Ib.* 29: caecata *ACω*: uexata *B*
49 est *om. A*   53 aliquo *A*: aliqua *Heinsius*   55 quis *Heinsius*:
quae *A*: que *C*: quem *BEOω*   horruerit *A*: obruerit *BCOϚ*:
obrueret *EHω*   taciti *B²CEω*: tacita *B*   ira Ϛ

EX PONTO II

tempus in agrorum cultu consumere dulce est:
　non patitur verti barbarus hostis humum.　　　　　70
temperie caeli corpusque animusque iuvatur:
　frigore perpetuo Sarmatis ora riget.
est in aqua dulci non invidiosa voluptas:
　aequoreo bibitur cum sale mixta palus.
omnia deficiunt. animus tamen omnia vincit:　　　　75
　ille etiam vires corpus habere facit.
sustineas ut onus, nitendum vertice pleno est,
　aut, flecti nervos si patiere, cades.
spes quoque posse mora mitescere principis iram,
　vivere ne nolim deficiamque, cavet.　　　　　　　80
nec vos parva datis pauci solacia nobis,
　quorum spectata est per mala nostra fides.
coepta tene, quaeso, neque in aequore desere navem,
　meque simul serva iudiciumque tuum.

VIII

REDDITVS est nobis Caesar cum Caesare nuper,
　quos mihi misisti, Maxime Cotta, deos;
utque tuum munus numerum, quem debet, haberet,
　est ibi Caesaribus Livia iuncta suis.
argentum felix omnique beatius auro,　　　　　　　5
　quod, fuerit pretium cum rude, numen habet.
non mihi divitias dando maiora dedisses,
　caelitibus missis nostra sub ora tribus.
est aliquid spectare deos et adesse putare,
　et quasi cum vero numine posse loqui.　　　　　　10
quantum ad te, redii, nec me tenet ultima tellus,
　utque prius, media sospes in urbe moror.

71 iuuantur ς　　77 pleno aω: *cf Stat. Theb.* ii. 559: recto *Argentorat. exc. Pol.* ς　　78 cadet EOς
VIII 11 quantum ad te redii *Ehwald, Kr. B. p.* 77　quanta meridi *A*: quanta a te merui *BC*: quantum (quando *O*) ad me redii *EH*ω: quantum animo redii *Postgate*: praemia quanta dei *B²* *exc. Pol.*

OVIDI NASONIS

Caesareos video vultus, velut ante videbam:
   vix huius voti spes fuit ulla mihi;
utque salutabam numen caeleste, saluto.   15
   quod reduci tribuas, nil, puto, maius habes.
quid nostris oculis nisi sola Palatia desunt?
   qui locus ablato Caesare vilis erit.
hunc ego cum spectem, videor mihi cernere Romam;
   nam patriae faciem sustinet ille suae.   20
fallor an irati mihi sunt in imagine vultus,
   torvaque nescioquid forma minantis habet?
parce, vir inmenso maior virtutibus orbe,
   iustaque vindictae supprime lora tuae.
parce, precor, saecli decus indelebile nostri,   25
   terrarum dominum quem sua cura facit.
per patriae nomen, quae te tibi carior ipso est,
   per numquam surdos in tua vota deos,
perque tori sociam, quae par tibi sola reperta est,
   et cui maiestas non onerosa tua est,   30
perque tibi similem virtutis imagine natum,
   moribus adgnosci qui tuus esse potest,
perque tuos, vel avo dignos, vel patre nepotes,
   qui veniunt magno per tua iussa gradu,
parte leva minima nostras et contrahe poenas,   35
   daque, procul Scythico qui sit ab hoste, locum.
et tua, si fas est, a Caesare proxime Caesar,
   numina sint precibus non inimica meis.
sic fera quam primum pavido Germania vultu
   ante triumphantis serva feratur equos: 40
sic pater in Pylios, Cumaeos mater in annos
   vivant, et possis filius esse diu.
tu quoque, conveniens ingenti nupta marito,
   accipe non dura supplicis aure preces.

25 precor *O Vossianus*: puer ας: pater *Scaliger*   indelebile *B*²ς: indeflebile ας: admirabile *B(mg.)EH*ς: o uenerabile *O*   26 sua *edd. uett.*: tua *codd.*   40 triumphantes *B*ς: triumphatos *E*

EX PONTO II

sic tibi vir sospes, sic sint cum prole nepotes,   45
  cumque bonis nuribus quod peperere nurus.
sic, quem dira tibi rapuit Germania Drusum,
  pars fuerit partus sola caduca tui.
sic tibi mature fraterni funeris ultor
  purpureus niveis filius instet equis.   50
adnuite o! timidis, mitissima numina, votis.
  praesentis aliquid prosit habere deos.
Caesaris adventu tuto gladiator harena
  exit, et auxilium non leve vultus habet.
nos quoque vestra iuvat quod, qua licet, ora videmus: 55
  intrata est superis quod domus una tribus.
felices illi, qui non simulacra, sed ipsos,
  quique deum coram corpora vera vident.
quod quoniam nobis invidit inutile fatum,
  quos dedit ars, vultus effigiemque colo.   60
sic homines novere deos, quos arduus aether
  occulit, et colitur pro Iove forma Iovis.
denique, quae mecum est et erit sine fine, cavete,
  ne sit in inviso vestra figura loco.
nam caput e nostra citius cervice recedet,   65
  et patiar fossis lumen abire genis,
quam caream raptis, o publica numina, vobis:
  vos eritis nostrae portus et ara fugae.
vos ego complectar, Geticis si cingar ab armis,
  utque meas aquilas, ut mea signa sequar.   70
aut ego me fallo nimiaque cupidine ludor,
  aut spes exilii commodioris adest.
nam minus et minus est facies in imagine tristis,
  visaque sunt dictis adnuere ora meis.

---

46 quot *ς*   53 aduentu *BCω*: aduentum *A*: ad nutum *Riese* tuto *conieci; cf. Trist.* v. 10. 39. *Am.* ii. 14. 43: tota *Aς*: tuta *BCEOς*: tincta *Rappold*: tacta *Merkel*   54 uultus *AB²Cς*: uulnus *BEOς*   55 iuuet *Eς*   70 ut mea *Korn.*, om. *A*   tutaque *BC*: uestraque *B²*: uos mea *Argentorat.* *ς*   u. m. s.] signa ego uestra *HOς*: nostra ego signa *E*: signaque dextra *Postgate*   sequor *C*
71 nimioque *AB*   letor *E*

OVIDI NASONIS

vera precor fiant timidae praesagia mentis, 75
 iustaque, quam visa est, sit minor ira dei.

IX

Regia progenies, cui nobilitatis origo
 nomen in Eumolpi pervenit usque, Coty,
fama loquax vestras si iam pervenit ad auris,
 me tibi finitimi parte iacere soli,
supplicis exaudi, iuvenum mitissime, vocem, 5
 quamque potes, profugo (nam potes) adfer opem.
me fortuna tibi (de qua quod non queror, hoc est)
 tradidit, hoc uno non inimica mihi.
excipe naufragium non duro litore nostrum,
 ne fuerit terra tutior unda tua. 10
regia, crede mihi, res est succurrere lapsis,
 convenit et tanto, quantus es ipse, viro.
fortunam decet hoc istam: quae maxima cum sit,
 esse potest animo vix tamen aequa tuo.
conspicitur numquam meliore potentia causa, 15
 quam quotiens vanas non sinit esse preces.
hoc nitor iste tui generis desiderat, hoc est
 a superis ortae nobilitatis opus.
hoc tibi et Eumolpus, generis clarissimus auctor,
 et prior Eumolpo suadet Erichthonius. 20
hoc tecum commune deost, quod uterque rogati
 supplicibus vestris ferre soletis opem.
numquid erit, quare solito dignemur honore
 numina, si demas velle iuvare deos?

---

76 quam uisa est *Hilberg*: quamuis est *codd.*
IX 7 querar *A* q. n. q.] non conqueror *E* 19 generis cl. a.]
suadet erectonius *A* opus hoc tibi suadet erato *BC*; *cf. Ehwald, Kr.
B. p.* 19 21 deost *scripsi*: deo est *Riese*: deos *A*: deis *BC²ω*:
dei *C*: deo *Puteaneus* hoc tibi commune est cum diis *O* 23 num-
quid *A*: namquid *BCω*

Iuppiter oranti surdas si praebeat auris,   25
    victima pro templo cur cadat icta Iovis?
si pacem nullam pontus mihi praestet eunti,
    irrita Neptuno cur ego tura feram?
vana laborantis si fallat vota coloni,
    accipiat gravidae cur suis exta Ceres?   30
nec dabit intonso iugulum caper hostia Baccho,
    musta sub adducto si pede nulla fluent.
Caesar ut inperii moderetur frena precamur,
    tam bene quod patriae consulit ille suae.
utilitas igitur magnos hominesque deosque   35
    efficit, auxiliis quoque favente suis.
tu quoque fac prosis intra tua castra iacenti,
    o Coty, progenies digna parente tuo.
conveniens homini est hominem servare voluptas,
    et melius nulla quaeritur arte favor.   40
quis non Antiphaten Laestrygona devovet? aut quis
    munifici mores improbat Alcinoi?
non tibi Cassandreus pater est gentisve Pheraeae,
    quive repertorem torruit arte sua:
sed quam Marte ferox et vinci nescius armis,   45
    tam numquam, facta pace, cruoris amans.
adde quod ingenuas didicisse fideliter artes
    emollit mores nec sinit esse feros.
nec regum quisquam magis est instructus ab illis,
    mitibus aut studiis tempora plura dedit.   50
carmina testantur, quae, si tua nomina demas,
    Threicium iuvenem composuisse negem.
neve sub hoc tractu vates foret unicus Orpheus,
    Bistonis ingenio terra superba tuo est.
utque tibi est animus, cum res ita postulat, arma   55
    sumere et hostili tingere caede manum,

    37 prosis intra (inter *E*) *BC*ω : profugus intra *A* : profugo prosint *Merkel*   39 uoluntas ς   43 gentisue pheraeae *AB* : genitorue caphereus *B*²ω : gentisque caphareus *C*

OVIDI NASONIS

atque ut es excusso iaculum torquere lacerto
  collaque velocis flectere doctus equi,
tempora sic data sunt studiis ubi iusta paternis,
  atque suis numeris forte quievit opus,   60
ne tua marcescant per inertis otia somnos,
  lucida Pieria tendis in astra via.
haec quoque res aliquid tecum mihi foederis affert.
  eiusdem sacri cultor uterque sumus.
ad vatem vates orantia brachia tendo,   65
  terra sit exiliis ut tua fida meis.
non ego caede nocens in Ponti litora veni,
  mixtave sunt nostra dira venena manu:
nec mea subiecta convicta est gemma tabella
  mendacem linis inposuisse notam.   70
nec quicquam, quod lege vetor committere, feci:
  est tamen his gravior noxa fatenda mihi.
neve roges, quae sit, stultam conscripsimus Artem:
  innocuas nobis haec vetat esse manus.
ecquid praeterea peccarim, quaerere noli,   75
  ut lateat sola culpa sub Arte mea.
quicquid id est, habuit moderatam vindicis iram,
  qui nisi natalem nil mihi dempsit humum.
hac quoniam careo, tua nunc vicinia praestet,
  inviso possim tutus ut esse loco.   80

X

Ecquid ab inpressae cognoscis imagine cerae
  haec tibi Nasonem scribere verba, Macer?
auctorisque sui si non est anulus index,
  cognitane est nostra littera facta manu?

---

60 utque ⌡   tuis E⌡   numeris *Heinsius*: humeris αω   73 conscripsimus *BCO*⌡: quae scripsimus *A*: quam scripsimus E⌡   76 lateat *O²* *Parisinus 7993 in. mg.* ⌡: pateat αωO   80 in iusso *Riese*

X 1 impressa *Burmann*

EX PONTO II

an tibi notitiam mora temporis eripit horum,
  nec repetunt oculi signa vetusta tui?
sis licet oblitus pariter gemmaeque manusque,
  exciderit tantum ne tibi cura mei.
quam tu vel longi debes convictibus aevi,
  vel mea quod coniunx non aliena tibi est,
vel studiis, quibus es, quam nos, sapientius usus,
  utque decet, nulla factus es Arte nocens.
tu canis aeterno quicquid restabat Homero,
  ne careant summa Troica bella manu.
Naso parum prudens, artem dum tradit amandi,
  doctrinae pretium triste magister habet.
sunt tamen inter se communia sacra poetis,
  diversum quamvis quisque sequamur iter:
quorum te memorem, quamquam procul absumus, esse
  suspicor, et casus velle levare meos.
te duce magnificas Asiae perspeximus urbes,
  Trinacris est oculis te duce visa meis.
vidimus Aetnaea caelum splendescere flamma,
  subpositus monti quam vomit ore Gigans,
Hennaeosque lacus et olentis stagna Palici,
  quaque suis Cyanen miscet Anapus aquis.
nec procul hinc nymphe, quae, dum fugit Elidis amnem,
  tecta sub aequorea nunc quoque currit aqua.
hic mihi labentis pars anni magna peracta est.
  eheu, quam dispar est locus ille Getis!
et quota pars haec sunt rerum, quas vidimus ambo,
  te mihi iucundas efficiente vias,
seu rate caeruleas picta sulcavimus undas,
  esseda nos agili sive tulere rota!

10 est *om. AEϚ*   18 sequamur *E*: queramur *A*: sequatur *BCω*   22 uisa *BEOϚ*; *cf. Trist.* i. 2. 78: nota *ACϚ*   25 olentis *Zinzerling*: olentia *codd.*   26 quique *O*: quamque *Ϛ*   27 nymphae *AB*: nympha est quae *Ϛ*; *sed cf. Am.* ii. 17. 15

OVIDI NASONIS

saepe brevis nobis vicibus via visa loquendi, 35
 pluraque, si numeres, verba fuere gradu,
saepe dies sermone minor fuit, inque loquendum
 tarda per aestivos defuit hora dies.
est aliquid casus pariter timuisse marinos,
 iunctaque ad aequoreos vota tulisse deos, 40
et modo res egisse simul, modo rursus ab illis,
 quorum non pudeat, posse referre iocos.
haec tibi cum subeant, absim licet, omnibus annis
 ante tuos oculos, ut modo visus, ero.
ipse quidem certe cum sim sub cardine mundi, 45
 qui semper liquidis altior extat aquis,
te tamen intueor quo solo pectore possum,
 et tecum gelido saepe sub axe loquor.
hic es, et ignoras, et ades celeberrimus absens,
 inque Getas media iussus ab urbe venis. 50
redde vicem, et, quoniam regio felicior ista est.
 istic me memori pectore semper habe.

XI

Hoc tibi, Rufe, brevi properatum tempore mittit
 Naso, parum faustae conditor Artis, opus,
ut, quamquam longe toto sumus orbe remoti,
 scire tamen possis nos meminisse tui.
nominis ante mei venient oblivia nobis, 5
 pectore quam pietas sit tua pulsa meo:
et prius hanc animam vacuas reddemus in auras,
 quam fiat meriti gratia vana tui.
grande voco lacrimas meritum, quibus ora rigabas
 cum mea concreto sicca dolore forent: 10

43 absim licet *BCES*: ipsum licet *A*: hic sim licet *OS* 45 certe] extremi *exc. Scal.* S
XI 9 meritum lacrimas *EOS*

grande voco meritum maestae solacia mentis,
  cum pariter nobis illa tibique dares.
sponte quidem per seque mea est laudabilis uxor,
  admonitu melior fit tamen illa tuo.
namque quod Hermionae Castor fuit, Hector Iuli,   15
  hoc ego te laetor coniugis esse meae.
quae ne dissimilis tibi sit probitate laborat,
  seque tui vita sanguinis esse probat.
ergo quod fuerat stimulis factura sine ullis,
  plenius auctorem te quoque nancta facit.   20
acer et ad palmae per se cursurus honores,
  si tamen horteris, fortius ibit equus.
adde quod absentis cura mandata fideli
  perficis, et nullum ferre gravaris onus.
o, referant grates, quoniam non possumus ipsi,   25
  di tibi! qui referent, si pia facta vident;
sufficiatque diu corpus quoque moribus istis,
  maxima Fundani gloria, Rufe, soli.

15 hermoone *A, corr.* hermione : hermione *BCO* : hermiones *E*ς

LIBER TERTIVS

I

Aeqvor Iasonio pulsatum remige primum,
  quaeque nec hoste fero nec nive, terra, cares,
ecquod erit tempus quo vos ego Naso relinquam
  in minus hostili iussus abesse loco?
an mihi barbaria vivendum semper in ista, 5
  inque Tomitana condar oportet humo?
pace tua, si pax ulla est tua, Pontica tellus,
  finitimus rapido quam terit hostis equo,
pace tua dixisse velim, tu pessima duro
  pars es in exilio, tu mala nostra gravas. 10
tu neque ver sentis cinctum florente corona,
  tu neque messorum corpora nuda vides.
nec tibi pampineas autumnus porrigit uvas:
  cuncta sed inmodicum tempora frigus habet.
tu glacie freta vincta vides, et in aequore piscis 15
  inclusus tecta saepe natavit aqua.
nec tibi sunt fontes, laticis nisi paene marini,
  qui potus dubium sistat alatne sitim.
rara, neque haec felix, in apertis eminet arvis
  arbor, et in terra est altera forma maris. 20
non avis obloquitur, silvis nisi siqua remota
  aequoreas rauco gutture potat aquas.

I 4 abire ϛ 5 anni *A* : an mi *C* uiuendum est *CH* 7 est tua] est tibi *O*ϛ 14 habet ϛ : habent *AB*ω : habes *C* 15 uides *B*ϛ : tenes *AC*ω 18 dubium est *BCEHO*ϛ 21 siluis nisi siqua remota *Ehwald, Kr. B. p.* 78 : nisi siluis siqua remotis *codd.* : nisi si qua remotis siluis *O*

OVIDI NASONIS

tristia per vacuos horrent absinthia campos,
    conveniensque suo messis amara loco.
adde metus, et quod murus pulsatur ab hoste,   25
    tinctaque mortifera tabe sagitta madet,
quod procul haec regio est et ab omni devia cursu,
    nec pede quo quisquam nec rate tutus eat.
non igitur mirum, finem quaerentibus horum
    altera si nobis usque rogatur humus.   30
te magis est mirum non hoc evincere, coniunx,
    inque meis lacrimas posse tenere malis.
quid facias, quaeris? quaeras hoc scilicet ipsum,
    invenies, vere si reperire voles.
velle parum est: cupias, ut re potiaris, oportet,   35
    et faciat somnos haec tibi cura breves.
velle reor multos: quis enim mihi tam sit iniquus,
    optet ut exilium pace carere meum?
pectore te toto cunctisque incumbere nervis
    et niti pro me nocte dieque decet.   40
utque iuvent alii, tu debes vincere amicos,
    uxor, et ad partis prima venire tuas.
magna tibi imposita est nostris persona libellis:
    coniugis exemplum diceris esse bonae.
hanc cave degeneres. ut sint praeconia nostra   45
    vera, vide famae quod tuearis opus.
ut nihil ipse querar, tacito me fama queretur,
    quae debet, fuerit ni tibi cura mei.
exposuit memet populo Fortuna videndum,
    et plus notitiae, quam fuit ante, dedit.   50
notior est factus Capaneus a fulminis ictu:
    notus humo mersis Amphiaraus equis.
si minus errasset, notus minus esset Vlixes:
    magna Philoctetae vulnere fama suo est.

24 loco est ϛ   33 ipsa *Riese*   45 caue *om. A*   46 quo
ϛ   49 memet *BCω* : meme *Λ* : mea me *Gudianus*   51 a
ϛ. *om. aω*

EX PONTO III

si locus est aliquis tanta inter nomina parvis, 55
 nos quoque conspicuos nostra ruina facit.
nec te nesciri patitur mea pagina, qua non
 inferius Coa Bittide nomen habes.
quicquid ages igitur, scaena spectabere magna,
 et pia non paucis testibus uxor eris. 60
crede mihi, quotiens laudaris carmine nostro,
 qui legit has laudes, an mereare rogat.
utque favere reor plures virtutibus istis,
 sic tua non paucae carpere facta volent.
quarum tu praesta ne livor dicere possit 65
 'haec est pro miseri lenta salute viri.'
cumque ego deficiam, nec possim ducere currum,
 fac tu sustineas debile sola iugum.
ad medicum specto venis fugientibus aeger:
 ultima pars animae dum mihi restat, ades; 70
quodque ego praestarem, si te magis ipse valerem,
 id mihi, cum valeas fortius ipsa, refer.
exigit hoc socialis amor foedusque maritum:
 moribus hoc, coniunx, exigis ipsa tuis.
hoc domui debes, de qua censeris, ut illam 75
 non magis officiis quam probitate colas.
cuncta licet facias, nisi eris laudabilis uxor,
 non poterit credi Marcia culta tibi.
nec sumus indigni: nec, si vis vera fateri,
 debetur meritis gratia nulla meis. 80
redditur illa quidem grandi cum faenore nobis,
 nec te, si cupiat, laedere rumor habet.
sed tamen hoc factis adiunge prioribus unum,
 pro nostris ut sis ambitiosa malis.
ut minus infesta iaceam regione labora, 85
 clauda nec officii pars erit ulla tui.

58 Bittide *Merkel*; *cf. Trist.* i. 6. 2: bit tibi de *A*: bit tibide *B*: pithyde *C*: bachide *E*: battide ω   60 paruis *AE*   65 quare *Vossianus*   69 frigentibus *conieci*

OVIDI NASONIS

magna peto, sed non tamen invidiosa roganti:
  utque ea non teneas, tuta repulsa tua est.
nec mihi suscense, totiens si carmine nostro,
  quod facis, ut facias, teque imitere, rogo.   90
fortibus adsuevit tubicen prodesse, suoque
  dux bene pugnantis incitat ore viros.
nota tua est probitas testataque tempus in omne;
  sit virtus etiam non probitate minor.
non tibi Amazonia est pro me sumenda securis,   95
  aut excisa levi pelta gerenda manu.
numen adorandum est, non ut mihi fiat amicum,
  sed sit ut iratum, quam fuit ante, minus.
gratia si nulla est, lacrimae tibi gratia fient.
  hac potes aut nulla parte movere deos.   100
quae tibi ne desint, bene per mala nostra cavetur:
  meque viro flendi copia dives adest;
utque meae res sunt, omni, puto, tempore flebis.
  has fortuna tibi nostra ministrat opes.
si mea mors redimenda tua, quod abominor, esset,   105
  Admeti coniunx, quam sequereris, erat.
aemula Penelopes fieres, si fraude pudica
  instantis velles fallere nupta procos.
si comes extincti Manes sequerere mariti,
  esset dux facti Laudamia tui.   110
Iphias ante oculos tibi erat ponenda volenti
  corpus in accensos mittere forte rogos.
morte nihil opus est, nihil Icariotide tela.
  Caesaris est coniunx ore precanda tuo,
quae praestat virtute sua, ne prisca vetustas   115
  laude pudicitiae saecula nostra premat:

89 suscense *A Basileensis*: succense *BCω*   94 sitque tua uirtus *exc. Pol*: sic tua sit uirtus *conieci*   101 caueto *EH²Oς*: cauebis *H*   104 ministret *A*   109-112, 115-118 *del. Roeper, Korn, Merkel*   110 laodamia *codd.*   113 morte nihil tibi opus *Bentley*; *sed cf. Trist.* v. 14. 41, *Müller, De re metr. ed. 2, p. 400*: nihil ē cariotide tela *A*: nichili carlotide tela *B*: nulla instrumenta parare *B²C*

EX PONTO III

quae Veneris formam, mores Iunonis habendo
  sola est caelesti digna reperta toro
quid trepidas et adire times? non inpia Procne
  filiave Aeetae voce movenda tua est,   120
nec nurus Aegypti, nec saeva Agamemnonis uxor,
  Scyllaque, quae Siculas inguine terret aquas,
Telegonive parens vertendis nata figuris,
  nexaque nodosas angue Medusa comas,
femina sed princeps, in qua Fortuna videre   125
  se probat et caecae crimina falsa tulit:
qua nihil in terris ad finem solis ab ortu
  clarius excepto Caesare mundus habet.
eligito tempus captatum saepe rogandi,
  exeat adversa ne tua navis aqua.   130
non semper sacras reddunt oracula sortis,
  ipsaque non omni tempore fana patent.
cum status urbis erit, qualem nunc auguror esse,
  et nullus populi contrahet ora dolor,
cum domus Augusti, Capitoli more colenda,   135
  laeta, quod est et sit, plenaque pacis erit,
tum tibi di faciant adeundi copia fiat,
  profectura aliquid tum tua verba putes.
siquid aget maius, differ tua coepta caveque
  spem festinando praecipitare meam.   140
nec rursus iubeo dum sit vacuissima quaeras:
  corporis ad curam vix vacat illa sui.
omnia . . . .
  per rerum turbam tu quoque oportet eas.

121 Aegypti *a*: egisti *B²ω*   130 ereat *Vaticanus*: haereat *Heinsius*
137 cum *a*: tunc *E*   143–144 sic *A qui hexametri nihil praeter* omnia
seruauit: *exemplar mutilum libri scriba nactus est, cf. Ehwald, Kr. B.
p.* 13   omnia per rerum turbam fastidia perfer: | quolibet illa meat, tu
quoque oportet eas *BC*: curia cum patribus fuerit (f. p. *EO*) stipata
uerendis, | per rerum (patrum *EHO exc. Pol.* ·ϛ·) turbam (turbas
EOϛ) tu (tunc *EHOϛ*) quoque oportet eas *ω*   *totum distichon
secluserunt Korn, Merkel*

OVIDI NASONIS

cum tibi contigerit vultum Iunonis adire, 145
   fac sis personae, quam tueare, memor.
nec factum defende meum: mala causa silenda est.
   nil nisi sollicitae sint tua verba preces.
tum lacrimis demenda mora est, summissaque terra
   ad non mortalis brachia tende pedes. 150
tum pete nil aliud, saevo nisi ab hoste recedam:
   hostem Fortunam sit satis esse mihi.
plura quidem subeunt, sed sunt turbata timore;
   haec quoque vix poteris voce tremente loqui.
suspicor hoc damno fore non tibi. sentiet illa 155
   te maiestatem pertimuisse suam.
nec, tua si fletu scindentur verba, nocebit:
   interdum lacrimae pondera vocis habent.
lux etiam coeptis facito bona talibus adsit
   horaque conveniens auspiciumque favens. 160
sed prius inposito sanctis altaribus igni
   tura fer ad magnos vinaque pura deos.
e quibus ante omnis Augustum numen adora
   progeniemque piam participemque tori.
sint utinam mites solito tibi more tuasque 165
   non duris lacrimas vultibus aspiciant.

II

QVAM legis a nobis missam tibi, Cotta, salutem,
   missa sit ut vere perveniatque, precor.
namque meis sospes multum cruciatibus aufers,
   atque sit in nobis pars bona salva facis.
cumque labent aliqui iactataque vela relinquant, 5
   tu lacerae remanes ancora sola rati.

---

149 terrae *EOS*; *sed cf. Am.* iii. 2. 25   153 s. t.] conturbata
S: si turbata *Madvig*   154 premente α
II 4 atque *AEHO exc. Pol. S*: utque *BCS*   in *om. A*   s. i.]
ut sit *EH exc. Pol. S*: sit ut *OS*

EX PONTO III

grata tua est igitur pietas. ignoscimus illis,
  qui cum Fortuna terga dedere fugae.
cum feriant unum, non unum fulmina terrent,
  iunctaque percusso turba pavere solet: 10
cumque dedit paries venturae signa ruinae,
  sollicito vacuus fit locus ille metu.
quis non e timidis aegri contagia vitat,
  vicinum metuens ne trahat inde malum?
me quoque amicorum nimio terrore metuque,   15
  non odio, quidam destituere mei.
non illis pietas, non officiosa voluntas
  defuit: adversos extimuere deos.
utque magis cauti possunt timidique videri,
  sic appellari non meruere mali.   20
aut meus excusat caros ita candor amicos,
  utque habeant de me crimina nulla, favet.
sint hi contenti venia, iactentque licebit
  purgari factum me quoque teste suum.
pars estis pauci melior, qui rebus in artis   25
  ferre mihi nullam turpe putastis opem.
tunc igitur meriti morietur gratia vestri,
  cum cinis absumpto corpore factus ero.
fallor, et illa meae superabit tempora vitae,
  si tamen a memori posteritate legar.   30
corpora debentur maestis exsanguia bustis:
  effugiunt structos nomen honorque rogos.
occidit et Theseus et qui comitavit Oresten·
  sed tamen in laudes vivit uterque suas.
vos etiam seri laudabunt saepe nepotes,   35
  claraque erit scriptis gloria vestra meis.

---

19 possit *A*: possint *CEOϚ*   21 aut (*i. e.* aut potius, *Hand. Turs.* i. 539) *a*: at *ω*: ut *O*: et *E, quod coniecit Peters* 22 facit *EOϚ*   23 iactentque *Korn*; *cf. Met.* ix. 23: sientque *A*: signentque *B* (*ut uidetur*) *C*: fugiantque *B²EHOω*: sperentue *Merkel*: iurentque *Bentley*   29 et] an *Bentley*; *sed cf. Her.* vii. 33

OVIDI NASONIS

hic quoque Sauromatae iam vos novere Getaeque,
   et tales animos barbara turba probat.
cumque ego de vestra nuper probitate referrem
   (nam didici Getice Sarmaticeque loqui),   40
forte senex quidam, coetu cum staret in illo,
   reddidit ad nostros talia verba sonos :
' nos quoque amicitiae nomen, bone, novimus, hospes,
   quos procul a vobis Pontus et Hister habet.
est locus in Scythia, Tauros dixere priores   45
   qui Getica longe non ita distat humo.
hac ego sum terra (patriae nec paenitet) ortus :
   consortem Phoebi gens colit illa deam.
templa manent hodie vastis innixa columnis,
   perque quater denos itur in illa gradus.   50
fama refert illic signum caeleste fuisse :
   quoque minus dubites, stat basis orba dea :
araque, quae fuerat natura candida saxi,
   decolor adfuso tincta cruore rubet.
femina sacra facit taedae non nota iugali,   55
   quae superat Scythicas nobilitate nurus.
sacrifici genus est, sic instituere parentes,
   advena virgineo caesus ut ense cadat.
regna Thoans habuit Maeotide clarus in ora,
   nec fuit Euxinis notior alter aquis.   60
sceptra tenente illo liquidas fecisse per auras
   nescioquam dicunt Iphigenian iter.
quam levibus ventis sub nube per aethera vectam
   creditur his Phoebe deposuisse locis.
praefuerat templo multos ea rite per annos,   65
   invita peragens tristia sacra manu :

---

44 Pontus et Hister *BC*, *om. A* : barbarus ister *O* : frigidus ister *exc. Pol.* ς : ultimus orbis *H Argentorat.* : frigidus axis ς : alter et orbis *E*   57 priores ς ; *sed cf. Met.* vii. 503   59 thans *A* : thoas *Bω* : thais *C*   63 aethera ς ; *cf. Eur. Iph. T.* 29 : aequora *Aω* : aera *HO*ς

EX PONTO III

cum duo velifera iuvenes venere carina
   presseruntque suo litora nostra pede.
par fuit his aetas et amor, quorum alter Orestes,
   alter erat Pylades: nomina fama tenet. 70
protinus inmitem Triviae ducuntur ad aram,
   evincti geminas ad sua terga manus.
spargit aqua captos lustrali Graia sacerdos,
   ambiat ut fulvas infula longa comas.
dumque parat sacrum, dum velat tempora vittis, 75
   dum tardae causas invenit ipsa morae,
"non ego crudelis, iuvenes, (ignoscite)" dixit
   "sacra suo facio barbariora loco.
ritus is est gentis. qua vos tamen urbe venitis?
   quodve parum fausta puppe petistis iter?" 80
dixit, et audito patriae pia nomine virgo
   consortes urbis comperit esse suae.
"alter ut e vobis" inquit "cadat hostia sacris,
   ad patrias sedes nuntius alter eat."
ire iubet Pylades carum periturus Oresten; 85
   hic negat, inque vices pugnat uterque mori.
extitit hoc unum, quo non convenerit illis:
   cetera par concors et sine lite fuit.
dum peragunt pulchri iuvenes certamen amoris,
   ad fratrem scriptas exarat illa notas. 90
ad fratrem mandata dabat. cuique illa dabantur
   (humanos casus aspice) frater erat.
nec mora, de templo rapiunt simulacra Dianae,
   clamque per inmensas puppe feruntur aquas.
mirus amor iuvenum: quamvis abiere tot anni, 95
   in Scythia magnum nunc quoque nomen habent.'

67 post hunc uersum desinit A   70 alter et est pilades *EH*ϛ:
et pylades alter *O*   80 quoue ϛ   81 patriae cognomine *BC*
83 alteruter uotis (nostris *Merkel*) *Heinsius*; *sed cf. Ehwald, Kr. B.
p.* 51   86 uicem ϛ   87 quo *BC, i.e.* propter quod: quod ω
88 par *Naugerius*: pars *codd.*   96 habet ϛ

OVIDI NASONIS

fabula narrata est postquam vulgaris ab illo,
   laudarunt omnes facta piamque fidem.
scilicet hac etiam, qua nulla ferocior ora est,
   nomen amicitiae barbara corda movet.   100
quid facere Ausonia geniti debetis in urbe,
   cum tangant duros talia facta Getas?
adde quod est animus semper tibi mitis, et altae
   indicium mores nobilitatis habent,
quos Volesus patrii cognoscat nominis auctor,   105
   quos Numa materni non neget esse suos,
adiectique probent genetiva ad nomina Cottae,
   si tu non esses, interitura domus.
digne vir hac serie, lasso succurrere amico
   conveniens istis moribus esse puta.   110

III

Si vacat exiguum profugo dare tempus amico,
   o sidus Fabiae, Maxime, gentis, ades,
dum tibi quae vidi refero, seu corporis umbra
   seu veri species seu fuit ille sopor.
nox erat et bifores intrabat luna fenestras,   5
   mense fere medio quanta nitere solet.
publica me requies curarum somnus habebat,
   fusaque erant toto languida membra toro,
cum subito pinnis agitatus inhorruit aer,
   et gemuit parvo mota fenestra sono.   10
territus in cubitum relevo mea membra sinistrum,
   pulsus et e trepido pectore somnus abit.
stabat Amor, vultu non quo prius esse solebat,
   fulcra tenens laeva tristis acerna manu,

    99 etiam] ipsa *C*   terra *H*   o. e.] extat *H*   102 diros *EHO exc. Pol.* ϛ   106 materni *Naugerius*: maternus *B*ω : maternos *C*   107 agnomina *B*ϛ   109 lapso *HO*ϛ
   III 3 referam ϛ

EX PONTO III

nec torquem collo, nec habens crinale capillo, 15
  nec bene dispositas comptus, ut ante, comas.
horrida pendebant molles super ora capilli,
  et visa est oculis horrida pinna meis,
qualis in aeriae tergo solet esse columbae,
  tractatam multae quam tetigere manus. 20
nunc simul agnovi, neque enim mihi notior alter,
  talibus adfata est libera lingua sonis:
'o puer, exilii decepto causa magistro,
  quem fuit utilius non docuisse mihi,
huc quoque venisti, pax est ubi tempore nullo, 25
  et coit adstrictis barbarus Hister aquis?
quae tibi causa viae, nisi uti mala nostra videres?
  quae sunt, si nescis, invidiosa tibi.
tu mihi dictasti iuvenalia carmina primus:
  apposui senis te duce quinque pedes. 30
nec me Maeonio consurgere carmine nec me
  dicere magnorum passus es acta ducum.
forsitan exiguas, aliquas tamen, arcus et ignes
  ingenii vires comminuere mei.
namque ego dum canto tua regna tuaeque parentis, 35
  in nullum mea mens grande vacavit opus.
nec satis hoc fuerat. stulto quoque carmine feci,
  Artibus ut posses non rudis esse meis.
pro quibus exilium misero est mihi reddita merces.
  id quoque in extremis et sine pace locis. 40
at non Chionides Eumolpus in Orphea talis,
  in Phryga nec Satyrum talis Olympus erat,
praemia nec Chiron ab Achille talia cepit,
  Pythagoraeque ferunt non nocuisse Numam.
nomina neu referam longum collecta per aevum, 45
  discipulo perii solus ab ipse meo.

20 tractantum ς O ς ; *sed cf.* ii. 9. 73 xiii. 98: achilli Oς   33 ignis   ignis et arcus *O*   37 stultus   39 est *om.* ω   43 Achille *BC*ω; *cf. Iuu.*

OVIDI NASONIS

dum damus arma tibi, dum te, lascive, docemus,
   haec te discipulo dona magister habet.
scis tamen, et liquido iuratus dicere possis,
   non me legitimos sollicitasse toros. 50
scripsimus haec illis, quarum nec vitta pudicos
   contingit crines nec stola longa pedes.
dic, precor, ecquando didicisti fallere nuptas,
   et facere incertum per mea iussa genus?
an sit ab his omnis rigide summota libellis, 55
   quam lex furtivos arcet habere viros?
quid tamen hoc prodest, vetiti si lege severa
   credor adulterii conposuisse notas?
at tu, sic habeas ferientes cuncta sagittas,
   sic numquam rapido lampades igne vacent, 60
sic regat imperium terrasque coerceat omnis
   Caesar, ab Aenea qui tibi fratre tuus,
effice, sit nobis non inplacabilis ira,
   meque loco plecti commodiore velit.'
haec ego visus eram puero dixisse volucri, 65
   hos visus nobis ille dedisse sonos:
per mea tela, faces, et per mea tela, sagittas,
   per matrem iuro Caesareumque caput,
nil nisi concessum nos te didicisse magistro,
   Artibus et nullum crimen inesse tuis. 70
utque hoc, sic utinam defendere cetera possem!
   scis aliud, quod te laeserit, esse, magis.
quicquid id est (neque enim debet dolor ipse referri,
   nec potes a culpa dicere abesse tua)
tu licet erroris sub imagine crimen obumbres, 75
   non gravior merito iudicis ira fuit.
ut tamen aspicerem consolarerque iacentem,
   lapsa per inmensas est mea pinna vias.

49 ut *Argentorat.*   62 nepos *EHOς exc. Pol.*; *sed cf. Schreuders,
p.* 56   71 possem *BCH*: posses ω   73 ille ς   74 non ω
76 iudicis *Bς* : uindicis *C*ω   78 penna *codd.*

EX PONTO III

haec loca tum primum vidi, cum matre rogante
    Phasias est telis fixa puella meis.   80
quae nunc cur iterum post saecula longa revisam,
    tu facis, o castris miles amice meis.
pone metus igitur: mitescet Caesaris ira,
    et veniet votis mollior hora tuis.
neve moram timeas, tempus, quod quaerimus, instat,   85
    cunctaque laetitiae plena triumphus habet.
dum domus et nati, dum mater Livia gaudet,
    dum gaudes, patriae magne ducisque pater,
dum sibi gratatur populus, totamque per urbem
    omnis odoratis ignibus ara calet,   90
dum faciles aditus praebet venerabile templum,
    sperandum est nostras posse valere preces.'
dixit, et aut ille est tenues dilapsus in auras,
    coeperunt sensus aut vigilare mei.
si dubitem, faveas quin his, o Maxime, dictis,   95
    Memnonio cycnos esse colore putem.
sed neque mutatur nigra pice lacteus humor,
    nec, quod erat candens, fit terebinthus ebur.
conveniens animo genus est tibi, nobile namque
    pectus et Herculeae simplicitatis habes.   100
livor, iners vitium, mores non exit in altos,
    utque latens ima vipera serpit humo.
mens tua sublimis supra genus eminet ipsum,
    grandius ingenio nec tibi nomen inest.
ergo alii noceant miseris optentque timeri,   105
    tinctaque mordaci spicula felle gerant:
at tua supplicibus domus est adsueta iuvandis,
    in quorum numero me, precor, esse velis.

---

89 tibi ς   91 praebet faciles aditus *CHO Argent.* ς   templum *O edd. uett., Schreuders, p.* 56: tempus *Bω*: numen *C*   97 fuscatur *C*

OVIDI NASONIS

IV

Haec tibi non vanam portantia verba salutem
 Naso Tomitana mittit ab urbe tuus,
utque suo faveas mandat, Rufine, triumpho,
 in vestras venit si tamen ille manus.
est opus exiguum vestrisque paratibus inpar: 5
 quale tamen cumque est, ut tueare, rogo.
firma valent per se, nullumque Machaona quaerunt.
 ad medicam dubius confugit aeger opem.
non opus est magnis placido lectore poetis:
 quamlibet invitum difficilemque tenent. 10
nos, quibus ingenium longi minuere labores,
 aut etiam nullum forsitan ante fuit,
viribus infirmi, vestro candore valemus:
 quod mihi si demas, omnia rapta putem.
cunctaque cum mea sint propenso nixa favore, 15
 praecipuum veniae ius habet ille liber.
spectatum vates alii scripsere triumphum:
 est aliquid memori visa notare manu.
nos ea vix avidam vulgo captata per aurem
 scripsimus, atque oculi fama fuere mei. 20
scilicet adfectus similes, aut inpetus idem
 rebus ab auditis conspicuisque venit!
nec nitor argenti, quem vos vidistis, et auri
 quod mihi defuerit, purpuraque illa, queror:
sed loca, sed gentes formatae mille figuris 25
 nutrissent carmen proeliaque ipsa meum,
et regum vultus, certissima pignora mentis,
 iuvissent aliqua forsitan illud opus.

IV 10 quamlibet ς : quemlibet *BC*ω; *cf. Trist.* iii. 11. 24   14 quem *EO*ς   19 uultu *C*: uulgi *H*   20 scripsimus *B²(in ras.)EO*ς: uidimus *C*ω   21 similis *BE*ς   affectus similis uel scilicet impetus idem *O*   27 mentis *fragm. Louaniense, codd. Fabricii*; *cf. A. A.* ii. 378: gentis *BC*ω

plausibus ex ipsis populi laetoque favore
   ingenium quodvis incaluisse potest: 30
tamque ego sumpsissem tali clamore vigorem,
   quam rudis audita miles ad arma tuba.
pectora sint nobis nivibus glacieque licebit
   atque hoc, quem patior, frigidiora loco,
illa ducis facies in curru stantis eburno 35
   excuteret frigus sensibus omne meis.
his ego defectus dubiisque auctoribus usus
   ad vestri venio iure favoris opem.
nec mihi nota ducum nec sunt mihi nota locorum
   nomina. materiam non habuere manus. 40
pars quota de tantis rebus, quam fama referre
   aut aliquis nobis scribere posset, erat?
quo magis, o lector, debes ignoscere, si quid
   erratum est illic praeteritumve mihi.
adde quod assidue domini meditata querelas 45
   ad laetum carmen vix mea versa lyra est.
vix bona post tanto quaerenti verba subibant,
   et gaudere aliquid res mihi visa nova est.
utque reformidant insuetum lumina solem,
   sic ad laetitiam mens mea segnis erat. 50
est quoque cunctarum novitas carissima rerum,
   gratiaque officio, quod mora tardat, abest.
cetera certatim de magno scripta triumpho
   iam pridem populi suspicor ore legi.
illa bibit sitiens lector, mea pocula plenus: 55
   illa recens pota est, nostra tepebit aqua.
non ego cessavi, nec fecit inertia serum.
   ultima me vasti sustinet ora freti.
dum venit huc rumor properataque carmina fiunt
   factaque eunt ad vos, annus abisse potest. 60

45 assiduas *Argentorat.* ς   querelam *EH*ς   47 tantum *EO*ς
exc. Pol.   51 calidissima *B(corr. B²)C*ς   59 r.] prius *C*   posita
CH Gudianus

OVIDI NASONIS

nec minimum refert, intacta rosaria primus,
    an sera carpas paene relicta manu.
quid mirum, lectis exhausto floribus horto,
    si duce non facta est digna corona tuo?
deprecor hoc: vatum contra sua carmina ne quis   65
    dicta putet! pro se Musa locuta mea est.
sunt mihi vobiscum communia sacra, poetae,
    in vestro miseris si licet esse choro.
magnaque pars animae mecum vixistis, amici:
    hac ego vos absens nunc quoque parte colo.   70
sint igitur vestro mea commendata favore
    carmina, non possum pro quibus ipse loqui.
scripta placent a morte fere, quia laedere vivos
    livor et iniusto carpere dente solet.
si genus est mortis male vivere, terra moratur,   75
    et desunt fatis sola sepulchra meis.
denique opus curae culpetur ut undique nostrae,
    officium nemo qui reprehendat erit.
ut desint vires, tamen est laudanda voluntas:
    hac ego contentos auguror esse deos.   80
haec facit ut veniat pauper quoque gratus ad aras,
    et placeat caeso non minus agna bove.
res quoque tanta fuit, quantae subsistere summo
    Aeneadum vati grande fuisset onus.
ferre etiam molles elegi tam vasta triumphi   85
    pondera disparibus non potuere rotis.
quo pede nunc utar, dubia est sententia nobis:
    alter enim de te, Rhene, triumphus adest.

64 tuo *correxi*: suo *codd.*   65 haec *O*ς: o *H*   rates *HO*ς *exc. Pol., interpunxit Ehwald, Kr. B. p.* 44   71 fauori ς
77 nostrae...curae *O Heinsius*   84 Aeneadum *Ehwald*: Aeneae *Quicherat*: enidos *B*: aēnidos *C*: aeneidos ω, *correpta syllaba* e, *quod genus erroris apud posteriores usitatum* (*uelut P. L. M.* (*Baehrens*) iv. 176. 8 = *Anth. Lat.* (*Riese*), i. 1, *p.* 8 'Aeneidos totum carmen ut esse putent'; *cf. P. L. M.* iv. 185. 9) *a consuetudine Ouidii abhorret* honus *O*

EX PONTO III

inrita votorum non sunt praesagia vatum:
 danda Iovi laurus, dum prior illa viret. 90
nec mea verba legis, qui sum summotus ad Histrum,
 non bene pacatis flumina pota Getis:
ista dei vox est, deus est in pectore nostro,
 haec duce praedico vaticinorque deo.
quid cessas currum pompamque parare triumphis, 95
 Livia? dant nullas iam tibi bella moras.
perfida damnatas Germania proicit hastas.
 iam pondus dices omen habere meum.
crede, brevique fides aderit. geminabit honorem
 filius, et iunctis, ut prius, ibit equis. 100
prome, quod inicias umeris victoribus, ostrum:
 ipsa potest solitum nosse corona caput:
scuta sed et galeae gemmis radientur et auro,
 stentque super vinctos trunca tropaea viros:
oppida turritis cingantur eburnea muris, 105
 fictaque res vero more putetur agi.
squalidus inmissos fracta sub harundine crines
 Rhenus et infectas sanguine portet aquas.
barbara iam capti poscunt insignia reges
 textaque fortuna divitiora sua, 110
et quae praeterea virtus invicta tuorum
 saepe parata tibi, saepe paranda facit.
di, quorum monitu sumus eventura locuti,
 verba, precor, celeri nostra probate fide.

V

QVAM legis, unde tibi mittatur epistula, quaeris?
 hinc, ubi caeruleis iungitur Hister aquis.

89 uotorum *BC*ω; *cf. Stat. Theb.* vii. 314: notorum ϛ: magnorum ϛ: uerorum ϛ: motorum *Heinsius*   104 uinctos *B*: iunctos *C*: uictos *B²*ω   106 uerae *Riese*   108 portet *H*ϛ *exc. Pol.*: potat *B*: portat *C*: potet *EO*ϛ: monstret *Ehwald*   109 ponent *EO*ϛ

OVIDI NASONIS

ut regio dicta est, succurrere debet et auctor,
  laesus ab ingenio Naso poeta suo.
qui tibi, quam mallet praesens adferre salutem, 5
  mittit ab hirsutis, Maxime Cotta, Getis.
legimus, o iuvenis patrii non degener oris,
  dicta tibi pleno verba diserta foro.
quae quamquam lingua mihi sunt properante per horas
  lecta satis multas, pauca fuisse queror. 10
plura sed haec feci relegendo saepe, nec umquam
  non mihi, quam primo, grata fuere magis.
cumque nihil totiens lecta e dulcedine perdant,
  viribus illa suis, non novitate, placent.
felices quibus haec ipso cognoscere in actu 15
  et tam facundo contigit ore frui!
nam, quamquam sapor est allata dulcis in unda,
  gratius ex ipso fonte bibuntur aquae.
et magis adducto pomum decerpere ramo
  quam de caelata sumere lance iuvat. 20
at nisi peccassem, nisi me mea Musa fugasset,
  quod legi, tua vox exhibuisset opus,
utque fui solitus, sedissem forsitan unus
  de centum iudex in tua verba viris,
maior et implesset praecordia nostra voluptas, 25
  cum traherer dictis adnueremque tuis.
quem quoniam fatum patria vobisque relictis
  inter inhumanos maluit esse Getas,
quod licet, ut videar tecum magis esse loquendo,
  saepe, precor, studii pignora mitte tui, 30
exemploque meo, nisi dedignaris id ipsum,
  utere, quod nobis rectius ipse dares.

V 13 *sic* O⚄ *Argent.*   cumque sua (*sscr.* nihil) totiens nil (*sscr.* lecta) e d. p. *B*: cumque sua tociens nichil e d. p. *CEH*⚄   27 nobis patriaque *C*: patria nobisque *O*   29 legendo *EO*⚄, *sed cf.* 50 : legenda *Burmann*

EX PONTO III

namque ego, qui perii iam pridem, Maxime, vobis,
　ingenio nitor non periisse meo.
redde vicem, nec rara tui monimenta laboris　　　　　　35
　accipiant nostrae, grata futura, manus.
dic tamen, o iuvenis studiorum plene meorum,
　ecquid ab his ipsis admoneare mei.
ecquid, ubi aut recitas factum modo carmen amicis,
　aut, quod saepe soles, exigis ut recitent,　　　　　　40
quaeror, ut interdum tua mens, oblita quid absit,
　nescio quid certe sentit abesse sui,
utque loqui multum de me praesente solebas,
　nunc quoque Nasonis nomen in ore tuo est?
ipse quidem Getico peream violatus ab arcu　　　　　　45
　(et sit periuri quam prope poena, vides)
te nisi momentis video paene omnibus absens.
　gratia quod menti quolibet ire licet.
hac ubi perveni nulli cernendus in urbem,
　saepe loquor tecum, saepe loquente fruor.　　　　　　50
tum mihi difficile est, quam sit bene, dicere, quamque
　candida iudiciis illa sit hora meis.
tum me, si qua fides, caelesti sede receptum
　cum fortunatis suspicor esse deis.
rursus ubi huc redii, caelum superosque relinquo,　　　　55
　a Styge nec longe Pontica distat humus.
unde ego si fato nitor prohibente reverti,
　spem sine profectu, Maxime, tolle mihi.

VI

Naso suo (posuit nomen quam paene!) sodali
　mittit ab Euxinis hoc breve carmen aquis.

---

41 *sic BC*　ut] et *fragm. Louaniense*　q. u. i.] interdum queritur ω
48 *sic C*　gratia quod *B* (*sscr*. deo *B*²)　quod] dis *E Vaticanus* : sit
*HO*ω　49 hanc *EO*ς　nullis *BCH*　52 hora sit illa *CEO*ς
VI 1 quam] cui ω : qui ς

OVIDI NASONIS

at si cauta parum scripsisset dextra quis esses,
    forsitan officio parta querela foret.
cur tamen, hoc aliis tutum credentibus, unus, 5
    adpellent ne te carmina nostra, rogas?
quanta sit in media clementia Caesaris ira,
    si nescis, ex me certior esse potes.
huic ego, quam patior, nil possem demere poenae,
    si iudex meriti cogerer esse mei. 10
non vetat ille sui quemquam meminisse sodalis,
    nec prohibet tibi me scribere teque mihi.
nec scelus admittas, si consoleris amicum,
    mollibus et verbis aspera fata leves.
cur, dum tuta times, facis ut reverentia talis 15
    fiat in Augustos invidiosa deos?
fulminis adflatos interdum vivere telis
    vidimus et refici, non prohibente Iove.
nec, quia Neptunus navem lacerarat Vlixis,
    Leucothea nanti ferre negavit opem. 20
crede mihi, miseris caelestia numina parcunt,
    nec semper laesos et sine fine premunt.
principe nec nostro deus est moderatior ullus:
    Iustitia vires temperat ille suas.
nuper eam Caesar facto de marmore templo, 25
    iampridem posuit mentis in aede suae.
Iuppiter in multos temeraria fulmina torquet,
    qui poenam culpa non meruere pati.
obruerit cum tot saevis deus aequoris undis,
    ex illis mergi pars quota digna fuit? 30
cum pereant acie fortissima quaeque, vel ipso
    iudice dilectus Martis iniquus erit.
at si forte velis in nos inquirere, nemo est
    qui se, quod patitur, conmeruisse neget.

9 possim *C*: posses *O*: possum *Eς*   20 leucotheam *BC*, *correxit*
Merkel: leucothoe ∞   32 dilectus *Cς*: delectus *BEOς*   33-34 in eos
... quin se *Bentley*

adde quod extinctos vel aqua vel Marte vel igni 35
  nulla potest iterum restituisse dies.
restituit multos aut poenae parte levavit
  Caesar: et in multis me, precor, esse velit.
at tu, cum tali populus sub principe simus,
  adloquio profugi credis inesse metum? 40
forsitan haec domino Busiride iure timeres,
  aut solito clausos urere in aere viros.
desine mitem animum vano infamare timore.
  saeva quid in placidis saxa vereris aquis?
ipse ego quod primo scripsi sine nomine vobis, 45
  vix excusari posse mihi videor.
sed pavor attonito rationis ademerat usum,
  cesserat omne novis consiliumque malis,
fortunamque meam metuens, non vindicis iram,
  terrebar titulo nominis ipse mei. 50
hactenus admonitus memori concede poetae
  ponat ut in chartis nomina cara suis.
turpe erit ambobus, longo mihi proximus usu
  si nulla libri parte legere mei.
ne tamen iste metus somnos tibi rumpere possit, 55
  non ultra, quam vis, officiosus ero,
teque tegam, qui sis, nisi cum permiseris ipse:
  cogetur nemo munus habere meum.
tu modo, quem poteras vel aperte tutus amare,
  si res est anceps ista, latenter ama. 60

VII

VERBA mihi desunt eadem tam saepe roganti,
  iamque pudet vanas fine carere preces.
taedia consimili fieri de carmine vobis,
  quidque petam cunctos edidicisse reor.

35 igne *CEOϛ*   40 obsequio *O*   malum *C*   51 sodali *C*

OVIDI NASONIS

nostraque quid portet iam nostis epistula, quamvis 5
    cera sit a vinclis non labefacta meis.
ergo mutetur scripti sententia nostri,
    ne totiens contra, quam rapit amnis, eam.
quod bene de vobis speravi, ignoscite, amici:
    talia peccandi iam mihi finis erit. 10
nec gravis uxori dicar: quae scilicet in me
    quam proba tam timida est experiensque parum.
hoc quoque, Naso, feres: etenim peiora tulisti.
    iam tibi sentiri sarcina nulla potest.
ductus ab armento taurus detrectet aratrum, 15
    subtrahat et duro colla novella iugo.
nos, quibus adsuevit fatum crudeliter uti,
    ad mala iam pridem non sumus ulla rudes.
venimus in Geticos fines: moriamur in illis,
    Parcaque ad extremum qua mea coepit eat. 20
spem iuvat amplecti, quae non iuvat inrita semper:
    et, fieri cupias siqua, futura putes.
proximus huic gradus est bene desperare salutem,
    seque semel vera scire perisse fide.
curando fieri quaedam maiora videmus 25
    vulnera, quae melius non tetigisse fuit.
mitius ille perit, subita qui mergitur unda,
    quam sua qui tumidis brachia lassat aquis.
cur ego concepi Scythicis me posse carere
    finibus et terra prosperiore frui? 30
cur aliquid de me speravi lenius umquam?
    an fortuna mihi sic mea nota fuit?
torqueor en gravius, repetitaque forma locorum
    exilium renovat triste recensque facit.

VII 6 cera *C exc. Pol.* : certa *B* : charta ∞   meis *B*: suis *C*∞
15 detractat (detrectat) *CO*ς   16 subtrahit *C*∞   19 moriemur
*EO*ς   28 lassat *EO*ς; *cf. Fast.* iv. 297   iactat uel lassat *C*:
pulsat *B*: iactat ς, *uide Trist. ed. Ox. p.* lxviii

ast tamen utilius, studium cessare meorum, 35
　quam, quas admorint, non valuisse preces.
magna quidem res est, quam non audetis, amici:
　sed si quis peteret, qui dare vellet, erat.
dummodo non nobis hoc Caesaris ira negarit,
　fortiter Euxinis inmoriemur aquis. 40

VIII

QVAE tibi quaerebam memorem testantia curam
　dona Tomitanus mittere posset ager.
dignus es argento, fulvo quoque dignior auro,
　sed te, cum donas, ista iuvare solent.
nec tamen haec loca sunt ullo pretiosa metallo: 5
　hostis ab agricola vix sinit illa fodi.
purpura saepe tuos fulgens praetexit amictus.
　sed non Sarmatico tingitur illa mari.
vellera dura ferunt pecudes, et Palladis uti
　arte Tomitanae non didicere nurus. 10
femina pro lana Cerealia munera frangit,
　suppositoque gravem vertice portat aquam.
non hic pampineis amicitur vitibus ulmus,
　nulla premunt ramos pondere poma suos.
tristia deformes pariunt absinthia campi, 15
　terraque de fructu quam sit amara docet.
nil igitur tota Ponti regione Sinistri,
　quod mea sedulitas mittere posset, erat.
clausa tamen misi Scythica tibi tela pharetra:
　hoste precor fiant illa cruenta tuo. 20
hos habet haec calamos, hos haec habet ora libellos.
　haec viget in nostris, Maxime, Musa locis!
quae quamquam misisse pudet, quia parva videntur,
　tu tamen haec, quaeso, consule missa boni.

37 quam *B²Cω* : sed *B*　　39 uobis *EHOϚ*
VIII 9 uellere dum fuerint *BC*　　14 suo *EϚ*

OVIDI NASONIS

IX

Qvod sit in his eadem sententia, Brute, libellis,
 carmina nescioquem carpere nostra refers:
nil nisi me terra fruar ut propiore rogare,
 et quam sim denso cinctus ab hoste loqui.
o, quam de multis vitium reprehenditur unum! 5
 hoc peccat solum si mea Musa, bene est.
ipse ego librorum video delicta meorum,
 cum sua plus iusto carmina quisque probet.
auctor opus laudat: sic forsitan Agrius olim
 Thersiten facie dixerit esse bona. 10
iudicium tamen hic nostrum non decipit error,
 nec, quicquid genui, protinus illud amo.
cur igitur, si me videam delinquere, peccem,
 et patiar scripto crimen inesse, rogas?
non eadem ratio est sentire et demere morbos. 15
 sensus inest cunctis, tollitur arte malum.
saepe aliquod verbum cupiens mutare reliqui,
 iudicium vires destituuntque meum.
saepe piget (quid enim dubitem tibi vera fateri?)
 corrigere et longi ferre laboris onus. 20
scribentem iuvat ipse labor minuitque laborem,
 cumque suo crescens pectore fervet opus.
corrigere ut res est tanto magis ardua quanto
 magnus Aristarcho maior Homerus erat,
sic animum lento curarum frigore laedit 25
 et cupidi cursus frena retentat equi.
atque ita di mites minuant mihi Caesaris iram,
 ossaque pacata nostra tegantur humo,

IX 4 queri ς   9 si *B (corr.* sic *B²)* forsan *C*   agrius *Vaticanus*,
agarius *C*: accius (actius *EH*) *B² (in ras.)* ω   10 dixerat *E*ς
21 fauor *EO*ς   23 ut *Burmann, Ehwald, Kr. B. p.* 60 : et *BCEO*ς :
at *B²*ς   minus *BC Bentley*: maius *B²*   26 et *BC*: ut *B²*ω
cursus *erasum in B*: in cursus *C (teste Tafel)*   ut cupidi gyrus *Schreuders*

EX PONTO III

ut mihi conanti nonnumquam intendere curas
   fortunae species obstat acerba meae, 30
vixque mihi videor, faciam qui carmina, sanus,
   inque feris curem corrigere illa Getis.
nil tamen e scriptis magis excusabile nostris,
   quam sensus cunctis paene quod unus inest.
laeta fere laetus cecini, cano tristia tristis: 35
   conveniens operi tempus utrumque suo est.
quid nisi de vitio scribam regionis amarae,
   utque loco moriar commodiore precer?
cum totiens eadem dicam, vix audior ulli,
   verbaque profectu dissimulata carent. 40
et tamen haec eadem cum sint, non scripsimus isdem,
   unaque per plures vox mea temptat opem.
an, ne bis sensum lector reperiret eundem,
   unus amicorum, Brute, rogandus eras?
non fuit hoc tanti. confesso ignoscite, docti: 45
   vilior est operis fama salute mea.
denique materiam, quam quis sibi finxerit ipse,
   arbitrio variat multa poeta suo.
Musa mea est index nimium quoque vera malorum,
   atque incorrupti pondera testis habet. 50
nec liber ut fieret, sed uti sua cuique daretur
   littera, propositum curaque nostra fuit.
postmodo collectas utcumque sine ordine iunxi:
   hoc opus electum ne mihi forte putes.
da veniam scriptis, quorum non gloria nobis 55
   causa, sed utilitas officiumque fuit.

31 qui *O⑤*: quin *BC*: quod *B²⑤*: cum *EH⑤*   33 e] est ω : in *Gottorpianus*   41 scripsimus *BO*: scribimus *Cω*: scribitur *E*   44 erat *COω*   47 materia *B, unde* materiae ... suae *Heinsius*   quom *olim conieci*: cum *Bentley*   fecerit *E*   50 incorruptae ⑤ *Heinsius; sed cf. Fast.* iv. 203 'pro magno (*codd.*) teste uetustas creditur'

LIBER QVARTVS

I

Accipe, Pompei, deductum carmen ab illo,
　debitor est vitae qui tibi, Sexte, suae.
qui seu non prohibes a me tua nomina poni,
　accedet meritis haec quoque summa tuis:
sive trahis vultus, equidem peccasse fatebor, 5
　delicti tamen est causa probanda mei.
non potuit mea mens, quin esset grata, teneri.
　sit precor officio non gravis ira pio.
o, quotiens ego sum libris mihi visus ab istis
　inpius, in nullo quod legerere loco! 10
o, quotiens, alii cum vellem scribere, nomen
　rettulit in ceras inscia dextra tuum!
ipse mihi placuit mendis in talibus error,
　et vix invita facta litura manu est.
'viderit! ad summam' dixi 'licet ipse queratur! 15
　a! pudet offensam non meruisse prius.'
da mihi, siquid ea est, hebetantem pectora Lethen,
　oblitus potero non tamen esse tui.
idque sinas oro, nec fastidita repellas
　verba, nec officio crimen inesse putes, 20
et levis haec meritis referatur gratia tantis:
　si minus, invito te quoque gratus ero.
numquam pigra fuit nostris tua gratia rebus,
　nec mihi munificas arca negavit opes.

I 9 o] di *B*　ab *B*: in *Cω*　11 uellem cum *CEϚ*　15 summum
Ϛ; *sed cf.* Ehwald, *Kr. B. p.* 46　16 hanc *HϚ*

OVIDI NASONIS

nunc quoque nil subitis clementia territa fatis 25
  auxilium vitae fertque feretque meae.
unde rogas forsan fiducia tanta futuri
  sit mihi? quod fecit, quisque tuetur opus.
ut Venus artificis labor est et gloria Coi,
  aequoreo madidas quae premit imbre comas: 30
arcis ut Actaeae vel eburna vel aerea custos
  bellica Phidiaca stat dea facta manu:
vindicat ut Calamis laudem, quos fecit, equorum:
  ut similis verae vacca Myronis opus:
sic ego pars rerum non ultima, Sexte, tuarum 35
  tutelaeque feror munus opusque tuae.

II

Qvod legis, o vates magnorum maxime regum,
  venit ab intonsis usque, Severe, Getis:
cuius adhuc nomen nostros tacuisse libellos,
  si modo permittis dicere vera, pudet.
orba tamen numeris cessavit epistula numquam 5
  ire per alternas officiosa vices.
carmina sola tibi memorem testantia curam
  non data sunt. quid enim, quae facis ipse, darem?
quis mel Aristaeo, quis Baccho vina Falerna,
  Triptolemo fruges, poma det Alcinoo? 10
fertile pectus habes, interque Helicona colentes
  uberius nulli provenit ista seges.
mittere ad hunc carmen, frondes erat addere silvis.
  haec mihi cunctandi causa, Severe, fuit.
nec tamen ingenium nobis respondet, ut ante, 15
  sed siccum sterili vomere litus aro.

26 feretque *O, quod coniecerat Heinsius*: refertque *Bω*: referta *C*
27 roges *ς* 31 uta *aut* uti *C (teste Tafel)* aerea *ς*: aenea *ω*: anea *B(teste Tafel)C*
II 1 rerum *C*: uatum *Eς* 5 orba] uerba *C* 9 Falerno *Zinzerling*

scilicet ut limus venas excaecat in undis,
  laesaque suppresso fonte resistit aqua,
pectora sic mea sunt limo vitiata malorum,
  et carmen vena pauperiore fluit. 20
si quis in hac ipsum terra posuisset Homerum,
  esset, crede mihi, factus et ille Getes.
da veniam fasso, studiis quoque frena remisi,
  ducitur et digitis littera rara meis.
inpetus ille sacer, qui vatum pectora nutrit, 25
  qui prius in nobis esse solebat, abest.
vix venit ad partes, vix sumptae Musa tabellae
  inponit pigras paene coacta manus.
parvaque, ne dicam scribendi nulla voluptas
  est mihi, nec numeris nectere verba iuvat. 30
sive quod hinc fructus adeo non cepimus ullos,
  principium nostri res sit ut ista mali:
sive quod in tenebris numerosos ponere gestus,
  quodque legas nulli scribere carmen, idem est.
excitat auditor studium, laudataque virtus 35
  crescit, et inmensum gloria calcar habet.
hic mea cui recitem nisi flavis scripta Corallis,
  quasque alias gentes barbarus Hister habet?
sed quid solus agam, quaque infelicia perdam
  otia materia surripiamque diem? 40
nam quia nec vinum, nec me tenet alea fallax,
  per quae clam tacitum tempus abire solet,
nec me, quod cuperem, si per fera bella liceret,
  oblectat cultu terra novata suo,
quid, nisi Pierides, solacia frigida, restant, 45
  non bene de nobis quae meruere deae?
at tu, cui bibitur felicius Aonius fons,
  utiliter studium quod tibi cedit ama,

17 u. e.] cum uenas cecat *BCH*ϛ   33 gressus ϛ

OVIDI NASONIS

sacraque Musarum merito cole, quodque legamus,
   huc aliquod curae mitte recentis opus.   50

III

CONQVERAR, an taceam? ponam sine nomine crimen,
   an notum qui sis omnibus esse velim?
nomine non utar, ne commendere querela,
   quaeraturque tibi carmine fama meo.
dum mea puppis erat valida fundata carina,   5
   qui mecum velles currere, primus eras.
nunc, quia contraxit vultum Fortuna, recedis,
   auxilio postquam scis opus esse tuo.
dissimulas etiam, nec me vis nosse videri,
   quisque sit, audito nomine, Naso, rogas.   10
ille ego sum, quamquam non vis audire, vetusta
   paene puer puero iunctus amicitia:
ille ego, qui primus tua seria nosse solebam
   et tibi iucundis primus adesse iocis:
ille ego convictor densoque domesticus usu,   15
   ille ego iudiciis unica Musa tuis.
ille ego sum, qui nunc an vivam, perfide, nescis,
   cura tibi de quo quaerere nulla fuit.
sive fui numquam carus, simulasse fateris:
   seu non fingebas, inveniere levis.   20
aut age, dic aliquam, quae te mutaverit, iram:
   nam nisi iusta tua est, iusta querela mea est.
quod te nunc crimen similem vetat esse priori?
   an crimen, coepi quod miser esse, vocas?
si mihi rebus opem nullam factisque ferebas,   25
   venisset verbis charta notata tribus.
vix equidem credo: subito insultare iacenti
   te mihi nec verbis parcere fama refert.

III 2 quis *EHOς*   11 quam//// *B sub ras.* que *dispexit Tafel*:
quamuis ς : qūm (*i. e.* quoniam) *C*   23 quae te consimilem res nunc
(non *E*) uetat *Eς*   27 subito *C* : s//// *B* : sed et *B²ω*

quid facis, a! demens? cur, si Fortuna recedit,
  naufragio lacrimas eripis ipse tuo?   30
haec dea non stabili, quam sit levis, orbe fatetur,
  quae summum dubio sub pede semper habet.
quolibet est folio, quavis incertior aura:
  par illi levitas, inprobe, sola tua est.
omnia sunt hominum tenui pendentia filo,   35
  et subito casu quae valuere, ruunt.
divitis audita est cui non opulentia Croesi?
  nempe tamen vitam captus ab hoste tulit.
ille Syracosia modo formidatus in urbe
  vix humili duram reppulit arte famem.   40
quid fuerat Magno maius? tamen ille rogavit
  summissa fugiens voce clientis opem.
cuique viro totus terrarum paruit orbis,

  . . . .

ille Iugurthino clarus Cimbroque triumpho,   45
  quo victrix totiens consule Roma fuit,
in caeno Marius iacuit cannaque palustri,
  pertulit et tanto multa pudenda viro.
ludit in humanis divina potentia rebus,
  et certam praesens vix feret hora fidem.   50
'litus ad Euxinum' si quis mihi diceret 'ibis,
  et metues, arcu ne feriare Getae,'
'i, bibe' dixissem 'purgantes pectora sucos,
  quicquid et in tota nascitur Anticyra.'
sum tamen haec passus: nec, si mortalia possem,   55
  et summi poteram tela cavere dei.
tu quoque fac timeas, et quae tibi laeta videntur,
  dum loqueris, fieri tristia posse puta.

29 recedat ϛ   33 quamuis C   44 om. BC *uersum adulterinum
supplent B²(mg.)ω*: indigus effectus (est factus E) omnibus ipse
magis   47 latuit ϛ   50 feret BC; *cf. Virg. Aen.* x. 792:
habet ω

OVIDI NASONIS

IV

Nvlla dies adeo est australibus umida nimbis,
  non intermissis ut fluat imber aquis.
nec sterilis locus ullus ita est, ut non sit in illo
  mixta fere duris utilis herba rubis.
nil adeo fortuna gravis miserabile fecit, 5
  ut minuant nulla gaudia parte malum.
ecce domo patriaque carens oculisque meorum,
  naufragus in Getici litoris actus aquas,
qua tamen inveni vultum diffundere causa
  possim, fortunae nec meminisse meae. 10
nam mihi, cum fulva solus spatiarer harena,
  visa est a tergo pinna dedisse sonum.
respicio, nec erat corpus, quod cernere possem,
  verba tamen sunt haec aure recepta mea:
'en ego laetarum venio tibi nuntia rerum 15
  Fama, per inmensas aere lapsa vias.
consule Pompeio, quo non tibi carior alter,
  candidus et felix proximus annus erit.'
dixit, et ut laeto Pontum rumore replevit,
  ad gentes alias hinc dea vertit iter. 20
at mihi dilapsis inter nova gaudia curis
  excidit asperitas huius iniqua loci.
ergo ubi, Iane biceps, longum reseraveris annum,
  pulsus et a sacro mense December erit,
purpura Pompeium summi velabit honoris, 25
  ne titulis quicquam debeat ille suis.
cernere iam videor rumpi paene atria turba,
  et populum laedi deficiente loco,
templaque Tarpeiae primum tibi sedis adiri,
  et fieri faciles in tua vota deos. 30

IV 10 possem *O*ς 11 fulua tristis *ĒH*ω spatiarer tristis *O*
27 p. a.] penetralia ς

EX PONTO IV

colla boves niveos cerno praebere securi,
   quos aluit campis herba Falisca suis:
cumque deos omnes, tunc hos inpensius, aequos
   esse tibi cupias, cum Iove Caesar erunt.
curia te excipiet, patresque e more vocati   35
   intendent aures ad tua verba suas.
hos ubi facundo tua vox hilaraverit ore,
   utque solet, tulerit prospera verba dies,
egeris et meritas superis cum Caesare grates
   (qui causam, facias cur ita saepe, dabit),   40
inde domum repetes toto comitante senatu,
   officium populi vix capiente domo.
me miserum, turba quod non ego cernar in illa,
   nec poterunt istis lumina nostra frui!
quod licet, absentem qua possum mente videbo: 45
   aspiciet vultus consulis illa sui.
di faciant aliquo subeat tibi tempore nostrum
   nomen, et 'heu' dicas 'quid miser ille facit?
haec tua pertulerit si quis mihi verba, fatebor
   protinus exilium mollius esse meum.   50

V

ITE, leves elegi, doctas ad consulis aures,
   verbaque honorato ferte legenda viro.
longa via est, nec vos pedibus proceditis aequis,
   tectaque brumali sub nive terra latet.
cum gelidam Thracen et opertum nubibus Haemum   5
   et maris Ionii transieritis aquas,
luce minus decima dominam venietis in urbem,
   ut festinatum non faciatis iter.

---

31 cerno *conieci, propter asyndeton uix ferendum*: certae *codd.*
33 tunc *BCEOϚ*: tum Ϛ   hos *Ehwald*: quos *codd.*   34 erit ω
36 intendunt *BC*   45 qualibet *EHϚ*: quamlibet *Heinsius*; *sed cf.*
iii. 5. 29

OVIDI NASONIS

protinus inde domus vobis Pompeia petatur:
   non est Augusto iunctior ulla foro.   10
siquis, ut in populo, qui sitis et unde requiret,
   nomina decepta quaelibet aure ferat.
ut sit enim tutum, sicut reor esse, fateri,
   verba minus certe ficta timoris habent.
copia nec vobis nullo prohibente videndi   15
   consulis, ut limen contigeritis, erit.
aut reget ille suos dicendo iura Quirites,
   conspicuum signis cum premet altus ebur:
aut populi reditus positam componet ad hastam,
   et minui magnae non sinet urbis opes: 20
aut, ubi erunt patres in Iulia templa vocati,
   de tanto dignis consule rebus aget:
aut feret Augusto solitam natoque salutem,
   deque parum noto consulet officio.
tempus ab his vacuum Caesar Germanicus omne   25
   auferet: a magnis hunc colit ille deis.
cum tamen a turba rerum requieverit harum,
   ad vos mansuetas porriget ille manus,
quidque parens ego vester agam fortasse requiret.
   talia vos illi reddere verba volo: 30
'vivit adhuc vitamque tibi debere fatetur,
   quam prius a miti Caesare munus habet.
te sibi, cum fugeret, memori solet ore referre
   barbariae tutas exhibuisse vias:
sanguine Bistonium quod non tepefecerit ensem,   35
   effectum cura pectoris esse tui:
addita praeterea vitae quoque multa tuendae
   munera, ne proprias attenuaret opes.
pro quibus ut meritis referatur gratia, iurat
   se fore mancipii tempus in omne tui.   40

    V 15 tunc *O*   ullo *EϚ*   25 ab] et *BC*   40 mancipium...
tuum ω

EX PONTO IV

nam prius umbrosa carituros arbore montes,
　et freta velivolas non habitura rates,
fluminaque in fontes cursu reditura supino,
　gratia quam meriti possit abire tui.'
haec ubi dixeritis, servet sua dona rogate.　　　　　　45
　sic fuerit vestrae causa peracta viae.

VI

QVAM legis, ex illis tibi venit epistula, Brute,
　Nasonem nolles in quibus esse locis.
sed tu quod nolles, voluit miserabile fatum.
　ei mihi! plus illud quam tua vota valet.
in Scythia nobis quinquennis Olympias acta est:　　　　5
　iam tempus lustri transit in alterius.
perstat enim fortuna tenax, votisque malignum
　opponit nostris insidiosa pedem.
certus eras pro me, Fabiae laus, Maxime, gentis,
　numen ad Augustum supplice voce loqui.　　　　　　10
occidis ante preces, causamque ego, Maxime, mortis
　(nec fuero tanti) me reor esse tuae.
iam timeo nostram cuiquam mandare salutem:
　ipsum morte tua concidit auxilium.
coeperat Augustus deceptae ignoscere culpae:　　　　　15
　spem nostram terras deseruitque simul.
quale tamen potui, de caelite, Brute, recenti
　vestra procul positus carmen in ora dedi.
quae prosit pietas utinam mihi, sitque malorum
　iam modus et sacrae mitior ira domus.　　　　　　　20
te quoque idem liquido possum iurare precari,
　o mihi non dubia cognite Brute nota.

VI 5 est *om.* ⟨, *unde sublato puncto* acta iam ... transit *Housman*
8 inuidiosa *EH*⟨　12 fueram ω: fuerim ⟨　15 deceptae; *cf. Liu.*
xxii. 4. 4 'deceptae insidiae

OVIDI NASONIS

nam cum praestiteris verum mihi semper amorem,
   hic tamen adverso tempore crevit amor.
quique tuas pariter lacrimas nostrasque videret,
   passuros poenam crederet esse duos.
lenem te miseris genuit natura, nec ulli
   mitius ingenium, quam tibi, Brute, dedit:
ut qui, quid valeas ignoret Marte forensi,
   posse tuo peragi vix putet ore reos.
scilicet eiusdem est, quamvis pugnare videntur,
   supplicibus facilem, sontibus esse trucem.
cum tibi suscepta est legis vindicta severae,
   verba velut tinctu singula virus habent.
hostibus eveniat, quam sis violentus in armis
   sentire et linguae tela subire tuae.
quae tibi tam tenui cura limantur, ut omnes
   istius ingenium corporis esse negent.
at si quem laedi Fortuna cernis iniqua,
   mollior est animo femina nulla tuo.
hoc ego praecipue sensi, cum magna meorum
   notitiam pars est infitiata mei.
inmemor illorum, vestri non inmemor umquam,
   qui mala solliciti nostra levatis, ero
et prius hic nimium nobis conterminus Hister
   in caput Euxino de mare vertet iter,
utque Thyesteae redeant si tempora mensae,
   Solis ad Eoas currus agetur aquas,
quam quisquam vestrum, qui me doluistis ademptum,
   arguat ingratum non meminisse sui.

VII

Missvs es Euxinas quoniam, Vestalis, ad undas,
   ut positis reddas iura sub axe locis,

---

31 uidetur *EOς* codd.: tinguat *Merkel*   34 tinctu *Ehwald, Kr. B. p.* 83: tinctum   44 sollicite *EOς*   ero] ope *C*

aspicis en praesens, quali iaceamus in arvo,
    nec me testis eris falsa solere queri.
accedet voci per te non irrita nostrae,
    Alpinis iuvenis regibus orte, fides.
ipse vides certe glacie concrescere Pontum,
    ipse vides rigido stantia vina gelu;
ipse vides, onerata ferox ut ducat Iazyx
    per medias Histri plaustra bubulcus aquas.
aspicis et mitti sub adunco toxica ferro,
    et telum causas mortis habere duas.
atque utinam pars haec tantum spectata fuisset,
    non etiam proprio cognita Marte tibi!
tenditur ad primum per densa pericula pilum,
    contigit ex merito qui tibi nuper honor.
sit licet hic titulus plenus tibi fructibus, ingens
    ipsa tamen virtus ordine maior erit.
non negat hoc Hister, cuius tua dextera quondam
    puniceam Getico sanguine fecit aquam.
non negat Aegisos, quae te subeunte recepta
    sensit in ingenio nil opis esse loci.
nam, dubium positu melius defensa manune,
    urbs erat in summo nubibus aequa iugo.
Sithonio regi ferus interceperat illam
    hostis et ereptas victor habebat opes,
donec fluminea devecta Vitellius unda
    intulit exposito milite signa Getis.
at tibi, progenies alti fortissima Donni,
    venit in adversos inpetus ire viros.
nec mora, conspicuus longe fulgentibus armis,
    fortia ne possint facta latere caves,

VII 6 Arpinis *Verpoorten*   9 Iazyx *Merula*: iahis *B*: ayzys (sscr. ia) *C*: iazis, yacis, yaxis ω   15 tenditur *scripsi*: tenditis *codd.*: tendit is *Oberlin*: tendisti *Merkel*   17 plenus *EO Ehwald*: plenis *cett. codd.*   21 egylos *B*: egilos *C*: egiros, egyros ω; *cf.* i. 8. 13: egipsos *O*   23 manune *BC*: manuue ω   29 donni *B²C⁵*: domu *B*: domni *HO⁵ exc. Pol.*: dampni *E*

OVIDI NASONIS

ingentique gradu contra ferrumque locumque
  saxaque brumali grandine plura subis.
nec te missa super iaculorum turba moratur, 35
  nec quae vipereo tela cruore madent.
spicula cum pictis haerent in casside pinnis,
  parsque fere scuti vulnere nulla vacat.
nec corpus cunctos feliciter effugit ictus:
  sed minor est acri laudis amore dolor. 40
talis apud Troiam Danais pro navibus Aiax
  dicitur Hectoreas sustinuisse faces.
ut propius ventum est admotaque dextera dextrae,
  resque fero potuit comminus ense geri,
dicere difficile est quid Mars tuus egerit illic, 45
  quotque neci dederis quosque quibusque modis.
ense tuo factos calcabas victor acervos,
  inpositoque Getes sub pede multus erat.
pugnat ad exemplum primi minor ordine pili,
  multaque fert miles vulnera, multa facit. 50
sed tantum virtus alios tua praeterit omnes,
  ante citos quantum Pegasus ibit equos.
vincitur Aegisos, testataque tempus in omne
  sunt tua, Vestalis. carmine facta meo.

VIII

LITTERA sera quidem, studiis exculte Suilli,
  huc tua pervenit, sed mihi grata tamen,
qua, pia si possit superos lenire rogando
  gratia, laturum te mihi dicis opem.
ut iam nil praestes, animi sum factus amici 5
  debitor, et meritum velle iuvare voco.
inpetus iste tuus longum modo duret in aevum,
  neve malis pietas sit tua lassa meis.

52 ibit *BO* : ibat *cett. codd.*   53 egyros *BS* : egiros *CS*

EX PONTO IV

ius aliquod faciunt adfinia vincula nobis,
  quae semper maneant inlabefacta precor. 10
nam tibi quae coniunx, eadem mihi filia paene est,
  et quae te generum, me vocat illa virum.
ei mihi, si lectis vultum tu versibus istis
  ducis et adfinem te pudet esse meum!
at nihil hic dignum poteris reperire pudore 15
  praeter Fortunam, quae mihi caeca fuit.
seu genus excutias, equites ab origine prima
  usque per innumeros inveniemur avos:
sive velis qui sint mores inquirere nostri,
  errorem misero detrahe, labe carent. 20
tu modo si quid agi sperabis posse precando,
  quos colis, exora supplice voce deos.
di tibi sunt Caesar iuvenis. tua numina placa.
  hac certe nulla est notior ara tibi.
non sinit illa sui vanas antistitis umquam 25
  esse preces: nostris hinc pete rebus opem.
quamlibet exigua si nos ea iuverit aura,
  obruta de mediis cumba resurget aquis.
tunc ego tura feram rapidis sollemnia flammis,
  et valeant quantum numina testis ero. 30
nec tibi de Pario statuam, Germanice, templum
  marmore: carpsit opes illa ruina meas.
templa domus facient vobis urbesque beatae.
  Naso suis opibus, carmine gratus erit.
parva quidem fateor pro magnis munera reddi, 35
  cum pro concessa verba salute damus.
sed qui, quam potuit, dat maxima, gratus abunde est,
  et finem pietas contigit illa suum.
nec quae de parva pauper dis libat acerra,
  tura minus grandi quam data lance valent. 40

VIII 16 saeua *Riese*   23 sint *BCOϚ*   33 uobis faciant Ϛ

OVIDI NASONIS

agnaque tam lactens quam gramine pasta Falisco
    victima Tarpeios inficit icta focos.
nec tamen officio vatum per carmina facto
    principibus res est aptior ulla viris.
carmina vestrarum peragunt praeconia laudum,   45
    neve sit actorum fama caduca cavent.
carmine fit vivax virtus, expersque sepulcri
    notitiam serae posteritatis habet.
tabida consumit ferrum lapidemque vetustas,
    nullaque res maius tempore robur habet.   50
scripta ferunt annos. scriptis Agamemnona nosti,
    et quisquis contra vel simul arma tulit.
quis Thebas septemque duces sine carmine nosset,
    et quicquid post haec, quicquid et ante fuit?
di quoque carminibus, si fas est dicere, fiunt,   55
    tantaque maiestas ore canentis eget.
sic Chaos ex illa naturae mole prioris
    digestum partes scimus habere suas:
sic adfectantes caelestia regna Gigantas
    ad Styga nimbifero vindicis igne datos: 60
sic victor laudem superatis Liber ab Indis,
    Alcides capta traxit ab Oechalia.
et modo, Caesar, avum, quem virtus addidit astris,
    sacrarunt aliqua carmina parte tuum.
siquid adhuc igitur vivi, Germanice, nostro   65
    restat in ingenio, serviet omne tibi.
non potes officium vatis contemnere vates:
    iudicio pretium res habet ista tuo.
quod nisi te nomen tantum ad maiora vocasset,
    gloria Pieridum summa futurus eras.   70
sed dare materiam nobis quam carmina maius:
    nec tamen ex toto deserere illa potes.

44 gratior *ς*   59 gigantes *codd.*   62 oethalia *B*: ethalia *CO*:
etholia *ω*   65 riui *Hertzberg ad Prop.* iv. 1. 59   71 maius *BOς*:
mauis *CEς*

nam modo bella geris, numeris modo verba coerces,
  quodque aliis opus est, hoc tibi lusus erit.
utque nec ad citharam nec ad arcum segnis Apollo est, 75
  sed venit ad sacras nervus uterque manus,
sic tibi nec docti desunt nec principis artes,
  mixta sed est animo cum Iove Musa tuo.
quae quoniam nec nos unda summovit ab illa,
  ungula Gorgonei quam cava fecit equi, 80
prosit opemque ferat communia sacra tueri,
  atque isdem studiis inposuisse manum:
litora pellitis nimium subiecta Corallis
  ut tandem saevos effugiamque Getas:
clausaque si misero patria est, ut ponar in ullo, 85
  qui minus Ausonia distet ab urbe, loco,
unde tuas possim laudes celebrare recentes
  magnaque quam minima facta referre mora.
tangat ut hoc votum caelestia, care Suilli,
  numina, pro socero paene precare tuo. 90

IX

Vnde licet, non unde iuvat, Graecine, salutem
  mittit ab Euxinis hanc tibi Naso vadis,
missaque di faciant Auroram occurrat ad illam,
  bis senos fasces quae tibi prima dabit:
ut, quoniam sine me tanges Capitolia consul 5
  et fiam turbae pars ego nulla tuae,
in domini subeat partes et praestet amici
  officium iusso littera nostra die.
atque ego si fatis genitus melioribus essem
  et mea sincero curreret axe rota, 10
quo nunc nostra manus per scriptum fungitur, esset
  lingua salutandi munere functa tui,

74 ludus ς   77 nec desunt Cς   85 ullo ς : illo BCω   86 distat BCEHOς

OVIDI NASONIS

gratatusque darem cum dulcibus oscula verbis,
  nec minus ille meus quam tuus esset honor.
illa, confiteor, sic essem luce superbus, 15
  ut caperet fastus vix domus ulla meos:
dumque latus sancti cingit tibi turba senatus,
  consulis ante pedes ire iuberer eques;
et quamquam cuperem semper tibi proximus esse,
  gauderem lateris non habuisse locum. 20
nec querulus, turba quamvis eliderer, essem:
  sed foret a populo tum mihi dulce premi.
aspicerem gaudens, quantus foret agminis ordo,
  densaque quam longum turba teneret iter.
quoque magis noris, quam me vulgaria tangant, 25
  spectarem, qualis purpura te tegeret.
signa quoque in sella nossem formata curuli
  et totum Numidae sculptile dentis opus.
at cum Tarpeias esses deductus in arces,
  dum caderet iussu victima sacra tuo, 30
me quoque secreto grates sibi magnus agentem
  audisset media qui sedet aede deus.
turaque mente magis plena quam lance dedissem,
  ter quater inperii laetus honore tui.
hic ego praesentes inter numerarer amicos, 35
  mitia ius urbis si modo fata darent,
quaeque mihi sola capitur nunc mente voluptas,
  tunc oculis etiam percipienda foret.
non ita caelitibus visum est, et forsitan aequis.
  nam quid me poenae causa negata iuvet? 40
mente tamen, quae sola loco non exulat, utar,
  praetextam fasces aspiciamque tuos.

18 uiderer ᛇ: iuberet *E*   20 lateri *EO*ᛇ   22 tunc *EH*ᛇ
23 prospicerem ω   25, 26 *Bentley*, 27, 28 *Merkel deleuerunt*   29
et *EH*ᛇ   35 hic (*i. e. in capitolio*) *BC*ω: hinc *Merkel, Schenkl*
36 ius] uim *B*²   urbis *ed. Aldina*: uerbis *codd.*   mitia si nobis
ius m. f. d. *O*   40 iuuet] foret *B*² (*ex u.* 38), *sed* iuuet *eadem manus
correxit*: iuuat ᛇ

EX PONTO IV

haec modo te populo reddentem iura videbit,
   et se secretis finget adesse tuis:
nunc longi reditus hastae supponere lustri   45
   credet, et exacta cuncta locare fide:
nunc facere in medio facundum verba senatu,
   publica quaerentem quid petat utilitas:
nunc pro Caesaribus superis decernere grates,
   albave opimorum colla ferire boum.   50
atque utinam, cum iam fueris potiora precatus,
   ut mihi placetur principis ira roges!
surgat ad hanc vocem plena pius ignis ab ara,
   detque bonum voto lucidus omen apex.
interea, qua parte licet, ne cuncta queramur,   55
   hic quoque te festum consule tempus agam.
altera laetitiae est nec cedens causa priori,
   successor tanti frater honoris erit.
nam tibi finitum summo, Graecine, Decembri
   inperium Iani suscipit ille die.   60
quaeque est in vobis pietas, alterna feretis
   gaudia, tu fratris fascibus, ille tuis.
sic tu bis fueris consul, bis consul et ille,
   inque domo binus conspicietur honor.
qui quamquam est ingens, et nullum Martia summo   65
   altius inperium consule Roma videt,
multiplicat tamen hunc gravitas auctoris honorem,
   et maiestatem res data dantis habet.
iudiciis igitur liceat Flaccoque tibique
   talibus Augusti tempus in omne frui.   70
quod tamen ab rerum cura propiore vacabit,
   vota precor votis addite vestra meis.

---

44 decretis *Korn* : locis *E*ϛ   46 cernet ϛ   57 est *om.* ϛ   cedet *H*ϛ
64 bimus *cod. Gudianus, Heinsius*; *sed cf. Lucret.* iv. 451   honos *E*
71 quod *BC*ϛ, *Ehwald, Kr. B. p.* 48: cum *EO*ϛ : ut *H*ϛ   ab *B*:
a *C*ω

OVIDI NASONIS

et si quem dabit aura sinum, laxate rudentis,
 exeat e Stygiis ut mea navis aquis.
praefuit his, Graecine, locis modo Flaccus, et illo   75
 ripa ferox Histri sub duce tuta fuit.
hic tenuit Mysas gentes in pace fideli,
 hic arcu fisos terruit ense Getas.
hic raptam Troesmen celeri virtute recepit,
 infecitque fero sanguine Danuvium.   80
quaere loci faciem Scythicique incommoda caeli,
 et quam vicino terrear hoste roga:
sintne litae tenues serpentis felle sagittae,
 fiat an humanum victima dira caput:
mentiar, an coeat duratus frigore Pontus,   85
 et teneat glacies iugera multa freti.
haec ubi narrarit, quae sit mea fama require,
 quoque modo peragam tempora dura roga.
nec sumus hic odio, nec scilicet esse meremur,
 nec cum Fortuna mens quoque versa mea est.   90
illa quies animi, quam tu laudare solebas,
 ille vetus solito perstat in ore pudor.
sic ego sum longe, sic hic, ubi barbarus hostis,
 ut fera plus valeant legibus arma, facit,
rem queat ut nullam tot iam, Graecine, per annos   95
 femina de nobis virve puerve queri.
hoc facit ut misero faveant adsintque Tomitae:
 haec quoniam tellus testificanda mihi est.
illi me, quia velle vident, discedere malunt:
 respectu cupiunt hic tamen esse sui.   100
nec mihi credideris: extant decreta, quibus nos
 laudat et inmunes publica cera facit.

  73 qua *HS*   rudentes *Cω*   77 mysas *B* : missas *Cω*   79
Troesmen *scripsi*; *cf.* xvi. 15: troesenen *B teste Tafel* : t(*sscr.* o)esm
C: troezen *EHOS*: troesen *S*: Troesmin *Korn, Ehwald, Kr. B.
p.* 42   80 danubium *ω*   93, 94 *suspectos Heinsio del. Merkel*:
intercidisse nonnulla censet Ehwald, Kr. B. p. 18

EX PONTO IV

conveniens miseris et quamquam gloria non sit,
 proxima dant nobis oppida munus idem.
nec pietas ignota mea est: videt hospita terra   105
 in nostra sacrum Caesaris esse domo.
stant pariter natusque pius coniunxque sacerdos,
 numina iam facto non leviora deo.
neu desit pars ulla domus, stat uterque nepotum,
 hic aviae lateri proximus, ille patris.   110
his ego do totiens cum ture precantia verba,
 Eoo quotiens surgit ab orbe dies.
tota, licet quaeras, hoc me non fingere dicet
 officii testis Pontica terra mei.
Pontica me tellus, quantis hac possumus ara,   115
 natalem ludis scit celebrare dei.
nec minus hospitibus pietas est cognita talis,
 misit in has siquos longa Propontis aquas.
is quoque, quo Laevus fuerat sub praeside Pontus,
 audierit frater forsitan ista tuus.   120
fortuna est inpar animo, talique libenter
 exiguas carpo munere pauper opes.
nec vestris damus haec oculis, procul urbe remoti:
 contenti tacita sed pietate sumus.
et tamen haec tangent aliquando Caesaris aures.   125
 nil illi, toto quod fit in orbe, latet.
tu certe scis haec, superis ascite, videsque,
 Caesar, ut est oculis subdita terra tuis.
tu nostras audis inter convexa locatus
 sidera, sollicito quas damus ore, preces.   130
perveniant istuc et carmina forsitan illa,
 quae de te misi caelite facta novo.

---

103 sit *G*: est *BCω*   108 fato *G*   113 haec *Eϛ*: non haec
me fingere *O*   115 ara *B*: ora *Cω*   116 diem *Hϛ*   119 laetus
BC: leuior *HOϛ*   lentus *E*   126 illi *Bϛ*: illum *B²Cω*   127 hoc
Cϛ   128 ut] et *BCEOϛ*

OVIDI NASONIS

auguror his igitur flecti tua numina, nec tu
  inmerito nomen mite Parentis habes.

X

Haec mihi Cimmerio bis tertia ducitur aestas
  litore pellitos inter agenda Getas.
ecquos tu silices, ecquod, carissime, ferrum
  duritiae confers, Albinovane, meae?
gutta cavat lapidem, consumitur anulus usu, 5
  atteritur pressa vomer aduncus humo.
tempus edax igitur praeter nos omnia perdit
  cessat duritia mors quoque victa mea.
exemplum est animi nimium patientis Vlixes,
  iactatus dubio per duo lustra mari: 10
tempora solliciti sed non tamen omnia fati
  pertulit, et placidae saepe fuere morae.
an grave sex annis pulchram fovisse Calypso
  aequoreaeque fuit concubuisse deae?
excipit Hippotades, qui dat pro munere ventos, 15
  curvet ut inpulsos utilis aura sinus.
nec bene cantantes labor est audire puellas:
  nec degustanti lotos amara fuit.
nos ego, qui patriae faciant oblivia, sucos
  parte meae vitae, si modo dentur, emam. 20
nec tu contuleris urbem Laestrygonos umquam
  gentibus, obliqua quas obit Hister aqua.
nec vincet Cyclops saevum feritate Piacchen.
  qui quota terroris pars solet esse mei?
Scylla feris trunco quod latret ab inguine monstris, 25
  Heniochae nautis plus nocuere rates.

X 1 hic ς   6 atteritur *Heinsius*: et teritur *codd.*   7 perdit
Oς: perdet *BCω*   13 calypson *HOς*   14 Aeeaeque *Merkel*
21 laestrygonos *B*: lestrigones *C*: laestrygonis ω   23 Piacchen
BC Ehwald, Kr. B. p. 67: piacem, phyacen ω

EX PONTO IV

nec potes infestis conferre Charybdin Achaeis,
   ter licet epotum ter vomat illa fretum.
qui quamquam dextra regione licentius errant,
   securum latus hoc non tamen esse sinunt.   30
hic agri infrondes, hic spicula tincta venenis,
   hic freta vel pediti pervia reddit hiems,
ut, qua remus iter pulsis modo fecerat undis,
   siccus contempta nave viator eat.
qui veniunt istinc, vix vos ea credere dicunt.   35
   quam miser est, qui fert asperiora fide!
crede tamen: nec te causas nescire sinemus,
   horrida Sarmaticum cur mare duret hiems.
proxima sunt nobis plaustri praebentia formam
   et quae praecipuum sidera frigus habent.   40
hinc oritur Boreas oraeque domesticus huic est
   et sumit vires a propiore loco.
at Notus, adverso tepidum qui spirat ab axe,
   est procul et rarus languidiorque venit.
adde quod hic clauso miscentur flumina Ponto,   45
   vimque fretum multo perdit ab amne suam.
huc Lycus, huc Sagaris Peniusque Hypanisque Calesque
   influit et crebro vertice tortus Halys,
Partheniusque rapax, et volvens saxa Cynapses
   labitur, et nullo tardior amne Tyras,   50
et tu, femineae Thermodon cognite turmae,
   et quondam Graiis Phasi petite viris,
cumque Borysthenio liquidissimus amne Dyrapses
   et tacite peragens lene Melanthus iter,
quique duas terras, Asiam Cadmique sororem,   55
   separat et cursus inter utramque facit,
innumerique alii, quos inter maximus omnes
   cedere Danuvius se tibi, Nile, negat.

35 istuc *E*ς   42 polo *Meyncke*   43 tepidus *EH*²ς   49 cinapses *B*: cinipses *C*. cinases *O*: nuiphes *E*: Niphates ς *Verpoorten*   53 Lycastus *ed. Etonensis*

OVIDI NASONIS

copia tot laticum, quas auget, adulterat undas,
    nec patitur vires aequor habere suas.   60
quin etiam, stagno similis pigraeque paludi,
    caeruleus vix est diluiturque color.
innatat unda freto dulcis, leviorque marina est,
    quae proprium mixto de sale pondus habet.
si roget haec aliquis cur sint narrata Pedoni,   65
    quidve loqui certis iuverit ista modis,
'detinui' dicam 'curas tempusque fefelli.
    hunc fructum praesens attulit hora mihi.
afuimus solito, dum scribimus ista, dolore,
    in mediis nec nos sensimus esse Getis.   70
at tu, non dubito, cum Thesea carmine laudes,
    materiae titulos quin tueare tuae,
quemque refers, imitere virum. vetat ille profecto
    tranquilli comitem temporis esse fidem.
qui quamquam est factis ingens et conditur a te   75
    vir tanto quanto debuit ore cani,
est tamen ex illo nobis imitabile quiddam,
    inque fide Theseus quilibet esse potest.
non tibi sunt hostes ferro clavaque domandi,
    per quos vix ulli pervius Isthmos erat: 80
sed praestandus amor, res non operosa volenti.
    quis labor est puram non temerasse fidem?
haec tibi, qui praestas indeclinatus amico,
    non est quod lingua dicta querente putes.

XI

GALLIO, crimen erit vix excusabile nobis,
    carmine te nomen non habuisse meo.
tu quoque enim, memini, caelesti cuspide facta
    fovisti lacrimis vulnera nostra tuis.

---

67 tempus curasque ς *exc. Pol.*   83 praestas (pstas *B*) *BEO*ς :
perstas *C*ς

EX PONTO IV

atque utinam rapti iactura laesus amici 5
  sensisses ultra, quod quererere, nihil!
non ita dis placuit, qui te spoliare pudica
  coniuge crudeles non habuere nefas.
nuntia nam luctus mihi nuper epistula venit,
  lectaque cum lacrimis sunt tua damna meis. 10
sed neque solari prudentem stultior ausim,
  verbaque doctorum nota referre tibi:
finitumque tuum, si non ratione, dolorem
  ipsa iam pridem suspicor esse mora.
dum tua pervenit, dum littera nostra recurrens 15
  tot maria ac terras permeat, annus abit.
temporis officium est solacia dicere certi,
  dum dolor in cursu est et petit aeger opem.
at cum longa dies sedavit vulnera mentis,
  intempestive qui movet illa, novat. 20
adde quod (atque utinam verum tibi venerit omen!)
  coniugio felix iam potes esse novo.

XII

Qvo minus in nostris ponaris, amice, libellis,
  nominis efficitur condicione tui.
ast ego non alium prius hoc dignarer honore:
  est aliquis nostrum si modo carmen honor.
lex pedis officio fortunaque nominis obstat, 5
  quaque meos adeas est via nulla modos.
nam pudet in geminos ita nomen scindere versus,
  desinat ut prior hoc incipiatque minor.
et pudeat, si te, qua syllaba parte moratur,
  artius adpellem Tuticanumque vocem. 10
et potes in versum Tuticani more venire,
  fiat ut e longa syllaba prima brevis:

XI 20 mouet] fouet *Heinsius*: monet O
XII 11 et BCω: non EOϚ: nec Ϛ

OVIDI NASONIS

aut ut dicatur, quae nunc correptius exit,
  et sit porrecta longa secunda mora.
his ego si vitiis ausim corrumpere nomen, 15
  ridear et merito pectus habere neger.
haec mihi causa fuit dilati muneris huius,
  quod meus adiecto faenore reddet amor,
teque canam quacumque nota, tibi carmina mittam,
  paene mihi puero cognite paene puer, 20
perque tot annorum seriem, quot habemus uterque,
  non mihi, quam fratri frater, amate minus.
tu bonus hortator, tu duxque comesque fuisti,
  cum regerem tenera frena novella manu.
saepe ego correxi sub te censore libellos, 25
  saepe tibi admonitu facta litura meo est,
dignam Maeoniis Phaeacida condere chartis
  cum te Pieriae perdocuere deae.
hic tenor, haec viridi concordia coepta iuventa
  venit ad albentis inlabefacta comas. 30
quae nisi te moveant, duro tibi pectora ferro
  esse vel invicto clausa adamante putem.
sed prius huic desint et bellum et frigora terrae,
  invisus nobis quae duo Pontus habet,
et tepidus Boreas et sit praefrigidus Auster, 35
  et possit fatum mollius esse meum,
quam tua sint lasso praecordia dura sodali.
  hic cumulus nostris absit abestque malis.
tu modo per superos, quorum certissimus ille est,
  quo tuus adsidue principe crevit honor, 40
effice constanti profugum pietate tuendo,
  ne sperata meam deserat aura ratem.
quid mandem, quaeris? peream, nisi dicere vix est;
  si modo, qui periit, ille perire potest.

13 ducatur $B^2\varsigma$: aut producatur $EHO\varsigma$ 18 reddit $BH\varsigma$: reddat ager $EO\varsigma$ 19 nota] naia G 27 dignam $CH\varsigma$: dignum $BEO\varsigma$ 28 pierides ς 37 lapso $H\varsigma$ 42 sperata] spe||||| G

nec quid agam invenio, nec quid nolimve velimve,   45
  nec satis utilitas est mihi nota mea.
crede mihi, miseros prudentia prima relinquit,
  et sensus cum re consiliumque fugit.
ipse, precor, quaeras, qua sim tibi parte iuvandus,
  quoque viam facias ad mea vota vado.   50

XIII

O mihi non dubios inter memorande sodales,
  qui quod es, id vere, Care, vocaris, ave!
unde saluteris, color hic tibi protinus index
  et structura mei carminis esse potest.
non quia mirifica est, sed quod non publica certe est: 5
  qualis enim cumque est, non latet esse meam.
ipse quoque, ut titulum chartae de fronte revellas,
  quod sit opus, videor dicere posse, tuum.
quamlibet in multis positus noscere libellis,
  perque observatas inveniere notas.   10
prodent auctorem vires, quas Hercule dignas
  novimus atque illi, quem canis ipse, pares.
et mea Musa potest, proprio deprensa colore,
  insignis vitiis forsitan esse suis.
tam mala Thersiten prohibebat forma latere,   15
  quam pulchra Nireus conspiciendus erat.
nec te mirari, si sint vitiosa, decebit
  carmina, quae faciam paene poeta Getes.
a, pudet, et Getico scripsi sermone libellum,
  structaque sunt nostris barbara verba modis: 20
et placui (gratare mihi) coepique poetae
  inter inhumanos nomen habere Getas.
materiam quaeris? laudes: de Caesare dixi.
  adiuta est novitas numine nostra dei.

XIII 2 quique quod es uere ς   5 quod non] quod nec ς   certe
(om. est) Hς   12 ipse] esse Eως   28 *interpunxit Gilbert, Jahrb.
f. kl. Ph.* 1896, *p.* 62

OVIDI NASONIS

nam patris Augusti docui mortale fuisse 25
   corpus, in aetherias numen abisse domos:
esse parem virtute patri, qui frena rogatus
   saepe recusati ceperit inperii:
esse pudicarum te Vestam, Livia, matrum,
   ambiguum nato dignior anne viro: 30
esse duos iuvenes, firma adiumenta parentis,
   qui dederint animi pignora certa sui.
haec ubi non patria perlegi scripta Camena,
   venit et ad digitos ultima charta meos,
et caput et plenas omnes movere pharetras, 35
   et longum Getico murmur in ore fuit.
atque aliquis 'scribas haec cum de Caesare,' dixit
   'Caesaris inperio restituendus eras.'
ille quidem dixit: sed me iam, Care, nivali
   sexta relegatum bruma sub axe videt. 40
carmina nil prosunt. nocuerunt carmina quondam,
   primaque tam miserae causa fuere fugae.
at tu, per studii communia foedera sacri,
   per non vile tibi nomen amicitiae
(sic capto Latiis Germanicus hoste catenis 45
   materiam vestris adferat ingeniis:
sic valeant pueri, votum commune deorum,
   quos laus formandos est tibi magna datos),
quanta potes, praebe nostrae momenta saluti,
   quae nisi mutato nulla futura loco est. 50

XIV

HAEC tibi mittuntur, quem sum modo carmine questus
   non aptum numeris nomen habere meis,

27 coactus *Scaliger*; *cf. Suet. Tib.* 24   48 quis laus formandis est data magna tibi *O*   49 momenta ς : monimenta *BCω*

EX PONTO IV

in quibus, excepto quod adhuc utcumque valemus,
  nil, me praeterea quod iuvet, invenies.
ipsa quoque est invisa salus, suntque ultima vota   5
  quolibet ex istis scilicet ire locis.
nulla mihi cura est, terra quo mittar ab ista,
  hac quia, quam video, gratior omnis erit.
in medias Syrtes, mediam mea vela Charybdin
  mittite, praesenti dum careamus humo.   10
Styx quoque, si quid ea est, bene commutabitur Histro,
  siquid et inferius quam Styga mundus habet.
gramina cultus ager, frigus minus odit hirundo,
  proxima Marticolis quam loca Naso Getis.
talia suscensent propter mihi verba Tomitae,   15
  iraque carminibus publica mota meis.
ergo ego cessabo numquam per carmina laedi,
  plectar et incauto semper ab ingenio?
ergo ego, ne scribam, digitos incidere cunctor,
  telaque adhuc demens, quae nocuere, sequor?   20
ad veteres scopulos iterum devertar et illas,
  in quibus offendit naufraga puppis, aquas?
sed nihil admisi, nulla est mea culpa, Tomitae,
  quos ego, cum loca sim vestra perosus, amo.
quilibet excutiat nostri monimenta laboris: 25
  littera de vobis est mea questa nihil.
frigus et incursus omni de parte timendos
  et quod pulsetur murus ab hoste queror.
in loca, non homines, verissima crimina dixi.
  culpatis vestrum vos quoque saepe solum   30
esset perpetuo sua quam vitabilis Ascra,
  ausa est agricolae Musa docere senis:
et fuerat genitus terra, qui scripsit, in illa,
  intumuit vati nec tamen Ascra suo.

XIV 7 muter *O*ς   9 caribdim *B*   15 suscensent *C*: succensent *B*ω   21 deuertar *BO*: deuertor *C*ω   31 miserabilis *H* Ascra *EO*ω *exc. Pol.*: *cf. A. A.* i. 28: ascre *BC*   33 at ς

OVIDI NASONIS

quis patriam sollerte magis dilexit Vlixe? 35
    hoc tamen asperitas indice docta loci est.
non loca, sed mores scriptis vexavit amaris
    Scepsius Ausonios, actaque Roma rea est:
falsa tamen passa est aequa convicia mente,
    obfuit auctori nec fera lingua suo. 40
at malus interpres populi mihi concitat iram
    inque novum crimen carmina nostra vocat.
tam felix utinam quam pectore candidus essem!
    extat adhuc nemo saucius ore meo.
adde quod Illyrica si iam pice nigrior essem, 45
    non mordenda mihi turba fidelis erat.
molliter a vobis mea sors excepta, Tomitae,
    tam mites Graios indicat esse viros.
gens mea Paeligni regioque domestica Sulmo
    non potuit nostris lenior esse malis. 50
quem vix incolumi cuiquam salvoque daretis,
    is datus a vobis est mihi nuper honor.
solus adhuc ego sum vestris inmunis in oris,
    exceptis, siqui munera legis habent.
tempora sacrata mea sunt velata corona, 55
    publicus invito quam favor inposuit.
quam grata est igitur Latonae Delia tellus,
    erranti tutum quae dedit una locum,
tam mihi cara Tomis, patria quae sede fugatis
    tempus ad hoc nobis hospita fida manet. 60
di modo fecissent, placidae spem posset habere
    pacis, et a gelido longius axe foret.

36 docta *B*: dicta *EHOω*: nota ϛ   d. l. e.] doctus inest *C*   38 Scepsius *Scaliger*: septius *B* (t *in ras.*) *Oϛ*: sceptius *C*: sepius *Eϛ*: celsius *H*   48 gratos *BCHϛ*   59 Tomis *BHϛ*: domus *C*: tomus ϛ: thomos *EOϛ*

XV

Siqvis adhuc usquam nostri non inmemor extat,
  quidve relegatus Naso, requirit, agam:
Caesaribus vitam, Sexto debere salutem
  me sciat. a superis hic mihi primus erit.
tempora nam miserae complectar ut omnia vitae, 5
  a meritis eius pars mihi nulla vacat.
quae numero tot sunt, quot in horto fertilis arvi
  Punica sub lento cortice grana rubent,
Africa quot segetes, quot Tmolia terra racemos,
  quot Sicyon bacas, quot parit Hybla favos. 10
confiteor: testere licet. signate Quirites!
  nil opus est legum viribus, ipse loquor.
inter opes et me, parvam rem, pone paternas:
  pars ego sum census quantulacumque tui.
quam tua Trinacria est regnataque terra Philippo, 15
  quam domus Augusto continuata foro,
quam tua, rus oculis domini, Campania, gratum,
  quaeque relicta tibi, Sexte, vel empta tenes:
tam tuus en ego sum, cuius te munere tristi
  non potes in Ponto dicere habere nihil. 20
atque utinam possis, et detur amicius arvum,
  remque tuam ponas in meliore loco!
quod quoniam in dis est, tempta lenire precando
  numina, perpetua quae pietate colis.
erroris nam tu vix est discernere nostri 25
  sis argumentum maius an auxilium.
nec dubitans oro: sed flumine saepe secundo
  augetur remis cursus euntis aquae.
et pudet et metuo semperque eademque precari,
  ne subeant animo taedia iusta tuo. 30

XV 2 requirit ς: requirat BCω   14 sim CEς   21 mitius B²ς

OVIDI NASONIS

verum quid faciam? res inmoderata cupido est.
　da veniam vitio, mitis amice, meo.
scribere saepe aliud cupiens delabor eodem:
　ipsa locum per se littera nostra rogat.
seu tamen effectus habitura est gratia, seu me　　　35
　dura iubet gelido Parca sub axe mori:
semper inoblita repetam tua munera mente,
　et mea me tellus audiet esse tuum.
audiet et caelo posita est quaecumque sub ullo
　(transit nostra feros si modo Musa Getas)　　　40
teque meae causam servatoremque salutis,
　meque tuum libra norit et aere minus.

XVI

INVIDE, quid laceras Nasonis carmina rapti?
　non solet ingeniis summa nocere dies,
famaque post cineres maior venit. et mihi nomen
　tum quoque, cum vivis adnumerarer, erat.
cumque foret Marsus magnique Rabirius oris　　　5
　Iliacusque Macer sidereusque Pedo;
et, qui Iunonem laesisset in Hercule, Carus,
　Iunonis si iam non gener ille foret;
quique dedit Latio carmen regale Severus,
　et cum subtili Priscus uterque Numa;　　　10
quique vel inparibus numeris, Montane, vel aequis
　sufficis, et gemino carmine nomen habes;
et qui Penelopae rescribere iussit Vlixem
　errantem saevo per duo lustra mari;

38 audiat *BC*　　39 illo ϛ　　42 minus] magis ϛ; *sed recte enarrauit Gronouius, Obseruat.* ii. 1 '*Tuus libra et aere minus, uidetur pulchre dictum, ut sit. Tuus tantum non mancipio.*' *Cf. Manil.* i. 778 tuae... manus *Rappold*　　nouerit ere *E*
XVI 4 tunc *E*ϛ　　5 cum foret et M. *H*ϛ　　8 non iam *EO*
13 ulixen ϛ

EX PONTO IV

quique suam Troesmen inperfectumque dierum 15
　deseruit celeri morte Sabinus opus;
ingeniique sui dictus cognomine Largus,
　Gallica qui Phrygium duxit in arva senem;
quique canit domito Camerinus ab Hectore Troiam;
　quique sua nomen Phyllide Tuscus habet; 20
velivolique maris vates, cui credere posses
　carmina caeruleos conposuisse deos;
quique acies Libycas Romanaque proelia dixit;
　et Marius scripti dexter in omne genus;
Trinacriusque suae Perseidos auctor, et auctor 25
　Tantalidae reducis Tyndaridosque Lupus;
et qui Maeoniam Phaeacida vertit, et une
　Pindaricae fidicen tu quoque, Rufe, lyrae;
Musaque Turrani tragicis innixa coturnis;
　et tua cum socco Musa, Melisse, levi; 30
cum Varius Graccusque darent fera dicta tyrannis,
　Callimachi Proculus molle teneret iter,
Tityron antiquas pastorem exciret ad herbas
　aptaque venanti Grattius arma daret;

15 Troesmen (Troesmin *Ehwald, Jahresb.* 1901, *p.* 187) *scripsi: carmine epico celebrasse urbem Troesmen a Flacco nuper receptam significatur; cf.* ix. 79. *urbs* Τροσμῆς *ap. Procop. de aed.* 4. 11 Τροσμὶς *ap. Ptolemaeum* iii. 10. 11 *uocatur; uid. C. I. L.* iii. 1, *p.* 145; iii. *n.* 4775 'ordo Troesmen(sium)'. trisonem *B*: trisom̄ *C*: troilem *B*²: troecen *O*: troadem *H*ς: troeseñ *exc. Pol.*: troezen *E*: trezenem ς: Troezena *Itali* (*cf. Eur. Hipp.* 1159, 1424): Thressen *Hertz, Epistulam Herus ad Leandrum intelligens; cf. Hennig, de P. Ou. Nas. sodalibus* (*Vratisl.* 1883), *p.* 40: Chrysen *Roeper*　　21 uates] nomen *Merkel, ad Ibin, p.* 377　　24 marius scriptor *C*: scriptor marius *B*　　dexter] promptus *EO*ς　　25 Peneidos *Ehwald, Jahresb.* (1885), *p.* 140 27 ecateida *B*: aeacida *C, cf.* xii. 27: hecatheida *E*　　une *BH Ehwald, Kr. B. p.* 50: uni *C*: ime *Lipsiensis*: una ω　　30 leui *H Heinsius*: leuis *BC*ω　　31 uarius *B*²*E*ς: uarus *BO*ς: uariis *C* graccusque *B Ehwald, Kr. B. p.* 72: gracchusque ς: gratusque *CE*ς　　tyranni *EH*ς　　33 pastorem exciret *conieci. Gratti Bucolica deperdita respexit.*　　passerque rediret *BC*: recubasse refertur ///t et erat qui gigneret *B*²　　Tityron antiquas rursus reuocaret ad herbas *Madvig, Adv.* ii, *p.* ii: Tityrus antiquas et erat qui pasceret herbas *EHO*ς　　34 gratius *codd.*

EX PONTO IV

Naidas a Satyris caneret Fontanus amatas, 35
　clauderet inparibus verba Capella modis;
cumque forent alii, quorum mihi cuncta referre
　nomina longa mora est, carmina vulgus habet;
essent et iuvenes, quorum quod inedita cura est,
　adpellandorum nil mihi iuris adest 40
(te tamen in turba non ausim, Cotta, silere,
　Pieridum lumen praesidiumque fori,
maternos Cottas cui Messallasque paternos,
　Maxime, nobilitas ingeminata dedit)
dicere si fas est, claro mea nomine Musa 45
　atque, inter tantos quae legeretur, erat.
ergo summotum patria proscindere, Livor,
　desine, neu cineres sparge, cruente, meos.
omnia perdidimus: tantummodo vita relicta est,
　praebeat ut sensum materiamque mali. 50
quid iuvat extinctos ferrum demittere in artus?
　non habet in nobis iam nova plaga locum.

39 cura *cod. Thuanei*: cā *E*: causa *BCω*: musa ϛ   43 fraternos *C*   44 maxime *BC*: maxima *B²ω*   51 demittere *edd. uett.*: dimittere *codd.*

HALIEVTICON LIBER

SIGLA

A = Vindobonensis 277, saecl. ix
B = Parisinus 8071, saecl. ix exeuntis

HALIEVTICON LIBER

Accepit mundus legem, dedit arma per omnes
admonuitque sui. vitulus sic namque minatur,
qui nondum gerit in tenera iam cornua fronte,
sic dammae fugiunt, pugnant virtute leones
et morsu canis et caudae sic scorpius ictu, 5
concussisque levis pennis sic evolat ales.
omnibus ignotae mortis timor, omnibus hostem
praesidiumque datum sentire et noscere teli
vimque modumque sui. sic et scarus arte sub undis
si n 10
decidit adsumptamque dolo tandem pavet escam,
non audet radiis obnixa occurrere fronte:
aversus crebro vimen sub verbere caudae
laxans subsequitur tutumque evadit in aequor.
quin etiam si forte aliquis, dum praenatat, arto 15
mitis luctantem scarus hunc in vimine vidit,
aversi caudam morsu tenet atque ligati
tutor servato, quem texit, cive resultat.
sepia tarda fugae, tenui cum forte sub unda

Inscriptio Versus Ouidi de piscibus et feris *AB*   1 praecepit *Birt*   2 sic namque *Sannazarius*: sic manuq; minatur *A* : quę manu quemiratur *B* : sic manca minatur *Vollmer*   4 dammate *AB*, corr. *Sannazarius* fugiunt et *AB*, et *del. Sannazarius*   5 scurpius *A* : scurpius *B*   6 concussisque *Sannazarius* : cum cursisq; *AB*   7 ignotae *Sannazarius*: sic nocte *AB*   8 perniciemque *Birt*
10 sin *initium mutili uersus habet A, in margine ponit B ; lacunam, explere possis* si nassae in patulas fraudes de uimine textas
11 adsumptamque *Sannazarius*: adsumtaque *AB Riese*: adsutamque *Vlitius*   escan *A* : esca *Riese*   13 sub] sed *Achilles Statius*
15 alius *Birt*   dum praenatat arto *Heinsius* : dampro natareto *A* : dam pronata retro *B* : dum pronatat extra *Pithoeus*   17 ligati *conieci* : lita *A* : ita *B* : ita tandem *Heinsius*   18 tutor *conieci*, cf. *T*. iii. 10. 49: uber *AB* : liber *Heinsius* : uindex *Schenkl*   ciue *Heinsius*: q: *A* : quem *B*   resultat *Vlitius* : resultet *AB*   tutor .. resultat] donec ... resultet *Birt*

OVIDI NASONIS

deprensa est (iamiamque manus timet hilla rapacis),   20
inficiens aequor nigrum vomit illa cruorem
avertitque vias oculos frustrata sequentis.
clausus rete lupus, quamvis inmitis et acer,
dimotis cauda summissus sidit harenis
. . . . in auras   25
emicat atque dolos saltu deludit inultus.
et muraena ferox, teretis sibi conscia tergi,
ad laxata magis conixa foramina retis
tandem per multos evadit lubrica flexus
exemploque nocet: cunctis iter invenit una.   30
at contra scopulis crinali corpore segnis
polypus haeret et hac eludit retia fraude,
et sub lege loci sumit mutatque colorem
semper ei similis quem contegit, atque ubi praedam
pendentem saetis avidus rapit, hic quoque fallit,   35
elato calamo cum demum emersus in auras
brachia dissolvit populatumque exspuit hamum.
at mugil cauda pendentem everberat escam
excussamque legit. lupus acri concitus ira
discursu fertur vario fluctusque ferentes   40
prosequitur quassatque caput, dum vulnere saevus
laxato cadat hamus et ora patentia linquat.
nec proprias vires nescit muraena nocendi,
auxilioque sui morsu nec comminus acri

20 hilla *Birt*: illa *AB*   rapetis *AB, corr. Sannazarius*   21 illa cruorem *Sannazarius*: illac *spatio relicto A*: illaṭ (*sscr.* c) *B*   24 sidit *Pantagathus*: redet *A*: ridet *B*   25 *lacunam expleuit Birt* in foueaque iacens, ubi rete leuatur   26 astu *Birt*   deludit *Sannazarius*: diludit *AB*   27 et more ferox etreti *AB, corr. Sannazarius* tergi *Sannazarius*: teri *AB*   28 conixa *Riese, Schenkl* (*Philol.* xxii. 540): connextat (*deleto altero* n) *A*: connexat *B*: conuexa *Haupt* foramina *Sannazarius*: formi *AB*   30 exemplo qui *AB, corr. Sannazarius*   iter inuenit *Bersmann*: interuienit *A*: inter uiennit *B* 32 haec *AB, corr. Sannazarius*   33 et sub] pressus *Birt*   ut... sumat mutetque *Hemsterhuys*   34 contigit *B*   38 et *B*   39 ira] aere *Birt*   40 discursu *Sannazarius*: discussu *A*: discussus *B* 44 auxiliumque suum *Postgate*: auxiliique sui *Haupt*

HALIEVTICON LIBER

deficit aut animos ponit captiva minacis: 45
. . . .
anthias his tergo quae non videt utitur armis,
vim spinae novitque suae versoque supinus
corpore lina secat fixumque intercipit hamum.
  cetera, quae densas habitant animalia silvas,
aut vani quatiunt semper lymphata timores 50
aut trahit in praeceps non sana ferocia gentis.
ipsa sequi natura monet vel comminus ire.
inpiger ecce leo venantum sternere pergit
agmina et adversis infert sua pectora telis,
quoque venit fidens magis et sublatior ardet 55
concussitque toros et viribus addidit iram,
procidit atque suo properat sibi robore letum.
foedus Lucanis provolvitur ursus ab antris,
quid nisi pondus iners stolidaeque ferocia mentis?
actus aper saetis iram denuntiat hirtis, 60
et ruit oppositi nitens in vulnera ferri,
pressus et emisso moritur per viscera telo.
altera pars fidens pedibus dat terga sequenti,
ut pavidi lepores, ut fulvo tergore dammae
et capto fugiens cervus sine fine timore. 65
hic generosus honos et gloria maior equorum,
nam capiunt animis palmam gaudentque triumpho.

---

45 post hunc uersum excidisse aliquid sensit Birt qui lacunam ita expleuit amplius os hamo uorat eroditque ita linum   46 his] in *Vollmer*; *sed cf. Iuuenal.* vi. 532, vii. 41   uidet *Sannazarius*: uidit *AB*   47 nouitque *Sannazarius*: mouet quae *A*: uomet que *B*   49 cetera ... siluas *Sannazarius*: et cetera ... silus *AB*   51 gentis *conieci*; *cf. Verg. Geor.* iii. 73   mestes *A*: me|||s *B*: martis *Haupt*: mentis *Sannazarius*   52 ipsa] saepta *Birt*   55 quodque *B*: quomque *Schenkl*   sublatior *Sannazarius*: sibi latior *AB*   ardi *B*   56 addidit *Sannazarius*: addit *AB*   57 procidit *Burmann*: prodedit *AB*: proruit *Gesner*: prodigit (*sc.* uires) *Vollmer*   58 ursus *Sannazarius*: orsus *AB*   59 stolidioque *AB*, *corr. Sannazarius*   61 et ruit *Vlitius*: seruit *AB*: se ruit *Vollmer*   64 demmae *A*: demeę, *B*, *corr. Sannazarius*   65 post hunc uersum iteratur u. 52 in *AB*   65 ceruus *Sannazarius*: aceruus *AB*   66 hinc *Heinsius*   67 cupiunt *Birt*

OVIDI NASONIS

seu septem spatiis Circo meruere coronam,
nonne vides victor quanto sublimius altum
adtollat caput et vulgi se venditet aurae? 70
celsave cum caeso decorantur terga leone,
quam tumidus quantoque venit spectabilis actu
conpescitque solum generoso concita pulsu
ungula sub spoliis graviter redeuntis opimis!
quid laus prima canum? quibus est audacia praeceps 75
venandique sagax virtus viresque sequendi,
quae nunc elatis rimantur naribus auras
et nunc demisso quaerunt vestigia rostro
et produnt clamore feram dominumque vocando
increpitant: quem si conlatis effugit armis, 80
insequitur tumulosque canis camposque per omnes.

noster in arte labor positus, spes omnis in illa.
nec tamen in medias pelagi te pergere sedes
admoneam vastique maris temptare profundum:
inter utrumque loci melius moderabere finem. 85

. . . .

aspera num saxis loca sint (nam talia lentos
deposcunt calamos, at purum retia litus),
num mons horrentes demittat celsior umbras
in mare (nam varie quidam fugiuntque petuntque),
num vada subnatis imo viridentur ab herbis 90
obiectetque moras et molli serviat algae.
discripsit sedes varie natura profundi

---

70 aurae *Sannazarius*: aurate *AB*   73 conpescitque *Riese*: conpiscatque *AB*: conquassatque *Haupt*: conspissatque *Sannazarius*   74 ungula sub spoliis *Sannazarius*: uinculas abspoliis (abs polus *B*) *AB*   75 quid *Sannazarius*: qui *AB*: quae *edd. uett.*   77 auras *Sannazarius*: aurara *AB*: auram *Haupt*   78 at *Vollmer*   80 quae *Vlitius*   85 *post hunc uersum excidit nonnihil. suppleuit Birt* pisces obserues quid ament ac dona locorum   85 loci *Sannazarius*: coci *AB*²: quoci *B*   funem *Vlitius*: linum *Merkel*   86 sint nam *Sannazarius*: sin *AB*   87 puerum *AB, corr. Sannazarius*   89 quaedam *Birt*   90 *post hunc uersum lacunam statuit itaque suppleuit Birt* gurgite et ut conchae piscis pascatur inertes   91 obiectetque (*sc.* imum) *Heinsius*: oblectetque *A*: ||||||||que *B*   algae *Sannazarius*: algate *AB*   92 d. scripsit *B*   uariae *A*

HALIEVTICON LIBER

nec cunctos una voluit consistere pisces.
nam gaudent pelago quales scombrique bovesque,
hippuri celeres et nigro tergore milvi   95
et pretiosus elops, nostris incognitus undis,
ac durus xiphias, ictu non mitior ensis,
et pavidi magno fugientes agmine thynni,
parva echenais (at est, mirum, mora puppibus ingens)
tuque, comes ratium tractique per aequora sulci,   100
qui semper spumas sequeris, pompile, nitentes,
cercyrosque ferox, scopulorum fine moratus,
cantharus ingratus suco, tum concolor illi
orphos, caeruleaque rubens erythinus in unda,
insignis sargusque notis, insignis et alis,   105
et super aurata sparulus cervice refulgens,
et rutilus phager, et fulvi synodontes, et ex se
concipiens channe, gemino sibi functa parente,
tum viridis squamis, parvo saxatilis ore,
et rarus faber, et pictae mormyres, et auri   110
chrysophrys imitata decus, tum corporis umbrae
liventis rapidique lupi percaeque tragique,
quin laude insignis caudae melanurus, et ardens
auratis muraena notis merulaeque virentes
inmitisque suae gonger per vulnera gentis,   115

95 milui *AB*: iuli *Lachmann, Lucret. p.* 979 *ex Plin. N.H.* xxxii. § 152
96 helops *A*   98 thinni *A*: dunni *B*   99 echenais *Sannazarius*: echena ir *A*: et hena ir *B*; *cf. Lucan* vi. 675, *Plin. N.H.* ix. § 79   at est *Haupt*: adest *AB*   100 comis *AB, corr. Sannazarius*   101 pomphile *A*: phomphi *B*   102 moratur *AB, corr. Sannazarius*   104 orphas *AB, corr. Sannazarius*   105 et alis] iulis *Birt; cf. Plin. N. H.* xxxii. § 152   107 phager *Haupt*: pagur *ed. Logi a.* 1534: harcer *A*: arcer *B*   synodontes *Sannazarius*: synodantes *A*: sino dentes *B*   108 channe *Sannazarius*: channem *AB*   functa *Haupt* (*qui* gemini uice functa parentis *coniecit*): fundata *AB*: sine facta *Schenkl*: sic functa *Edwards*: g. fraudata *edd. uett.*   110 raru fauer *AB, corr. Sannazarius*   murmires *AB. corr. Sannazarius*   112 percateque *AB, corr. Sannazarius*   114 munera *AB, corr. Sannazarius*   merulaeque *Sannazarius*: merolateque *A*: merelateque *B*   115 imitisq; *AB*: infamisque *Haupt, Op.* i. 209   conger *Sannazarius*: cancer *AB*   gentes *AB, corr. Sannazarius*: genti *Vollmer*   sui ... dentis *Vlitius*

HALIEVTICON LIBER

et captus diro nociturus scorpios ictu,
ac numquam aestivo conspectus sidere glaucus.
  at contra herbosa pisces laetantur harena,
ut scarus, epastas solus qui ruminat escas,
fecundumque genus maenae, lamirosque smarisque,   120
atque inmunda chromis, merito vilissima salpa,
atque avium phycis nidos imitata sub undis,
et squamas tenui suffusus sanguine mullus,
fulgentes soleae candore, et concolor illis
passer, et Hadriaco mirandus litore rhombus.   125
tum lepores lati, tum molles tergore ranae,
extremi pareuc . . . .
. . . .
. . . .
lubricus et spina nocuus non gobius ulli,   130
et nigrum niveo portans in corpore virus
lolligo durique sues sinuosaque caris,
et tam deformi non dignus nomine asellus,
tuque, peregrinis acipenser nobilis undis.

reliqua perierunt

116 captus *Ciacconus*: capitis *AB*   diro *Birt*: duro *AB*   noxiturus *AB, corr. Sannazarius*   scorpio *AB, corr. Sannazarius*   117 stiuo *AB, corr. Sannazarius*   118 laetantur *Vlitius*: laxantur *AB*   119 carus ... ruminet *AB, corr. Sannazarius*   120 maenae *Sannazarius*: menate *AB*   121 inunda *AB, corr. Sannazarius*   122 phycis *Vlitius*; cf. *Plin. N. H.* ix. § 81 : dulces *AB*   123 squamas *Ciacconus*; *cf. Plin. N. H.* ix. § 66 : squa *AB* : squalus et *Sannazarius*: squatus et *Vlitius* : squatina et *Birt*   124 soleate *AB, corr. Sannazarius*   concolor illis *Heinsius*: concolori *AB*   126 tum *Birt*: tunc *AB*   epodes *edd. uett.*   lati *Sannazarius*: leti *AB*   ranae *Sannazarius*: rante *A* : rantte *B*   127 *uersus mutilus*: lacunam ita expleuit Birt ex Oppian, Hal. 87 extremi aspectu taeter quibus oris hiatus. *post hunc uersum duorum uersuum interuallum habet A*   130 ulli *Vollmer*: ullus *A* : ulla *B*   131 *post hunc uersum unius uersus interuallum habet A*   134 acipenser *Sannazarius*: accipiens er *AB*

C. PLINI SECVNDI NATVRALIS HISTORIA XXXII

Mihi videntur mira et quae Ovidius prodidit piscium ingenia in eo volumine, quod Halieuticon inscribitur: scarum inclusum nassis non fronte erumpere nec infestis viminibus caput inserere, sed aversum caudae ictibus crebris laxare fores atque ita retrorsum repere, quem luctatum eius si forte alius scarus extrinsecus videat, adprehensa mordicus cauda adiuvare nisus erumpentis; lupum rete circumdatum harenas arare cauda atque ita condi, dum transeat rete; muraenam maculas adpetere ipsas consciam teretis ac lubrici tergi, tum multiplici flexu laxare, donec evadat; polypum hamos adpetere brachiisque complecti, non morsu, nec prius dimittere, quam escam circumroserit, aut harundine levatum extra aquam. scit et mugil esse in esca hamum insidiasque non ignorat, aviditas tamen tanta est, ut cauda verberando excutiat cibum. minus in providendo lupus sollertiae habet, sed magnum robur in paenitendo. nam is, ut haesit in hamo, tumultuoso discursu laxat volnera, donec excidant insidiae. muraenae amplius devorant quam hamum, admovent dentibus lineas atque ita erodunt. anthias tradit idem infixo hamo invertere se, quoniam sit in dorso cultellata spina, eaque lineam praesecare.

§ 13 anthias *Vrlichs, Vind. Plin. p.* 705; *cf. Plin.* ix. 182: anthiam *Gesner*: pithias *aut* phithias *codd.*

PLINI SECVNDI NAT. HIST. XXXII

§ 152 His adiciemus ab Ovidio posita animalia, quae apud neminem alium reperiuntur, sed fortassis in Ponto nascentia, ubi id volumen supremis suis temporibus inchoavit: bovem, cercyrum in scopulis viventem, orphum rubentemque erythinum, iulum, pictas mormyras aureique coloris chrysophryn, praeterea percam, tragum et placentem cauda melanurum, § 153 epodas lati generis. praeter haec insignia piscium tradit: channen ex se ipsam concipere, glaucum aestate numquam apparere, pompilum, qui semper comitetur navium cursus, chromin, qui nidificet in aquis. helopem dicit esse nostris incognitum undis, ex quo apparet falli eos, qui eundem acipenserem existimaverint.

§ 152 animalia *Birt, de Halieut. p.* 46 : nomina *codd.* : nomina nascentium *Haupt* cercyrum *Gesner*: pergyrum *codd.* chrysophryn *Gesner*: chrysophryri *Bambergensis* percam *Broterius, cf. Ouid. Hal.* 112 : parum *codd.*: sparum *Haupt*; *cf. Ouid. Hal.* 106 epodas] lepores *Birt, Halieut., p.* 118, *recte, opinor* cauda melanurum *Gesner*: caudam labrum *Bambergensis* § 153 pompilum *Herm. Barbarus*: pompium *codd.*

P. OVIDI NASONIS OPERVM DEPERDITORVM FRAGMENTA

MEDEA

I

Quintil. Instit. Or. VIII. 5. 6 : Nam, cum sit rectum, 'nocere facile est prodesse difficile,' vehementius apud Ovidium Medea dicit
servare potui: perdere an possim, rogas?

II

Seneca Suasor. III. 7 : Esse autem in tragoedia eius (*sc.* Ovidi)
feror huc illuc, ut plena deo.

EPIGRAMMATA

III

Priscianus V. 13, *Gramm. Lat. Keil. II, p.* 149, 14 : Ovidius in Epigrammatis
Larte ferox caeso Cossus opima tulit.

IV

Quintil. Instit. Or. IX. 3. 70 : apud Ovidium ludentem
cur ego non dicam, Furia, te furiam?

V

Quintil. Instit. Or. XII. 10. 75 : Lana tincta fuco citra purpuras placet;
        at si contuleris eam, lacernae
        conspectu melioris obruetur,
ut Ovidius ait.

V eam *Heinsius*: etiam *codd*.

OVIDI NASONIS

PHAENOMENA
VI

Probus in Verg. Georg. I. 138 : Ovidius in Phaenomenis dicens de Perseo

Pliades ante genus septem radiare feruntur,
sex tamen apparent, sub opaca septima nube est.

VII

Lactant. Inst. Div. II. 5 : is (Naso) eum librum, quo Φαινόμενα breviter comprehendit, his tribus versibus terminavit :

Tot numero talique deus simulacra figura
inposuit caelo perque atras sparsa tenebras
clara pruinosae iussit dare lumina nocti.

PRIAPEVM
VIII

Priapeum III:

Obscure poteram tibi dicere 'da mihi, quod tu
  des licet assidue, nil tamen inde perit.
da mihi, quod cupies frustra dare forsitan olim,
  cum tenet obsessas invida barba genas,
quodque Iovi dederat, qui raptus ab alite sacra   5
  miscet amatori pocula grata suo,
quod virgo prima cupido dat nocte marito,
  dum timet alterius vulnus inepta loci.'
simplicius multo est 'da pedicare' Latine
  dicere : quid faciam ? crassa Minerva mea est.   10

Ovidi esse testatur Seneca *Contr. I.* 2. 22.

INCERTAE SEDIS FRAGMENTA
IX

Servius ad Verg. Georg. IV. 495 : Ovidius
bis rapitur vixitque semel.

VI sex *Heinsius* : sed *codd.* : est *add. Heinsius*
VIII 4 teget *Aldina*

FRAGMENTA

X

Porphyrion ad Hor. Carm. II. 5. 20 : Gyges] de huius pueri pulchritudine etiam Ovidius locutus est.

XI

Paulus Festi Epit., p. 437, 7 *Lindsay (p.* 327, 4 *M.)* : Ovidius
nymphaeque salaces.

XII

Plinius N. H. XXX. 12. 33 : Anginis felle anserino cum elaterio et melle citissime succurritur, cerebro noctuae, cinere hirundinis ex aqua calida poto. huius medicinae auctor est Ovidius poeta.

Ovidium Plinius in indicibus auctorum libr. XVIII XXIX XXXI XXXII nominat.

XIII

Martial. II. 41, 1 *sq.* :
      'ride, si sapis, o puella, ride'
      Paelignus, puto, dixerat poeta.
ad Artis Amatoriae III. 281 'quis credat? discunt etiam ridere puellae' *ac fortasse ibid. III.* 513 'ridenti mollia ride' *respexit.*

XIV

Scriptor de dub. nomin., Gramm. Lat. Keil. V, p. 576, 6 : Ovidius
currus crystallo lucidus albo.

XV

Id. p. 592, 27 : Ovidius
innumerosque vehes.

XVI

Charisius, Gramm. Lat. Keil. I, p. 550, 17 : Ovidius singulariter
viscere diviso.

XIV albo *Haupt*: alba *codd.*

CONTROVERSIA

XVII

Seneca Contr. II. 2. 9–11 : Haec illo (Nasone) dicente excepta memini :

Quicquid laboris est in hoc est, ut uxori virum et uxorem viro diligere concedas. necesse est deinde iurare permittas, si amare permiseris. quod habuisse nos iusiurandum putas? tu nobis religiosum nomen fuisti: si mentiremur, illa sibi iratum patrem invocavit, ego socerum. parce, pater : non peieravimus. ecce obiurgator nostri quam effrenato amore fertur! queritur quemquam esse filiae praeter se carum. quid est quod illum ab indulgentia sua avocet? di boni, quomodo hic amavit uxorem ! amat filiam et abdicat; dolet periclitatam esse et ab eo abducit, sine quo negat se posse vivere; queritur periculum eius, qua paene caruit hic, qui amare caute iubet. facilius in amore finem inpetres quam modum. tu hoc optinebis, ut terminos quos adprobaveris custodiant, ut nihil faciant nisi considerate, nihil promittant nisi ut tu vis facturi, omnia verba ratione et fide ponderent? senes sic amant. pauca nosti, pater, crimina: et litigavimus aliquando et cecidimus et, quod fortasse non putas, peieravimus. quid ad patrem pertinet, quod amantes iurant sibi credere? nec ad deos pertinet. non est quod tibi placeas, uxor, tamquam prima peccaveris : perit aliqua cum viro, perit aliqua pro viro; illas tamen omnis aetas honorabit, omne celebrabit ingenium. fer, socer, felicitatem tuam. magnum tibi quam parvo constat exemplum ! in reliquum, ut iubes, diligentiores facti sumus; errorem nostrum confitemur; exciderat iurantibus esse tertium, qui magis amaret. sic, di, sit semper. perseveras, socer? recipe filiam : ego qui peccavi poena dignus sum ; quare uxori notae causa sim, socero orbitatis ?

FRAGMENTA

discedam e civitate, fugiam, exulabo, utcumque potero desiderium misera et crudeli patientia perferam : morerer, si solus moriturus essem !

DVBIA

XVIII

Primasius Comment. Epist. ad Hebr. 11 Saecula vero, ut Ovidius Naso dicit, dicuntur a sequendo, eo quod sese sequantur atque revolvantur, teste Varrone.

XIX

Servius ad Verg. Georg. I. 43 : Quintilis et Sextilis mutati sunt postea in honorem Iulii Caesaris et Augusti : unde sunt Iulius et Augustus. sic Ovidius in Fastis.

XX

Schol. Bern. ad Verg. Ecl. III. 105 : Item caeli spatium Ovidius Naso ⟨putei⟩ orificium ait, quia tantum caelum patere videtur, quantum orificium patet.

XVIII ' *Cf. Hauptius Opusc. III.* 428 ; *dubiae certe fidei hoc fr.; et Vsenerus de Opilio cogitauit* ' *Baehrens, Fragmenta Poetarum Latinorum,* p. 350

XIX *Haec ad inperfectas alterius Fastorum partis reliquias fortasse spectant.*

XX Ovidius Naso] Oledius Nasso *codd. Philargyrii ad Verg. Ecl. III.* 105, *p.* 69, *ed. Hagen. Cf. Ehwald, Symb. i.* 3   putei *add. Hagen*

Plane perierunt: Gigantomachia (*Am. II.* 1. 11–16), *Epicedion scriptum in M. Valerium Messallam* (*ex Ponto I.* 7. 27 *sqq.*), *Epithalamium Paulo Fabio Maximo dictum* (*ex P. I.* 2. 131), *carmen in Tiberi de Panonnia triumphum* (*ex P. III.* 4, *cf. II.* 5. 27), *carmen Getico sermone con-*

OVIDI NASONIS FRAGMENTA

scriptum, quo Tiberi laudes praedicabantur (ex P. IV. 13. 19 sqq., cf. Trist. III. 14. 48), Epicedion in principis Augusti mortem (ex P. IV. 6. 17 sqq.; 9. 131 sqq.), denique liber in malos poetas, quem ex tetrastichon Aemilii Macri carmine Ovidium composuisse Quintilianus Instit. Or. VI. 3. 96, auctor est.

INDEX NOMINVM

Litteris T. *Tristia*, Ib. *Ibis*, P. *libri ex Ponto*, H. *Halieutica*, Fr. *Fragmenta significantur: nomina a poeta tacite indicata uncis includuntur, aut litteris inclinatis exhibentur.*

Abantiades *Perseus* Ib. 461.
Abdera Ib. 465.
absinthum in Tomitana regione nascitur T. v 13. 21. P. iii 1. 23; 8. 15.
Absyrtus *Medeae frater* T. iii 9. 6. Ib. 434.
Abydena urbs T. i 10. 28; aqua (Ib. 588).
Accius *poeta* T. ii 359.
Acerranorum senatus Ib. 387.
Achaei *ad Ponti litus habitantes* (*cf. Plin. N. H.* iv 82) P. iv 10. 27.
Achaemenides Ib. 413 P. ii 2. 25.
Achaeus vates Ib. 539. *Andromachi filius* Ib. 297.
Achilles T. i 1. 15; v 1. 55. Ib. 625. P. i 7. 51. (Aeacides Ib. 373). Achillis P. i 3. 74. Achillem T. ii 411. Achille *abl.* T. i 9. 29; iii 5. 37. P. iii 3. 43.
Achilleus: Achilleo more T. i 1. 100. Achilleos equos T. iii 4. 28; v 6. 9. Achillea humo (*i.q. Tauricae chersonesi regione*) Ib. 328.
Achillides *Pyrrhus rex* Ib. 299.
Achivus: telluris Achivae P. i 4. 33.
Acontius T. iii 10. 73.
Actaeon T. ii 105. (Ib. 477.)
Actaeus (*Atticus*): arcis Actaeae P. iv 1. 31. Actaea humo Ib. 334.
Actorides *Patroclus* T. i 9. 29.
Admetus: Admeti uxor (*Alcestis* T. v 14. 37. P. iii 1. 106. Admeti socer (*Pelias*) Ib. 440.
Adonis Ib. 563.
Adrastus P. i 3. 79.
Aeacides *Achilles* Ib. 373. P. ii 3. 41. Aeacide P. ii 4. 22. *Pyrrhus* Ib. 303.
Aeacus Ib. 186.
Aeetes: Aeetae P. iii 1. 120.
Aegaeus: Cycladus Aegaeas T. i 11. 8.
Aegeus (Ib. 493).
Aegides *Theseus*: Aegidae P. ii 6. 26. Aegiden T. v 4. 26.
Aegisos *urbs Moesiae* P. i 8. 13; iv 7. 21, 53. *eius conditor* P. i 8. 14.
Aegisthus: Aegisthi T. ii 396.
Aegyptus: Aegypti Ib. 176. P. iii 1. 121.
Aeneades: Aeneaden (*Augustum*) P. i 1. 35. Aeneadum genetrix T. ii 261, 262. Aeneadum vati P. iii 4. 84.
Aeneas: Aeneae P. i 1. 33. Aenean T. i 2. 7. Aenea P. iii 3. 62.
Aeneis *Vergili* T. ii 533.
Aeolides *Salmoneus* Ib. 471.
Aeolius: Aeoliae Helles T. i 10. 15.
Aeolus T. i 4. 17.
Aerope T. ii 391.
Aesculapius Dexiones pater Ib. 468.
Aeson P. i 4. 23, 46.
Aesonides *Iason* P. i 4. 36.
Aethalis Ilva P. ii 3. 84.
Aethalos Ib. 619.

INDEX NOMINVM

Aethra Ib. 575.
Aetna Ib. 596. Aetnae T. v 2. 75.
Aetnaeus Polyphemus P ii 2. 113. pastor Ib. 267. Aetneaea flamma P. ii 10. 23.
Africa P. iv 15. 9.
Agamemno : Agamemnonis P. iii 1. 121. Agamemnona P. iv 8. 51. Agamemnone T. v 6 25. P. ii 6. 25.
Agamemnonius Orestes Ib. 525.
Agenor: Agenore natus (*Cadmus*) P. i 4. 37.
Agenorides Cadmus P. i 3. 77.
Agrius *Thersitae pater* (*cf.* Apollodor. i 8. 6) P. iii 9. 9.
Aiax *Oilei filius* (Ib. 339). *Telamonis filius* P. iv 7. 41.
Albanus : Albana arva P. i 8. 67.
Albinovanus *Pedo, poeta : ad eum missa est* P. iv 10 : Albinovane P. iv 10. 4.
Alcathoi moenia *Megara* T. i 10. 39.
Alcibiades, Cliniae filius (Ib. 631).
Alcides *Hercules* P. iv 8. 62.
Alcinous : Alcinoi P. ii 9. 42. Alcinoo P. iv 2. 10.
Alcmaeon Callirhoes maritus (Ib. 346).
Aleia arva Ib. 255.
Aleuas Ib. 321. sanguis Aleuae (*Scopas*) Ib. 509.
Alexander Magnus Ib. 296. Alexandri urbs T. i 2. 79.
Allia Ib. 217.
Alpes P. i 5. 22.
Alpinus (*adi.*) P. iv 7. 6.
Althaea Ib. 599.
Amaryllis T. ii 537.
Amastriacae orae (*Amastris, urbs Ponti*) Ib. 327.
Amazonia securis P. iii 1. 95.
Ambraciae viae Ib. 302.
Amor P. i 4. 42 ; iii 3. 13. Amoris T. v 1. 22.
Amphiaraus P. iii 1. 52 (Talai gener Ib. 352).
Amphion Ib. 581.
Amyntiades *Philippus Macedoniae rex* Ib. 293.

Amyntorides *Phoenix* Ib. 257.
Anacreon T. ii 364.
Anapus *flumen Siciliae* P. ii 10. 26.
Anaxarchus *Abderites* Ib. 569.
Anchialus *oppidum Thraciae* T. i 10. 36.
Anchises T. ii 299.
Annales *Enni poetae* T. ii 259.
Anser *poeta* T. ii 435.
Antaeus Ib. (391), 393, 397.
Antenor Phrygius senex P. iv 16. 18.
Anticlus Ib. 567.
Anticyra P. iv 3. 54.
Antigone T. iii 3. 67. Ib. 259.
Antimachus Clarius poeta T. i 6. 1.
Antiphates P. ii 2. 114. Antiphaten P. ii 9. 41.
Antonius : Antoni scripta P. i 1. 23.
Anyti reus *Socrates* T. v 12. 12. Ib. 557.
Aonius (*adi.*) *Boeotius* hospes (*Hercules*) Ib. 391. fons P. iv 2. 47. Aoniae sorores T. iv 10. 39.
Apelles P. iv 1. 29.
Aphidantes Ib. 325.
Apollineus (*adi.*) : Apollinea arte T. iii 3. 10. Ib. 262.
Apollo T. i 2. 5. P. iv 8. 75. Apollinis urbs (*Apollonia*) T. i 10. 35. Apolline T. v 3. 57 ; 12. 15. *Apollinis Palatini templum* T. iii 1. 60.
Appia via P. i 8. 68 ; ii 7. 44.
Aquilo *ventus* : Aquilonis T. iii 10. 17. Ib. 11, 199. Aquilone T. i 11. 19. Aquilonibus T. iii 10. 53.
Archemorus Ib. 481.
Archilochus Ib. 52, 519.
Arctos sidus T. i 3. 48. Ib. 472. Arcto T. i 2. 29 ; iii 10. 11 ; v 5. 39.
Arcturus sidus P. ii 7. 58.
Arethusa P. ii 10. 27.
Argo navis T ii 439. (Ib. 264.)
Argolicus : Argolici Orestae T. i 9. 27. Argolica classe T. i 1.

INDEX NOMINVM

83. urbe P. i 3. 70. Argolicis armis T. ii 317.
Argolides: Argolisin Ib. 574.
Aries sidus T. iii 12. 3.
Aristaeus P. iv 2. 9.
Aristarchus *grammaticus* P. iii 9. 24.
Aristides *Atheniensis* P. i 3. 71. *Milesiarum fabularum scriptor* T. ii 413, 414, 443.
Armenius T. ii 227.
Ars *Amatoria Ovidi* T. v 12. 68. Artem P. ii 9. 73. Artis P. ii 11. 2. Arte T. ii 8. 240, 251, 303. P. ii 9. 76; 10. 12. Ib. 6. Artes T. ii 345. P. i 1. 12. Artibus T. iii 14. 6. P. ii 2. 104; iii 3. 70.
Ascra *oppidum Boeotiae* P. iv 14. 31, 34.
Asia T. i 2. 78. P. ii 10. 21; iv 10. 55.
Astacides *Menalippus* Ib. 513.
Astyanax Ib. 494, 562.
Atalante Ib. 369.
Atarnites *Hermias* Ib. 317.
Athenae T. i 2. 77. Ib. 521.
Athos Ib. 200. P. i 5. 22.
Atlantis ursa (*Callisto Nyctei Atlantis pronepotis filia,* Apollodor. iii 8. 2; 10. 1) T. i 11. 15.
Atreus P. i 2. 119.
Atridae P. i 7. 32.
Atticus (*adi.*) T. v 4. 30. P. i 3. 68.
Atticus *Ovidi amicus: ad eum missae sunt* P. ii 4 *et* 7: Attice P. ii 4. 2; 7. 2.
Attis Ib. 453, (506).
Augustus (*adi.*) P. i 2. 115; ii 2. 74; 5. 18; iii 1. 163; 6. 16; iv 5. 10; 6. 10; 15. 16.
Augustus Caesar T. i 2. 102; ii 509; iii 8. 13; iv 4. 53. P. i 2. 59; iii 1. 135; iv 5. 23; 6. 15; 9. 70; 13. 25.
Aulis *portus Boeotiae* Ib. 616.
Aurora P. iv 9. 3.
Ausonia (*Italia*) T. i 3. 6; ii 575; v 5. 40.
Ausonius (*Italicus*) T. i 2. 92; ii 23, 171, 199; iv 10. 50; v 2.

48; 7. 61. P. i 2. 82; ii 2. 70; iii 2. 101; iv 8. 86; 14. 38.
Auster *ventus* T. i 11. 16. P. ii 1. 26; 3. 89; iv 12. 35. Austris T. i 10. 33.
Automedon *Achillis auriga* T. v 6. 10.
Autonoe: Autonoessoror (*Semele* Ib. 469.
Axenus *Pontus Euxinus dictus* T. iv 4. 56.

Babylon P. ii 4. 27.
Bacche T. iv 1. 41. *Bacchae* Ib. 598. Bacchis T. v 3. 37.
Bacchica serta T. i 7. 2.
Bacchus T. i 10. 38; v 3. 2. 46. Ib. 495. P. ii 9. 31; iv 2. 9.
Bassus *poeta* T. iv 10. 47.
Bastarnae *gens Scythica* T. ii 198.
Bato *Scytha* P. ii 1. 46.
Battiades *Callimachus* T. v 5. 38. Ib. 53. Battiade T. ii 367.
Battus Ib. 584.
Belides *Danaides* T. iii 1. 62. Ib. 175, 354.
Berecyntiades venator (*Attis*) Ib. 506.
Bessi *Thraciae gens* T. iii 10. 5; iv 1. 67.
Bistonis terra P. ii 9. 54.
Bistonius (*Thracius*) T. i 10. 23. 48. Ib. 377. P. i 2. 110; 3. 59; iv 5. 35.
Bittis *amica Philetae* T. i 6. 2. Bittide P. iii 1. 58.
Bizone oppidum Moesiae T. i 10. 39.
Boreas *ventus* T. i 2. 29; iii 10. 11, 14, 45. P. i 5. 72; iv 10. 41; 12. 35. Boreae T. iii 10. 51. Borea T. iii 11. 8.
Boreus axis T. iv 8. 41.
Borysthenius amnis P. iv 10. 53.
Bosporium mare T. ii 298.
Bosporos T. iii 4. 49.
Briseis T. ii 373.
Broteas Ib. 515.
Brutus *M. Iunius, Caesaris interfector* P. i 1. 24.
Brutus *Ovidi amicus: ad eum missae sunt* P. i 1; iii 9; iv 6;

INDEX NOMINVM

Brute P. i 1. 3; iii 9. 1, 44; iv 6. 1, 1, 7 22, 28.
Busiris *Aegypti rex* T. iii 11. 39. P. iii 6. 41. frater Antaei Ib. 397.
Byblis *Mileti filia* Ib. 355.
Byzantia litora T. i 10. 31.

Cacus *latro* Ib. 488.
Cadmus P. i 3. 77. Cadmi P. iv 10. 55. Cadmo T. iv 3. 67. (Ib. 444.)
Caesar *Augustus* T. i 1. 30; 2. 3, 61, 66, 93, 104; 3. 5, 85, 86; 5. 40; 9. 24; ii 8, 23, 27, 124, 209. 230, 323, 335, 551, 560; iii 1. 76. 78; 7. 48; 8. 39; 11. 17, 18, 72; 12. 46, 53; 13. 11; iv 1. 54; 2. 47; 4. 15; 5. 8; 9. 11; v 1. 41; 2. 38; 5. 61; 7. 8; 9. 11, 21; 10. 52; 11. 23. P. i 2. 71, 98, 99, 113, 139, 149; 4 29. 55; 7. 22, 43; 8. 24, 70; 9. 28; 10. 20, 42; ii 1. 7; 2. 19, 93; 3. 63, 98; 5. 11, 42; 7. 55, 67; 8. 1, 18, 37, 53; 9. 33, (77); iii 1. 114, 128; 3. 62, 83; 6. 7, 25, 38; 7. 39; 9. 27; iv 4. 34, 39; 5. 32; 9. 106, 125, 128; 13. 23, 37, 38.
Caesar *C. Iulius dictator* P. iv 8. 63. fora Caesaris T. iii 1. 27.
Caesar *Germanicus* T. ii 230. P. (ii 5. 41); iv 5. 25; 8. 23, 63.
Caesar *Tiberius* P. ii 8. 1, 37.
Caesares *Augustus et Tiberius eiusque filii* T. ii 206; iv 2. 1, 8. P. i 4. 55; 7. 21; ii 2. 108; 6. 18; 8. 4; iv 15. 3. *Tiberius eiusque filii* T. i 2. 104. P. iv 9. 49.
Caesareus : Caesareum numen T. v 3. 46; 11. 20. caput T. iii 5. 46. P. iii 3. 68. Caesarei fama triumphi P. ii 1. 1. Caesareae mentis P. ii 1. 17. Caesareum pedem P. ii 2. 78. Caesaream domum T. i 1. 70. Caesareo nomine iuvenes (*Tiberi et Germanici filii*) T. iv 2. 9. Caesareos vultus P. ii 8. 13.
Calamis *artifex* P. iv 1. 33.
Calces *flumen* P. iv 10. 47.
Callimachus P. iv 16. 32. *Cf.* Battiades.
Calliope *Musa* T. ii 568. Ib. 480.
Callirhoe Ib. 346.
Callisthenes Ib. 517.
Callisto Ib. 472.
Calvus *poeta* T. ii 431.
Calydon P. i 3. 79.
Calypso P. iv 10. 13.
Camena P. iv 13. 33.
Camerinus *poeta* P. iv 16. 19.
Campania P. iv 15. 17.
Campus *Martius* T. v 1. 32. P. i 8. 37, 65.
Canace *Aeoli filia* T. ii 384. Ib. 355, (560).
Capaneus T. iv 3. 63 (v 3. 30). P. iii 1. 51. (Ib. 468.)
Capella *poeta* P. iv 16. 36.
Capherea aqua T. v 7. 36.
Caphereus T. i 1. 83.
Capitolium : Capitoli P. iii 1. 135 Capitolia T. i 3. 29. P. iv 9. 5.
Carus *poeta, Ovidi amicus : ad eum missa est* P. iv 13. Care P. iv 13. 2, 39. Carus *eius Heracleis*) P. iv 16. 7. *Cf.* P. iv 13. 11.
Caspios Aegisos P. i 8. 13.
Cassandreus Ib. 459. P. ii 9. 43.
Castor P. ii 11. 15. Castora T. iv 5. 30.
Cato *poeta* T. ii 436.
Catullus *poeta* T. ii 427.
Caystrius ales T. v 1. 11.
Celsus *Ovidi amicus* : Celse P. i 9. 44. Celso P. i 9. 1, 41.
Cenchreae *oppidum Corinthi* T. i 10. 9.
Cephenes *Aethiopes* Ib. 552.
Ceraunia P. ii 6. 9.
Cerberus T. iv 7. 16.
Cercyonea corpora Ib. 410.
Cerealis : Cerealia munera P. iii 8. 11. Cerealibus sulcis T. iii 12. 11.
Ceres Ib. 409. P. ii 9. 30. Ce-

INDEX NOMINVM

rerem T. ii 300.   Cereris Ib.
417.   Cereri Ib. 304.
Ceyx Ib. 274.
Chaos Ib. 82.   P. iv 8. 57.
Charybdis T. v 2. 73.   Ib. 383.
Charybdin P. iv 10. 27 ; 14. 9.
Chimaera T. ii 397 ; iv 7. 13.
Chionides Eumolpus P. iii 3. 41.
Chiron P. iii 3. 43.
Cilissa terra Ib. 198.
Cimber triumphus P. iv 3. 45.
Cimmerium litus P. iv 10. 1.
Cinna *poeta* T. ii 435 (*bis*). (Ib. 537.)
Cinyphius (*Africus*) Ib. 220.   P. ii 7. 25.
Cinyras Ib. 358, 563.
Circe P. iii 1. 123.
Circus T. ii 283 (*bis*) ; iv 9. 29. P. i 4. 15.   H. 68.
Ciziges *Sarmatarum gens* T. ii 191.
Clarius poeta *Antimachus* T. i 6. 1.
Claudia *Quinta* P. i 2. 142.
Cleombrotus, Ambraciota Ib. 492.
Cliniades (*Alcibiades*) Ib. 631.
Clodia via P. i 8. 44.
Clotho Ib. 241.
Colchi T. ii 191.
Colchis *Medea* T. iii 9. 15.
Colchis *regio Asiae ad Pontum* T. iii 9. 12.
Colchus (*adi.*) P. i 3. 76.
Coralli *gens Moesiae* P. iv 2. 37 ; 8. 83.
Corcyraeus Ib. 508.
Corinna T. iv 10. 60.
Corinthiacus T. i 10. 9.
Corinthus T. iii 8. 4.
Cornuficius *poeta* T. ii 436.
Coroebus Ib. 573.
Corona *sidus* T. v 3. 42.
Coronides *Aesculapius* Ib. 404.
Cossus Fr. 3.
Cotta *M. Aurelius Cotta Maximus, Ovidi amicus atque carminum scriptor* (P. iii 5. 39 ; iv 16. 41) : *ad eum missae sunt* P. i 5 *et* 9 ; ii 3 *et* 8 ; iii 2 *et* 5 : Maxime P. i 5. 2, 9 ; 9. 16, 32 ; ii 3. 1 ;

8. 2 ; iii 5. 33, 58 ; iv 16. 44
Maxime Cotta ii 8. 2 ; iii 5. 6.
Maximus P. i 9. 26, 27, 50 ; ii 3. 1.   Cotta P. iii 2. 1 ; iv 16.
41. Cottae iii 2. 107. *pl.* Cottas iv 16. 43.
Cotys *rex Thraciae : ad eum missa est* P. ii 9.   P. ii 9. 2, 38.
Cous *Philetas* T. i 6. 2.   Cous artifex *Apelles* P. iv 1. 29.   Coa Bittis P. iii 1. 58.
Creon Ib. 602.
Cresia turba Ib. 508.
Creusa Ib. 601.
Croesus T. iii 7. 42.   P. iv 3. 37.
Crotopiades Linus Ib. 478.
Crotopus pater Psamathes Ib. 571.
Cumaei anni P. ii 8. 41.
Cupidinea tela T. iv 10. 65.
Cupido T. ii 385.   P. i 4. 41.
Curtius Ib. 441.
Cyane *fons* P. ii 10. 26.
Cyaneae *insulae* T. i 10. 34.
Cybeleia mater Ib. 451.
Cyclades T. i 11. 8.
Cyclops P. iv 10. 23.
Cynapses *flumen* P. iv 10. 49.
Cynosuris ursa T. v 3. 7.
Cyzicus T. i 10. 29, 30.

Daedalion *Ceycis frater* Ib. 274.
Daedalus T. iii 4. 21 ; 8. 6.
Dalmatia P. ii 2. 76.
Damasichthon Ib. 579.
Danae T. ii 401 (*bis*).
Danaus (*Graecus*) P. iv 7. 41.
Danuvius P. iv 10. 58.   Danuvii T. ii 192.   Danuvium P. iv 9. 80.
Dardania *oppidum ad Hellespontum* T. i 10. 25.
Dardanius senex (*Priamus*) T. iii 5. 38.
Dardanus T. v 10. 4.
Dareus *Codomannus, rex Persarum* T. iii 5. 40.
Dareus secundus Ib. 313.
December P. iv 4. 24.   Decembri T. i 11. 3 ; ii 491.   P. iv 9. 59.
Delia tellus P. iv 14. 57.

INDEX NOMINVM

Delos Ib. 475.
Delphi T. iv 8. 43.
Demodocus *Phaeacum cantor* Ib. 270.
Dexamenus *Deianirae pater* Ib. 402.
Dexiones pater *Aesculapius* Ib. 468.
Diana: Dianae Ib. 477, 593. P. i 1. 41; iii 2. 93. Dianam T. ii 105. consors Phoebi P. iii 2. 48. *Diana Taurica* T. iv 4. 64. Ib. 382.
Dierum opus *Sabini* P. iv 16. 15.
Diogenes Cynicus P. i 3. 67.
Diomedes rex Thraciae Ib. 379, 400.
Dionysupolis (Διονύσου πόλις) *oppidum Moesiae* T. i 10. 38.
Dirce Ib. 534.
Dodona T. iv 8. 43.
Dolon Ib. 625.
Donnus *rex* (C. I. L. v 2. n. 7231 (*cf.* p. 808) 'M. Iulius regis Donni filius') P. iv 7. 29.
Drusus *Germanici pater* T. iv 2. 39. P. ii 8. 47. *Tiberi filius* P. ii 2. 72.
Dryantiades *Lycurgus* Ib. 343
Dryops Ib. 486.
Dulichium T. i 5. 67.
Dulichius (*adi.*) T. i 5. 63; iv 1. 31. Ib. 384.
Dyrapses *flumen* P. iv 10. 53.

Echionius (*Thebanus*) T. v 5. 53.
Eetion *Andromachae pater* T. v 5. 44.
Electra T. ii 395.
Elis P. ii 10. 27.
Elpenor T. iii 4. 19. Ib. 483.
Elysii campi Ib. 171.
Emathius dux (*Alexander*) T. iii 5 39.
Empedocles philosophus Ib. 595.
Enceladus P. ii 2. 11.
Endymion Latmius T. ii 299.
Ennius *poeta* T. ii 423, 424, *cf.* 259.

Eous T. iv 9. 22. Eoo orbe P. iv 9. 112. Eoas aquas P. iv 6. 48. Eois aquis P. ii 5. 50.
Epidaurius *Aesculapius* P. i 3. 21.
Epimetheus Ib. 542.
Epopeus Nyctimenae pater Ib. 358.
Erebeus (*adi.*) Ib. 225.
Erechthides Ib. 291.
Erichthonius T. ii 294. P. ii 9. 20.
Erigone Ib. 611.
Erymanthis (*Arcadica*) ursa T. i 4. 1; iii 4. 47.
Erysichthon Ib. 423.
Eteocles et Polynices T. v 5. 34.
Euadne T. iv 3. 64; v 5. 54.
Eubius *Milesiarum fabularum scriptor*: T. ii 416.
Euboicus: Euboico sinu Ib. 338. Euboicas aquas Ib. 490. Euboicis aquis T. i 1. 84. Euboicis fluctibus T. v 7. 35.
Euenus flumen Aetoliae Ib. 511.
Eumedes *Dolonis pater* T. iii 4. 27.
Eumenides Ib. 223.
Eumolpus *vates* P. ii 9. 2, 19, 20; iii 3. 41.
Eupolis (*Anth. Pal.* vii 298) Ib. 528 (*poeta comicus* Ib. 589).
Euripides Ib. 593.
Europa P. iv 10. 55.
Eurus *ventus* T. i 2. 27. Euros Ib. 33.
Euryalus T. i 5. 23; 9. 33; v 4. 26. (Ib. 630).
Eurydamas Ib. 329.
Eurylochus Ib. 285.
Eurymides Telemus Ib. 268.
Eurytion centaurus Ib. 402.
Euxinus Pontus T. iii 13. 28. Euxinum litus P. iv 3. 51. Euxini litus T. v 10. 13. Euxini litora T. iv 4. 55; v 2. 63. Euxini litora laeva T. iv 1. 60; Euxini Sinistri pars T. ii 197. Euxini terra sinistra T. iv 8. 42 Euxini sinistra P. ii 2. 2. Euxini maris ad laeva T. iv 10. 97.

INDEX NOMINVM

Euxini unda T. v 10. 2. Euxino Ponto P. ii 5. 9. Euxino litore T. v 4. 1. Euxino mare (*abl.*) P. iv 6. 46. Euxinas undas P. iv 7. 1. Euxinis aquis P. ii 6. 2; iii 2. 60; 6. 2; 7. 40. Euxinis vadis P. iv 9. 2.

Fabia gens P. iii 3. 2 ; iv 6. 9.
Fabii P. i 2. 4.
Fabius : *Paulus Fabius Maximus Ovidi amicus, ad eum missae sunt* P. i 2, iii 3 *ac fortasse* iii 8. Maxime P. i 2. 1, 67, 114; iii 3. 2, 95 ; 8 22 ; iv 6. 9, 11.
Falerna vina P. iv 2. 9.
Falisca herba P. iv 4. 32. Faliscum gramen P. iv 8. 41.
Fama P. ii 1. 19 ; iv 4. 16.
Fasti *carmen Ovidi* T. ii 549 *Cf.* Fr. 19.
Fauni Ib. 79.
Flaccus *Ovidi amicus, ad eum missa est* P. i 10. Flacce i 10. 1. Flaccus iv 9. 75. Flacco iv 9. 69.
Flaminia via P. i 8. 44.
Flumina Ib. 80.
Fontanus *poeta* P. iv 16. 35.
Fortuna T. i 1. 51 ; 5. 27, ; v 8. 15 ; 14. 29. P. ii 3. 51 ; iii 1. 49, 125 ; iv 3. 7, 29. Fortunae T. i 5. 34 ; 9. 13 ; v 8. 7. P. ii 7. 15, 20, 41. Fortunam P. iii 1. 152 ; iv 8. 16. Fortuna (*abl.*) P iii 2 8 ; iv. 6. 39 ; 9. 90.
Fundanum solum P. ii 11. 28.
Furia Fr. 4.
Furiae (Ib. 77) : Furiis T. iv 4. 70. Ib. 159, 181, 341.

Gallica arva P. iv 16. 18.
Gallio *Ovidi amicus, ad eum missa est* P. iv 11. P. iv 11. 1.
Gallus (*C. Cornelius Gallus*) *poeta* T. ii 445 ; iv 10. 53 ; v 1. 17.
Ganges *flumen* T. v 3. 23. Ib. 134.
Germania T. ii 229 ; iii 12. 47; iv 2. 1, 43. P. ii 5. 41 ; 8. 39, 47 ; iii 4. 97.

Germanicus Caesar. *ad eum missa est* P. ii 1. (T. iv 2. 40.) P. ii 1. 49 ; 2. 71 ; iv 5 25 ; 8. 31, 65 ; 13. 45. *Cf.* Caesar.
Getes (*Scytha*) P. i 2. 106 ; 5. 62 ; 7. 12 ; 8. 16 ; ii 1. 66; iv 2. 22 ; 7. 48 ; 13. 18. Geten T v 3. 22. Geta (*abl.*) P. i 8. 6. Getae (*gen.*) P. iv 3. 52. Getae (*dat.*) P. i 2. 76. Getae (*plur.*) T. ii 191; iii 10. 5; iv 1. 94 ; v 10. 38. P. iii 2. 37. Getas T iii 3. 6 ; 11. 55 ; 14. 42 ; iv 1. 67 ; v 1. 46 ; 7. 11 ; 12. 10. P. i 5. 12, 66, 74. P. ii 10. 50; iii 2. 102 ; 5. 28 ; iv 8. 84 ; 9. 78 ; 10. 2 ; 13. 22 ; 15. 40. Getarum T. iv 6. 47. P. ii 2. 65. Getis T. iii 9. 4 ; iv 10. 110 ; v 3. 8 ; 5. 28. P. i 2. 92 ; 7. 2; ii 1. 20 ; 2. 4 ; 7. 2, 31 ; 10. 30; iii 4. 92 ; 5. 6 ; 9. 32 ; iv 2 2 ; 7. 28 ; 10. 70 ; 14. 14.
Getice (*adv.*) T. v 12. 58. P. iii 2. 40.
Geticum *regio Getica* T. v 13. 1.
Geticus (*adi.*) T. i 5. 62 ; 10. 14 : iii 12 14-16 ; 14. 48 ; iv 8. 26 ; v 1. 1 ; 2. 68 ; 3. 11 ; 7. 13, 52. Ib. 635. P. i 1. 2; 8. 55 ; 9. 45 , 10. 32 ; ii 8. 69 ; iii 2. 46 ; 5. 45 ; 7. 19 ; iv 4. 8 ; 7. 20 ; 13. 19. 36.
Gigans P. ii 10. 24. Gigantis Ib. 595. Gigantas T. ii 333 ; iv 7. 17. P. iv 8. 59.
Giganteus T. ii 71.
Glauci duo Ib. 553, 554. *Glaucus Minois filius* Ib. 555.
Gnosia mella Ib. 556.
Gorgo T. iv 7. 12.
Gorgoneus equus P. iv 8. 80.
Graccus *poeta* P iv 16. 31.
Graecinus *Ovidi amicus, ad eum missae sunt* P. i 6, ii 6, iv 9. Graecinus P. i 6. 53. Graecine i 6. 3, 27, 47 ; ii 6. 35 ; iv 9. 1, 59, 75, 95. Graecinum ii 6. 1.
Graecus : Graecos T. v 7. 11. Graecis T. v 10. 28. Graeca loquela T. v 2. 68. Graecae

INDEX NOMINVM

linguae v 7. 51.   Graeca voce T. iii 12. 39.
Graius: Graium P. ii 2. 25.   Graia puppis T. v 7. 36.   Graia sacerdos P. iii 2. 73.   Graio hoste T. v 10. 4.   Graia urbe T. v 10. 33.   Graiae urbes T. iii 9. 1.   Graios viros P. iv 14. 48.   Graias domos T. iii 9. 4.   Graias rates T. iv 3. 1.   Graias comas T. iv 4. 78.   Graia viscera Ib. 338.   Graia arva Ib. 444.   Graiis viris P. iv 10. 52.
Grattius *poeta* P. iv 16. 34.
Gyas T. iv 7. 18.
Gyges Fr. 10.

Hadria T. i 11. 4.
Hadriacum litus H. 125.
Haedi *sidus* T. i 11. 13.
Haemon T. ii 402.   Ib. 559.
Haemonia P. i 3. 75 ; 4. 31.
Haemonius (*adi.*) T. i 10. 30 ; iii 11. 28 ; iv 1. 16.
Haemus *mons* P. iv 5. 5.
Halcyone *Ceycis uxor* T. v 1. 60 (Ib. 274).
Halys *flumen* P. iv 10. 48.
Hannibal dux Poenus Ib. 387.
Harpagides puer Ib. 543.
Harpyia : Harpyias T. iv 7. 17.
Hebrus *flumen Thraciae* P. i 5 21.
Hector T. iii 11. 27, 28.   P. ii 11. 15 (Ib. 331).   Hectoris T. i 6. 19 ; 9. 30 ; 10. 17 ; v 14. 37.   Hectore T. v 4. 11.   P. iv 16. 19.   Hectora T. iv 3. 30, 75.
Hectoreus Ib. 562.   P. iv 7. 42.
Hecuba Ib. 266.
Helicon : Helicone T. iv 1. 50 ; 10. 23, 120.   Helicona P. iv 2. 11.
Helle : Helles T. i 10. 15.   Hellen T. iii 12. 3
Hellespontiacae aquae T. i 10. 24.
Hemitheon T. ii 417
Heniochae rates P. iv 10. 26.
Hennaei lacus P. ii 10. 25.
Herceus Iuppiter Ib. 282.
Hercules (Ib. 345, 391, 401, 485 *sqq.*, 498).   Herculis T. ii 405 Ib. 251.   Hercule Ib. 291.   P. iv 13. 11 ; 16. 7.
Herculeus : Herculeos artus Ib. 603.   Herculeae simplicitatis P. iii 3. 100.
Hermias Atarnites Ib. 3·7.
Hermione T. ii 399.   P. ii 11. 15.
Hesiodus P. iv 14. 32 *sqq.*
Hesperia vox T. iv 9 22.
Hippocrene P. iv 8. 80.
Hippodamia T. ii 386.
Hippolytus T. ii 383 (Ib. 575).
Hippomeneis Ib. 333.
Hipponoo satus *Capaneus* Ib. 468.
Hippotades (*Aeolus*) P. iv 10. 15.
Hister T. ii 203 ; iii 10. 29 ; v 7. 2 ; 10. 1.   Ib. 134.   P. i 2. 79 ; iii 2. 44 ; 3. 26 ; 5. 2 ; iv 2. 38 ; 6. 45 ; 7. 19 ; 10. 22.   Histri T. ii 189 ; v 1. 21.   P. i 8. 11 ; iv 7. 10 ; 9. 76.   Histro T. iii 10. 7, 53 ; iv 10. 119.   P. ii 4. 1 ; iv 14. 11.   Histrum T. iii 12. 29.   P. i 5. 63 ; iii 4. 91.
Homerus P. iii 9. 24.   Homeri T. ii 379.   Homero P. ii 10. 13.   Homerum P. iv 2. 21.
Horatius *Flaccus poeta* T. iv 10. 49.
Hortensius *poeta* T. ii 441.
Hyacinthus Oebalides Ib. 586.
Hyades T. i 11. 16.
Hybla T v 6. 38 ; 13. 22.   Ib. 197. P. ii 7. 26 ; iv 15. 10.
Hylas T. ii 406.
Hymenaeus : Hymenaeon P. i 2. 131.
Hypanis *flumen* P. iv 10. 47.
Hypsipyle Ib. 481.
Hyrtacides Nisus T. i 5. 24.   Ib. 630 (*bis*).

Ianus Ib. 63.   P. iv 4. 23 ; 9. 60.
Iasion T. ii 300 (Ib. 469).
Iazyx P. iv 7. 9.   Iazyges Ib. 133.   P. i 2. 77.
Ibis : Ibidis Ib. 60.   Ibide Ib. 57.   Ibin Ib. 53. 93, 98, 218.
Icaria aqua T. v 2. 28.
Icariotis tela P. iii 1. 113.

INDEX NOMINVM

Icaris (*Penelope filia Icarii*) : Icaridos Ib. 389.
Icarius *pater Penelopes* T. v 5. 44. Ib. 566.
Icarus *Daedali filius* T. i 1. 90 ; iii 4. 22. *Atheniensis* Ib. 609.
Idaeai modi T. iv 1. 42.
Ida *mons Troadis* Ib. 195.
Idmon Ib. 502.
Ilia T. ii 260.
Iliacus puer T. ii 406. Macer P. iv 16. 6. Iliacam humum T. ii 404 ; v 14. 40. Iliaca arce Ib. 494. Iliacas domos T. i 5. 60. Iliacas harenas T. v 5. 57.
Iliades Remus T. iv 3. 8.
Ilias *Homeri* T. ii 371. P. ii 7. 34.
Illyricus P. iv 14. 45.
Illyria : Illyriis T. i 4. 19.
Illyris P. ii 2. 77. ora T. ii 225.
Ilva *insula* P. ii 3. 84.
Imbria terra T. i 10. 18.
Indica aqua P. i 5. 80.
Indus T. v 3. 24. Inda belua T. iv 6. 7. Indis P. iv 8. 61.
Ino Ib. 495.
Iole T. ii 405.
Ion Ib. 620.
Ionium aequor T. i 4. 3. mare T. ii 298. P. iv 5. 6.
Iphias *Euadne* T. v 14. 38. P. iii 1. 111.
Iphigenia T. iv 4. 80. Iphigenian P. iii 2. 62.
Irus T. iii 7. 42. Ib. 415.
Isiaci foci P. i 1. 52.
Isindius hospes Ib. 619.
Isis T. ii 297. P. i 1. 52.
Isthmos T. i 11. 5. P. iv 10. 80.
Italia T. i 4. 20 ; iii 12. 37.
Italus T. v 5. 30.
Ithace T. i 5. 67.
Ithacus P. i 3. 33 ; ii 7. 60.
Itys T. ii 390. (Ib. 432.)
Iugurthinus triumphus P. iv 3. 45.
Iuleus : gentis Iuleae P. i 1. 46. Iuleo cognomine P. ii 5. 49.
Iulia templa P. iv 5. 21.
Iulius divus P. ii 2. 84.
Iulus *Ascanius* P. ii 2. 21 ; 11. 15.

Iuno P. i 4. 39. Iunonis T. ii 291 ; iii 5. 42. P. iii 1. 117, 145 ; iv 16. 8. Iunonem P. iv 16. 7.
Iuppiter T. ii 34 ; iv 4. 17 ; v 3. 30. Ib. 209. P. ii 1. 13 ; 9. 25 ; iii 6. 27. Iovis T. i 1. 81 ; 3. 11 ; 5. 78 ; ii 144, 289 (*bis*), 333 ; iii 1. 35, 38 ; 5. 7 ; 11. 62 ; iv 3. 69 ; 8. 46 ; 9. 14. Ib. 282, 467. P. ii 8. 62 ; 9. 26. Iovi T. ii 69, 216 ; iii 12. 46 ; iv 2. 56. Ib. 212. P. iii 4. 90. Fr. 8. 5. Iove T. i 5. 77 ; ii 38 ; v 2. 46. Ib. 66, 296, 326. P. i 7. 50 ; ii 8. 62 ; iii 6. 18 ; iv 4. 34 ; 8. 78. Iovem T. i 4. 26. Ib. 430. Iuppiter Libycus Ib. 311. Iuppiter Herceus Ib. 282.
Iustitia P. iii 6. 24 *sqq*.
Iuventa P. i 10. 12.
Ixion Ib. 174.

Lacedaemon P. i 3. 71.
Lachesis T. v 10. 45.
Laertius heros T. v 5. 3.
Laestrygon : Laestrygonis P. iv 10. 21. Laestrygona P. ii 9. 41.
Laestrygoniae manus Ib. 386.
Lampsacus T. i 10. 26.
Laocoon Ib. 481.
Lar : Lari T. i 3. 30. Larem T. i 10. 40 ; iii 10. 62. Lare P. i 1. 10 ; 7. 58. T. iii 12. 52. Lares T. i 3. 43 ; 10. 40 ; iv 8. 22. Ib. 79.
Largus *poeta* P. iv 16. 17.
Larisaeus Aleuas Ib. 321. Larisaeis rotis Ib. 330.
Lars *Tolumnius* Fr. 3.
Latine T. iii 1. 17 ; v 7. 53 ; 12. 57.
Latinus (*adi.*) T. iii 12. 39 ; 14. 49 ; iv 1. 90 ; v 2. 67 ; 7. 58 ; 10. 38.
Latium T. iv 2. 69. P. iv 16. 9.
Latius (*adi.*) T. ii 205 ; iii 12. 46 ; iv 4. 6. P. ii 3. 75 ; iv 13. 45.
Latmius heros (*Endymion*) T. ii 299.

INDEX NOMINVM

Latona P. iv 14. 57.
Latonia proles T. v 1. 57. Delos Ib. 475.
Laudamia T. i 6. 20; v 5. 58; (14. 39). P. iii 1. 110. *filia Alexandri, Epirotarum regis* Ib. 303.
Leandrus T. iii 10. 41. (Ib. 587.)
Lemnia saxa T. v 1. 62. turba Ib. 394.
Lenaeus Ib. 327.
Leoprepides *Simonides* Ib. 510.
Lesbia *Catulli amica* T. ii 428.
Lesbia Sappho T. ii 365. vates Lesbia T. iii 7. 20.
Lethaeae aquae T. i 8. 36; iv 9. 2.
Lethe T. iv 1. 47. P. iv 1. 17; ii 4. 23.
Letoia stirps T. iii 2. 3.
Leucadius deus T. iii 1. 42; v 2. 76.
Leucon Ib. 308.
Leucothea (Ib. 276). P. iii 6. 20. *Cf.* Ino.
Liber T. v 3. 35. P. iv 8. 61.
Libertas T. iii 1. 72.
Libycus: Libyci Iovis Ib. 311. Libyco mare Ib. 196. Libycis oris T. i 3. 19. Libycas acies. P. iv 16. 23.
Limone *Hippomenis filia* Ib. (333), 457.
Linus Ib. 478.
Livia *Augusti uxor* T. ii 161; iv 2. 11. P. ii 8. 4; iii 3. 87; 4. 96; iv 13. 29. *Cf.* P. i 4. 55; ii 8. 29; iii 1. 114, 155.
Livor T. iv 10. 123. P. iv 16. 47.
Lixus *flumen Thraciae* P. i 5. 21.
Locris (*Arsinoe*) Ib. 350.
Lucana antra H. 58.
Lucifer T. i 3. 72; iii 5. 56 · iv 10. 11. P. ii 5. 50.
Lucretius *poeta* T. ii 425. *Cf.* 261.
Luna T. i 3. 28; ii 299. Ib. 210.
Lupus *poeta* P. iv 16. 26.
Lyaeus T. ii 401. P. i 10. 29.
Lycambeus sanguis Ib. 52.
Lycaon Ib. 471.

Lycaonius T. iii 2. 2. Ib. 429.
Lycastus Pratalides Ib. 605.
Lycophron *poeta* Ib. 529.
Lycoris *Galli poetae amica* T. ii 445.
Lycurgides *Ancaeus* Ib. 501.
Lycurgus T. v 3. 39 (Ib. 343).
Lycus *Dirces maritus* Ib. 534.
Lycus *flumen* P. iv 10. 47.
Lyde *Antimachi poetae amica* T. i 6. 1.
Lyrnesis (*Briseis*) T. iv 1. 15.

Macareus Ib. 560.
Macedo Ib. 473.
Macer *Aemilius poeta* (Quintil. x 1. 56, 87) T. iv 10. 44.
Macer *Pompeius*, *poeta* (Am. ii 18. Quintil. vi 3. 96), *ad eum missa est* P. ii 10: P. ii 10. 2; iv 16. 6.
Machaon P. iii 4. 7.
Machaoniae artes P. i 3. 5.
Maenalis (*Arcadica*) Vrsa T. iii 11. 8.
Maeonides (*Homerus*) T. i 1. 47; ii 377; iv 10. 22.
Maeonius (*Homericus*) T. i 6. 21. P. iii 3. 31; iv 12. 27; 16. 27.
Maeotis hiems T. iii 12. 2. ora P. iii 2. 59.
Magna parens (*Cybele*) Ib. 455.
Magnus (*Pompeius*) P. iv 3. 41.
Maia Ib. 212, 469.
Mamercus Ib. 546.
Manes T. i 9. 31; iii 3. 64; 11. 32; v 14. 12. Ib. 138. P. i 2. 112; iii 1. 109. Manibus T. iv 10. 91. Ib. 138.
Marcia *uxor Pauli Fabii Maximi*, *filia Marcii Philippi* P. i 2. 138; iii. 1. 78.
Marius (C.) P. iv 3. 47. Marius *poeta* P. iv 16. 24.
Mars P. iv 7. 45. Martis T. ii 295; v 1. 32; 7. 17. Ib. 213. P. iii 6. 32. Martem T. ii 377, 423. Marte T. v 2. 69. P. i 8. 15; ii 9. 45; iii 6. 35; iv 6. 29; 7. 14.
Marsus *poeta* P. iv 16. 5.

INDEX NOMINVM

Marsyas Ib. 550. P. iii 3. 42.
Marticola : Marticolam Geten T. v 3. 22. Marticolis Getis P. iv 14. 14.
Martius (*adi.*) T. ii 282; iii 7. 25. P. i 8. 24; iv 9. 65.
Mater deum P. i 1. 39.
Maximus. *Cf.* Cotta, Fabius.
Medea T. iii 8. 3; 9. 9.
Medea *Ovidi tragoedia* Fr. 1.
Medusa *Gorgo* T. iv 7. 11. Ib. 551. P. i 2. 35, 36; iii 1. 124 *puella* Ib. 445.
Melanthea caedes Ib. 621.
Melanthius Ib. 390.
Melanthus *flumen* P. iv 10. 54.
Meleager Ib. 599.
Melissus *poeta* P. iv 16. 30.
Memmius *poeta* T. ii 433.
Memnon P. i 4. 57.
Memnonius color P. iii 3. 96.
Menalippus Ib. 513.
Menander *poeta* T. ii 369.
Menedemus Ib. 449.
Menoetiades *Patroclus* T. v 4. 25.
Merops T. iii 4. 30.
Mesembriaci portus T. i 10. 37.
Messalla : Messallas P. iv 16. 43.
Messalinus, *M. Valerius Corvinus, Ovidi amicus, ad eum missae sunt* P. i 7. ii 2. Messalinus P. ii 2. 85. Messaline P. i 7. 1, 67; ii 2. 3.
Metellus T. ii 438.
Metrodorus Scepsius P. iv 14. 38.
Mettus *Albanus* T. i 3. 75 (Ib. 277).
Milesia crimina T. ii 413.
Miletis urbs (*Tomis*) T. i 10. 41.
Miletus T. iii 9. 3.
Milo *tyrannus* Ib. 323. *athleta* Ib. 607.
Minerva T. i 2. 10. Fr. 8, 10 (P. iv 1. 32). Minervae T. i 10. 1, 43; iii 9. 7; iv 10. 13. Ib. 377, 615.
Minoia fata Ib. 287.
Minotaurus T. iv 7. 18. Ib. 371, 406.
Minous (*Creticus*) Ib. 507.

Minyae T. iii 9. 13.
Montanus *poeta* (Sen. Ep. 122 11) P. iv 16. 11.
Mulciber T. i 2. 5.
Musa T. ii 21, 313, 354, 364, 496; iii 2. 6; iv 1. 19, 88; 9. 31; 10. 20, 117; v 1. 20; 7. 28; 9. 26; 12. 60. P. i 1. 20; 5. 12, 69; ii 4. 14; iii 4. 66: 5. 21; 8. 22; 9. 6, 49; iv 2. 27; 3. 16; 8. 78; 13. 13; 14. 32; 15. 40; 16. 29, 30, 45. Musae (*gen.*) Ib. 2. Musae (*plur.*) T. v 7. 55. Musarum P. iv 2. 49.
Musis T. ii 121. Musas T. i 7. 21; ii 3; iii 7. 9.
Mycenaeus dux T. ii 400.
Myro *artifex* P. iv 1. 34.
Myrrha Ib. 358. Myrrhae Ib. 537.
Myrtilus Ib. 367.
Myrtoa aqua Ib. 368.
Mysus P. ii 2. 26; iv 9. 77.

Naides P. iv 16. 35.
Naso T. i 7. 10; ii 119; iii 3. 74. 76; 4. 45; 10. 1; 12. 51; iv 4. 86; v 1. 35; 3. 49, 52; 4. 1; 13. 1. Ib. 4. P. i 1. 1; 3. 2; 5. 2; 7. 4, 69; 8. 1, 30; 10. 1; ii 2. 2; 4. 1: 5. 1; 6. 2: 10. 2, 15; 11. 2; iii 1. 3; 4. 2; 5. 4, 44; 6. 1; 7. 13; iv 3. 10; 6. 2; 8. 34; 9. 2; 14. 14; 15 2; 16. 1.
Natalis dies T. iii 13. 2; iv 1. 63; 10. 11; v 5. 1, 13. Ib. 63.
Naupliades Ib. 617.
Neoclides (*Themistocles*) P. i 3. 69.
Neptunus T. i 2. 9. P. iii 6. 19 (29). Ib. 273. Neptuni T. i 5. 78: iii 11. 62. Neptuno P. ii 9. 28.
Neritius dux (*Vlixes*) T. i 5. 57, 58.
Nesseum venenum Ib. 489.
Nessus Ib. 402 (603).
Nestor P. i 4. 10.
Nestorides (*Antilochus*) P. ii 4. 22.
Nilus T. i 2. 80. P. iv 10. 58.

INDEX NOMINVM

Niobe T. v 1. 57 ; 12. 8 (Ib. 583). P. i 2. 29.
Nireus P. iv 13. 16.
Nisus *Euryali amicus* T. i 5. 24 ; 9. 33 (Ib. 630).
Nisus *Scyllae pater* Ib. 360.
Notus *ventus* T. i 2. 15, 30. P. iv 10. 43. Ib. 34. Noti P. ii 1. 2. Noto T. iii 12. 42. Ib. 312.
Nox P. i 2. 54.
Numa *poeta* P. iv 16. 10.
Numa *rex* T. iii 1. 30. P. iii 2. 106 ; 3. 44.
Numida dens P. iv 9. 28.
Nyctemene Ib. 358.
Nymphae Ib. 80.

Oceanus T. i 4. 1 ; ii 102.
Odesos *oppidum Moesiae* T. i 10. 37.
Odrysii P. i 8. 15.
Odyssea *Homeri* T. ii 375.
Oeagrus Ib. 480.
Oebalides (*Hyacinthus*) Ib. 586.
Oechalia P. iv 8. 62.
Oedipus (Ib. 259) Oedipodas T. i 1. 114.
Oetaeus (*Hercules*) Ib. 345.
Olympias P. iv 6. 5.
Olympus *tibicen* P. iii 3. 42.
Ops T. ii 24.
Opus : Opunta P. i 3. 73.
Orestea dea P. i 2. 78.
Orestes T. iv 4. 69, 87. P. iii 2. 69. Orestae (*gen.*) T. i 9. 27 (*dat.*) P. ii 3. 45. Ib. 525. Oresten T. ii 395 ; v 4. 25. P. iii 2. 33, 85. Oresta T. i 5. 22. (Tisameni pater Ib. 346.)
Orpheus T. iv 1. 17. P. ii 9. 53. Orpheos Ib. 598. Orphea P. iii 3. 41.
Ossa *mons* Ib. 283. P. ii 2. 9.

Pactolus (Ib. 298).
Paelignus : Paeligno solo P. i 8. 42. Paeligni. P. iv 14. 49.
Paeones *Macedoniae gens* P. ii 2. 75.
Paestanae rosae P. ii 4. 28.

Palamedes Ib. 617.
Palatium : Palati T. iii 1. 31. Palatia T. i 1. 69 ; iv 2. 3. P. ii 8. 17.
Palicus *deus, filius Iovis* P ii 10. 25.
Palinurus T. v 6. 7. Ib. 592.
Palladius (*adi.*) T. i 10. 12. Ib. 264.
Pallas *dea* T. i 2. 6. Palladis T. iii 14. 13. P. iii 8. 9. Pallade T. ii 293 ; iv 5. 4. P. i 4. 39. Pallada T. iii 1. 29.
Pandion *rex Atheniensis* P. i. 3. 39.
Pannonia T. ii 225.
Paphius : Paphio aere Ib. 438.
Parca T. v 3. 14. P. iii 7. 20 ; iv 15. 36. Parcae T. v 3. 25. (Ib. 74.)
Parens (patriae) P. iv 9. 134.
Parium marmor P. iv 8. 31.
Parrhasia virgo T. ii 190.
Parrhasis Arctos T. i 3. 48
Parthenius *flumen* P. iv 10. 49.
Parthus T. ii 228.
Pasiphae Ib. 88.
Patroclus P. i 3. 73
Pedo *Albinovanus, poeta: ad eum missa est* P. iv 10. Albinovane P. iv 10. 4. Pedo P. iv 16. 6. Pedoni P. iv 10. 65.
Pegasides undae T. iii 7. 15.
Pegasus P. iv 7. 52.
Pelasgi T. ii 403.
Pelias (Ib. 440). Peliae T. ii 403. Pelia T. v 5. 55. P. i 4. 27.
Pelias hasta P. i 7. 52 ; ii 2. 26.
Pelion P. ii 2. 9.
Pelopea *Thyestae filia* Ib. 357.
Pelopeia virgo (*Iphigenia*) T. iv 4. 67.
Pelops (T. ii 385. Ib. 432). Pelopis Ib. 177, 583.
Penates T. i 3. 45, 95 ; 5. 81 ; iv 8. 9.
Penelope T. v 5. 52 (Ib. 389). Penelopae P. iv 16. 13. Penelopes T. i 6. 22. P. iii 1. 107
Penelopea fides T. v 14. 36.

INDEX NOMINVM

Penius *flumen* P. iv 10. 47.
Pentheus (Ib. 532) T. v 3. 40.
Perdix (Met. viii 236 *sqq.*) Ib. 496
Perilla *poetria* T. iii 7 1, 29. *Metella* T. ii 437.
Perilleum aes T. v 1. 53. Ib. 435.
Periphetes Ib. 403.
Perseis *epos* P. iv 16. 25.
Perseus (Ib. 461) T. iii 8. 6.
Persicus T. v 10. 34. P. i 3. 69.
Persis *terra* T. v 3. 23.
Phaeacis *carmen* P. iv 12. 27; 16 27.
Phaethon T. i 1. 79; iv 3 66 (Ib. 470). Phaethonta T. iii 4. 30.
Phalaecea nex Ib. 500.
Phalaris *Agrigenti tyrannus* T. iii 11. 51; v 1. 53. Ib. 437 (P. ii 9. 44; iii 6. 42).
Pharia manus P. i 1. 38.
Phasiacus: Phasiaca corona Ib. 601. Phasiacas undas T. ii 439.
Phasias (*Medea*) P. iii 3. 80.
Phasis *flumen* P. iv 10. 52.
Pheraea gens P. ii 9. 43.
Pheraeus *Alexander tyrannus* Ib. 319.
Phidiaca manus P. iv 1 32.
Philetas poeta T. i 6. 2. P. iii 1. 58.
Philippus rex Amyntiades Ib. 293. Philippo P. iv 15. 15.
Philoctetes T. v 4. 12. Philoctetae P. iii 1. 54.
Philomela Ib. 535.
Phineus Ib. 263.
Phinidae Ib. 269.
Phoceus (*Pylades*) T. i 5. 21; iv 4. 71. P. ii 3. 45.
Phoebas (*Cassandra*) T ii 400.
Phoebe (*Diana*) Ib. 107. P. iii 2. 64.
Phoebeus T. iv 2. 51. P. ii 2. 80.
Phoebus Ib. 126, 571. Phoebi P. iii 2. 48. Phoebo T. ii 25. Ib. 463. Phoebe T. iv 3. 78.
Phrygius: Phrygium senem P. iv 16. 18. Phrygium flumen Ib. 550. Phrygii buxi P. i 1. 45. Phrygios modos Ib. 452. Phrygiis equis T. ii 386.
Phryx Ib. 506. Phryga P. iii 3. 42. Phrygi Ib. 626.
Phylaceia coniunx (*Laudamia*) T. v 14. 39.
Phyllis T. ii 537. P. iv 16. 20.
Piacches *Thrax* P. iv 10. 23.
Pierides T. iii 2. 3; 7. 4; iv 1. 28; 9. 16; v. 1. 34; 3. 10; 7. 32. P. ii 5. 63; iv 2. 45; 8. 70; 16. 42.
Pierius (*adi.*): Pieria via P. ii 9. 62. Pieriae deae P. iv 12. 28. Pieriis choris P. i 5. 58.
Pindaricus P. iv 16. 28.
Pirenis unda P. i 3. 75.
Pirithous T. i 5. 19. P. ii 3. 43; 6. 26.
Pisa *urbs Etrusca* Ib. 323.
Pisaeus: Pisaeam (*Hippodamiam*) T. ii 386. Pisaea oliva T. iv 10. 95. Pisaeae foris Ib. 364
Piscis *sidus* T. iv 7. 2.
Pitthides (*Theseus*) Ib. 445.
Pityocamptes Ib. 407.
Platonis Phaedo Ib. 492.
Pleias P. i 8. 28. Pleiadum P. i 5. 82; ii 7. 58. Pliades Fr. 6.
Pluto T. i 9. 32.
Plutus, Cereris filius Ib. 417.
Podalirius *medicus* T. v 6. 11.
Poeantius *Philoctetes* T. v 1. 61; 2. 13. Ib. 251. P. i 3. 5.
Poenus dux (*Hannibal*) Ib. 387. Poeni leones T. iv 6. 5
Polydorus, Priami filius Ib. 577.
Polymestor rex Thracum Ib. 265, 577.
Polypemon *latro* Ib. 405.
Polyphemus Ib. (267) 385. P. ii 2. 113.
Pompeia domus P. iv 5. 9.
Pompeius *Sextus, Ovidi amicus, ad eum missae sunt* P. iv 1. 4; 5. 15. Pompeio P. iv 4. 17. Pompeium P. iv 4 25. Pompei P. iv 1. 1.
Ponticus *poeta* T. iv 10. 47.
Ponticus (*adi.*): Pontica terra T. i

INDEX NOMINVM

2. 94. P. ii 7. 68; iv 9. 114.
tellus P. iii 1. 7; iv 9. 115.
humus P. iii 5. 56. verba T.
iii 14. 50.
Pontus T. iii 2. 8; 4. 46. Ib. 27.
P. i 3. 65; ii. 4. 27; iii 2 44;
iv 9. 85; 12. 34. Pontus Euxinus T. iii 13. 27. Ponti Euxini
T. iv 4. 55. Pontus Laevus P.
iv 9 119. Ponti Laevi T. i 2.
83. Ponti Sinistri T. i 8. 39.
Ponto Euxino P. ii 5. 9 Ponto
Sinistro P. i 4. 31. Ponti T.
1 10. 13, 31; iii 11. 7; 12. 32;
iv 1. 19, 45; v 2 61 P. ii 9.
67; iii 8. 17. Ponto (*dat.*) T.
v 13 21. (*abl.*) T. iii 13. 11;
v 2. 1; 10. 1. P i 9. 6; iv 10.
45; 15. 20. Pontum T. iii
8. 27. P. i 4. 27; iv 4. 19; 7.
7. Ponte T. v 5. 32.
Porus T. iii 5. 39.
Potniades equae Ib. 553.
Pratalides Ib. 605.
Priamus T. v 4. 11; 12. 7 (Ib.
281). Priami T. v 1. 55.
Priscus uterque *poetae* P. iv 16. 10.
Procne P. iii 1. 119 (Ib. 535).
Procnen T. v 1. 60.
Procrustes cum Polypemone natus Ib. 405.
Prometheus Ib. 289 (542).
Propertius *poeta* T. iv 10. 45, 53;
v 1. 17. Properti T. ii 465.
Propontiacae orae T. i 10. 29.
Propontis P. iv 9. 118. Propontidos T. iii 12. 41.
Protesilaus T. v 14. 40.
Psamathe *Crotopi filia* Ib. 571.
Pterelas *rex Taphiorum* Ib. 360.
Punica grana P. iv 15. 8.
Puniceus dux Ib. 280.
Pylades P. iii 2. 70, 85. Pyladen
T. i 9. 28; v 6. 26.
Pylius *Nestor* P. i 4. 10.
Pylius (*Nestoreus*): Pylios dies T.
v 5. 62. annos P. ii 8. 41.
Pyrrha Ib. 542.
Pyrrhus *Achillis filius* T. ii 405.
Ib. 301. *Epiri rex* (Ib. 299).
Pythagoras P. iii 3. 44.

Quirinus T. i 3. 33; 8. 37. P. i
5. 73.
Quiris: Quiritem T. ii 569. Quirites P. iv 5. 17; 15. 11.

Rabirius *poeta* P. iv 16. 5.
Raetica arma T. ii 226.
Regulus Ib. 279.
Remus T. iv 3. 8. Ib. 633.
Rhamnes *Rutulus* Ib. 629.
Rhamnusia (*Nemesis*) T. v 8. 9.
Rhenus T. iv 2. 42. P. iii 4. 88,
108.
Rhesus Ib. 627, 628.
Rhodopeia regna Ib. 343.
Roma T. i 1. 57; 3. 62; 5. 70;
8. 33; ii 321; iii 1. 32; 2. 21;
7. 52; iv 1. 106; v 1. 73; 4. 3.
P. i 2. 82; 3. 37; 4. 31; 5. 68;
8 24; ii 1. 24, 58; 2. 68; 8.
19; iv 3. 46.
Romanus (*subst.*) Ib. 279. P. i
2. 89. (*adi.*) T. ii 156. 197, 221,
244, 422; iii 3. 63; iv 2.
45; v 2. 35; 7. 55. P. i 2. 67;
3. 81; ii 1. 42; 2. 41; iv 16.
23.
Rufinus *Ouidi amicus, ad eum
missae sunt* P. i 3; iii 4. Rufine P. i 3. 1; iii 4. 3.
Rufus *auunculus Ouidi uxoris, ad
eum missa est* P. ii 11. Rufe
P. ii 11. 1, 28.
Rufus *poeta* P. iv 16. 28.
Rutilius *P. Rufus* P. i 3. 63.
Rutulus: Rutulo Ib. 629. Rutulos T. i 5. 23.

Sabinus *poeta* P. iv 16. 13–16.
Sagaris *flumen* P. iv 10. 47.
Salanus *Ouidi amicus, ad eum
missa est* P. ii 5. Salano P. ii
5. 1.
Samius senex (*Pythagoras*) T.
iii 3. 62.
Samos *insula Ithacae vicina* T. i 5.
67.
Samos Threicia T. i 10. 20.
Sappho T. ii 365, 366.
Sardanapallus Ib. 310.
Sarmatice T. v 12. 58. P. iii 2. 40.

INDEX NOMINVM

Sarmaticus T. i 5. 62; 8. 40; iii 3. 63; 10. 34; iv 8. 16; v 1. 13; 7. 13, 56. Ib. 635. P. i 2. 45, 58; 3. 60; 5. 50; iii 8. 8; iv 10. 38.
Sarmatis tellus T. i 2. 82. ora T. iv 10. 110; v 3. 8. P. ii 7. 72. umbra P. i 2. 112.
Saturnia *Iuno* T. i 2. 7; ii. 297.
Saturnus Ib. (214), 271, 403.
Satyri T. v 3. 37. Ib. 79. P. iv 16. 35.
Satyrus Phryx (*Marsyas*) P. iii 3. 42.
Sauromates bubulcus T. iii 12. 30. Sauromatae T. ii 198; iii 3. 6; 10. 5, iv 1. 94; v 1. 74. P. i 2. 77; ii 2. 93; iii 2. 37.
Scepsius (*Metrodorus*) P. iv 14. 38.
Schoeneia virgo (*Atalante*) T. ii 399
Sciron *latro* Ib. 405.
Scopas tyrannus Ib. 509.
Scylla *monstrum, Phorci filia* (T. iv 7. 13) Ib 383 (*bis*). P. iii 1. 122; iv 10. 25. *Nisi filia* T. ii 393 (Ib. 360).
Scythia T. i 3. 61; 8. 40; iii 2. 1: 4. 49; 11. 55. P. iii 2. 45, 96; iv 6. 5.
Scythicus T. iii 4. 46; 12. 51; 14. 47; iv 1. 45; 6. 47; 9. 17; v 1. 21; 2. 62; 6. 19; 10. 14, 48. P. i 1. 79; 2. 108; 3. 37; 7. 9; ii 1. 3, 65; 2. 110; 8. 36; iii 2. 56; 7. 29; 8. 19; iv 9. 81.
Semele T. iv 3. 67. Ib. 276 (soror Autonoes Ib. 469).
Servius *poeta* T. ii 441.
Sestos *urbs Thraciae* T. i 10. 28.
Severus *Cornelius, poeta, Ovidi amicus, ad eum missae sunt* P. i 8; iv 2. Severe P. i 8. 2; iv 2. 2, 14. Severus P. iv 16. 9.
Sextus (*cf.* Pompeius) P. iv 1. 2, 35; 15. 3, 18.
Sicanis Aetna Ib. 596.
Siculi T. iii 11. 55.

Siculus (*adi.*) Ib. 197, 413. P. iii 1. 122. tyrannus (*Phalaris*) T. iii 11. 41.
Sicyon Ib. 315. P. iv 15. 10
Sidonius T. iv 2. 27; 3. 2. Ib. 444. P i 3. 77.
Simonides poeta Ib. 510.
Simus Larisaeus Ib. 330.
Sinis *latro* Ib. 405.
Sinopeus (*Diogenes*) P. i 3. 67.
Sintus miles T. iv 1. 21.
Sisenna T. ii 443.
Sisyphus Ib. 173, 189.
Sithonius (*Thracius*) rex P. iv 7. 25.
Smyrna P. i 3. 65, 66.
Socrates T. v 12. 12 sqq. Ib. 557. *Cf.* Anytus.
Socraticum de nece opus Ib. 492.
Sodalis *Ovidi ignotus, ad quem missa est* P. iii 6.
Sol T. i 8. 2; ii 392; iii 5. 5 Ib 107, 210, 428. P iv 6. 48.
Sphinx T. iv 7. 17. Ib. 376.
Stator *Iuppiter* T. iii 1. 32.
Sterope (*Pleias*) T. i 11. 14.
Strophius *Pyladis pater* P. ii 6. 25.
Strymon *Thraciae flumen* T. v 3. 22.
Strymoniae matres Ib. 598.
Stygius T. i 2. 65; iv 5. 22; 10. 88; v 9. 19. Ib. 151, 224, 590, 632. P. i 3. 20; 8. 27; ii 3. 43, 44; iv 9. 74.
Styx T. v 2. 74 (Ib. 75). P. iii 5. 56; iv 8. 60; 14. 11, 12.
Suillius *Rufus, pnvignae Ovidi maritus, ad eum missa est* P. iv 8. Suilli P. iv 8. 1, 89.
Sulmo *Paelignorum oppidum, Ovidi patria* T. iv 10. 3. P. iv 14. 49.
Sybaritica (*carmen Hemitheonis*) T. ii 417.
Syene *Aegypti urbs* P. i 5. 79.
Symplegades T. i 10. 47.
Syracosia urbs P. iv 3. 39. Syracosius poeta Ib. 547.
Syrtes P. iv 14. 9.

INDEX NOMINVM

Talaus Ib. 352.
Tanais *flumen* T. iii 4 49. (P. iv 10. 55.)
Tantalides (*Pelops*) T. ii 385. Ib. 432 (*Menelaus*) P. iv 16. 26.
Tantalus Ib. 177, 191.
Taprobane P. i 5. 80.
Tarpeius P. ii 1. 57; 2. 42; iv 4. 29; 8. 42; 9. 29.
Tartara T. i 2. 22. Ib. (171) 491, 572.
Tartareus deus T. i 9. 32. Tartarei angues Ib. 183.
Tauri *Scythiae pars* P. iii 2. 45.
Tauricus: Taurica ara T. iv 4. 63. terra P. i 2. 78. sacra Ib. 382.
Teius senex (*Anacreon*) T. ii 364.
Telamonius (*Aiax*) T. ii 525.
Telegonus *Vlixis et Circae filius*: Telegoni P. iii 1. 123. Telegonos T. i 1. 114.
Telemus Ib. 268.
Telephus *rex Mysiae* T. v 2. 15 (Ib. 253, 254. P. ii 2. 26).
Tempyra *oppidum Thraciae* T. i 10. 21.
Tenes Ib. 461.
Tereides *Itys* Ib. 432.
Terentius *poeta* T. ii 359.
Terctea turba T. ii 191.
Teucer P. i 3. 80.
Teucri T. i 2. 6.
Teuthrantia regna *Mysiae* T. ii 19.
Thalia T. iv 10. 56; v 9. 31.
Thamyras *vates* Ib. 270.
Thasus Ib. 476.
Thebae *Boeotiae caput*: Thebas T. ii 319. P. iv 8. 53. Thebis T. v 3. 30. Ib. 532.
Thebana (*Antigone*) T. iii 3. 67; (*Andromache*) T. iv 3. 29.
Thebe, Alexandri Pheraei uxor Ib. 319.
Themistocles P. i 3. 69.
Thermodon *flumen* P. iv 10. 51.
Therodamantei leones Ib. 381.
Theromedon P. i 2. 119.
Thersites P. iii 9. 10; iv 13. 15.
Theseus T. i 9. 31. P. ii 3. 43; iii 2. 33; iv 10. 78 (Ib. 88).
Thesea T. i 5. 19; ii 403. P. iv 10. 71.
Thessalia P. i 4. 28.
Thessalicus T. iv 3. 30. P. i 3. 74.
Thessalus Ib. 283.
Thestias (*Althaea*) T. i 7. 18.
Theudotus Ib. 464.
Thiodamas Ib. 486.
Thoantea dea Ib. 382.
Thoas (Thoans) T. i 9. 28. P. iii 2. 59. Thoantis T. iv 4. 66.
Thrace P. iv 5. 5.
Thraces Ib. 133.
Thracius T. ii 226.
Thrasius (A. Am. i 649). Ib. 395.
Thrasyllus *frater Simi* Ib. 329.
Threicius T. i 10. 20; iii 14. 47. Ib. 379. P. ii 9. 52.
Thybris T. v 1. 31.
Thyesteae mensae P. iv 6. 47.
Thyestes (Ib. 427). Thyestae (*gen.*) Ib. 543. (*dat.*) Ib. 357.
Thyniaci sinus T. i 10. 35.
Tiberinus Ib. 512.
Tiberis Ib. 136.
Tibullus *poeta* T. ii 447, 463; v 1. 18. Tibullo T. iv 10. 51.
Tibur P. i 3. 82.
Ticida *poeta* T. ii 433.
Tiphys T. iv 3. 77. P. i 4. 37.
Tiresias Ib. 261.
Tisamenus *Orestae filius* Ib. 346.
Tisiphonea tempora T. iv 9. 6.
Tityrus *pastor* P. iv 16. 33.
Tityus (Ib. 179, 192) P. i 2. 39
Tmolia terra P. iv 15. 9.
Tomis *oppidum Moesiae* T. iii 9. 33. P. iv 14. 59
Tomitae P. i 2. 75; iv 9. 97; 14. 15, 23, 47. Tomitas T. i 2. 85; iv 10. 97.
Tomitanus ager P. iii 8. 2. Tomitanae regionis T. v 7. 9. terrae P. i 1. 1. Tomitana harena P. i 6. 49. humo P. iii 1. 6. urbe P. iii 4. 2. Tomitanae nurus P. iii 8. 10.
Tonans *Iuppiter* P. ii 2. 42.

INDEX NOMINVM

Trinacria (*Sicilia*) P. iv 15. 15.
Trinacris (*Sicilia*) P. ii 10. 22.
Trinacris Hybla T. v 13. 22.
Triptolemus: Triptolemi T. iii 8.
1. Triptolemo P. iv 2. 10.
Triumphus *Ovidi carmen de Tiberi Pannonico triumpho* P. iii 4. 3.
Trivia (*Diana*) P. iii 2. 71.
Troesmes *oppidum Moesiae* P iv 9 79; 16. 15.
Troia T. ii 318; iv 3. 75; v 10. 4.
Troiae T. i 3. 26. Troia (*abl.*) T. i 2. 5. Troiam T. i 2. 5; iii 5. 37. P. iv 7. 41; 16. 19.
Troianus Ib. 250. P. ii 2. 25.
Troicus: Troica bella P. ii 10. 14. vela Ib. 414.
Tullia Ib. 361.
Turnus (*rex Rutulorum*): Turno T. i 2 7. Turne T. i 9. 33.
Turranius *poeta* P. iv 16. 29
Tuscus *poeta* (*idem fortasse qui Demophoon* Prop. ii 22. 2) P. iv 16. 20.
Tuscus (*adi.*) Ib. 136
Tuticanus *poeta, Ovidi amicus, ad eum missae sunt* P. iv 12 *et* 14: Tuticanum P. iv 12. 10. Tuticani *ibid.* 11.
Tydeus Ib. 348, 426. P. i 3. 79.
Tydides (*Diomedes*) P. ii 2. 13.
Tyndareus (*cf.* Heroid. 8. 29): Tyndarei Ib. 352.
Tyndaridae T. i 10. 45. P. i 7. 32.
Tyndaris: Tyndaridos (*Clytaemestrae*) T. ii 396 (*Helenae*) P. iv 16. 26.
Tyras *flumen* P. iv 10. 50.

Tyrii tori T. ii 534.

Vlixes T. iii 11. 61; v 5. 51. P. iii 1. 53; iv 10. 9 (Ib. 275, 566, 615). Vlixis P. iii 6. 19. Vlixem T. i 2. 9. P. iv 16. 13. Vlixe P. iv 14. 35.
Vltor Mars T. ii 296.
Vmbria P. i 8. 67.
Vrsa *sidus* T iii 11 8 P. i 5. 74 (T. iv 3. 1). Vrsae T. i 4. 1; 11. 15; iii 4. 47; v 3. 7.

Varius *poeta* P. iv 16 31.
Venus T. i 2. 6; ii 262, 296, 527. Ib. 209. P. iv 1. 29. Veneris T. i 2. 8; ii 310, 440, 523. Ib. 575. P. i 10. 33; iii 1. 117. Veneri P i 3. 80. Venerem T. ii 299. 363, 377.
Vergilius *poeta* T. iv 10. 51.
Vesta T. iii 1. 29. P. iv 13. 29.
Vestales T. ii 311.
Vestalis *Ovidi amicus, ad eum missa est* P. iv 7. Vestalis P. iv 7. 1, 54.
Victoria T. ii 169.
Virgo aqua T. iii 12. 22.
Virgineus liquor P. i 8. 38.
Vitellius P. iv 7. 27.
Volesus P. iii 2. 105.
Vulcanus Ib. 109.

Zanclaea Charybdis T. v 2. 73.
Zephyrus *ventus* T. i 2. 28. Zephyri T. iii 12. 1. Zephyros Ib. 33.
Zerynthia litora *Samothraciae* T. i 10. 19.